Wolf-Rainer Kluth

Kalkulation im Garten- und Landschaftsbau

THALACKER MEDIEN

Die Deutsche Bibliothek – CIP-Einheitsaufnahme

Kluth, Wolf-Rainer

Kalkulation im Garten- und Landschaftsbau / Wolf-Rainer Kluth. – Braunschweig : Thalacker Medien, 2002
ISBN 3-87815-186-1

© THALACKER MEDIEN, Bernhard Thalacker Verlag GmbH & Co. KG

Das Werk einschließlich aller seiner Teile ist urheberrechtlich geschützt. Jede Verwertung außerhalb der engen Grenzen des Urheberrechtsgesetzes ist ohne Zustimmung des Verlages unzulässig und strafbar. Das gilt insbesondere für Vervielfältigungen, Übersetzungen, Mikroverfilmungen und die Einspeicherung und Verarbeitung in elektronischen Systemen.

Titelentwurf: SCHROERS WERBEAGENTUR, Braunschweig
Herstellungskoordination: Brigitte Mayr, Braunschweig
Satz und Umbruch: DTP-Service Lars Decker, Vechelde
Druck: Ruth Printmedien, Braunschweig
Printed in Germany
ISBN 3-87815-186-1

Vorwort

Betrieblicher Erfolg im Garten- und Landschaftsbau beruht im Wesentlichen auf vier Säulen, zwischen denen zahlreiche Abhängigkeiten bestehen:

- Kundenorientiertes Leistungsangebot
- Technisch und handwerklich einwandfreie Ausführung
- Optimale Baustellenorganisation
- Kaufmännische Unternehmensführung.

Diese vier Säulen sind in der Branche unterschiedlich stark ausgebaut:

Die Kundenorientierung ist - nicht nur als Schlagwort, sondern unter dem Druck der Nachfragemärkte auch in der betrieblichen Praxis - in den letzten 10 Jahren in das Zentrum strategischer Unternehmensentscheidungen gelangt.

Die technisch einwandfreie Ausführung der Bau- und Pflegeleistung ist sicherlich die am stärksten ausgeprägte Säule. Hier gibt es im GaLaBau eine lange Tradition, die durch Forschung und in der Lehre aller Ausbildungsstufen laufend auf den neuesten Stand gebracht wird; viele Unternehmensgründer waren und sind vorrangig „Techniker".

Bei der Gestaltung einer optimalen Baustellenorganisation ist im GaLaBau wohl der größte Verbesserungsbedarf zu sehen. Dies mag mit der Schwierigkeit begründet sein, für die sehr unterschiedlichen Baustellenbedingungen systematische Erkenntnisse zu gewinnen und dann auch zu vermitteln, die über Gemeinplätze hinausgehen. In diesem Bereich spielt einfach der Faktor „Erfahrung" eine große Rolle.

Hinsichtlich der Unternehmensführung setzt sich immer mehr die Erkenntnis durch, wie wichtig das kaufmännische Instrumentarium für eine zielgerichtete, erfolgreiche Unternehmensentwicklung ist. Der Slogan „Gewinn entsteht im Büro" ist zwar sicherlich stark übertrieben, aber in der Tat wächst bei enger werdenden Märkten mit geringen Preisspielräumen die Bedeutung des kaufmännischen Zahlenwerkes für die Unternehmensführung.

Damit steigt - insbesondere bei der jüngeren Unternehmergeneration - spürbar die Bereitschaft, sich intensiv auch mit der Kostenrechnung auseinander zu setzen. Dabei wird häufig eine Diskrepanz zwischen den traditionell in der Branche oder dem einzelnen Betrieb eingeführten kostenrechnerischen Methoden und den wirklichen betriebsindividuellen Anforderungen an ein Kostenrechnungssystem festgestellt.

Teilnehmer an Weiterbildungsseminaren zur Kalkulation äußern immer wieder ihr Bedauern darüber, dass in der Literatur kein ausführlicher, systematischer Überblick über die Methoden und Möglichkeiten der Kalkulation unter den Bedingungen des GaLaBaus vorliegt.

Diese Lücke will das vorliegende Buch schließen. Es soll dem Leser Kenntnisse über die Besonderheiten und die korrekte Anwendung der einzelnen Kalkulationsverfahren vermitteln. Damit lassen sich die jeweiligen Vor- und Nachteile einschätzen, und der Leser erhält Entscheidungshilfen dafür, welches kalkulatorische Vorgehen für den eigenen Betrieb das zweckmäßigste ist. Um die - bei den vielen Zahlen leider notwendige - konzentrierte gedankliche Mitarbeit zu fördern, sind Verständnisfragen und -aufgaben eingefügt.

Adressaten dieses Buches sind Lehrende und Lernende aller Ausbildungsstufen und alle, die als Unternehmer oder Angestellte in der betrieblichen Praxis mit der Vor- und Nachkalkulation von Baumaßnahmen und der Berechnung von Zuschlagsätzen beschäftigt sind. Auch auf den Baustellen können die Hinweise zu einzelnen Spezialfragen wertvolle Hilfestellung geben.

Dem Verlag Thalacker Medien danke ich für die gestalterisch gelungene Aufbereitung dieser „trockenen" Materie.

Bochum, im Juli 2002 WOLF-RAINER KLUTH

Inhalt

Vorwort

1 Sinn und Zweck der Kalkulation ... 7

2 Grundwissen zur Angebotskalkulation ... 9
    2.1 Grundprinzip der Angebotskalkulation ... 9
    2.2 Vollkostenrechnung ... 9
        2.2.1 Kostenarten und Kostenstufen ... 10
        2.2.1.1 Einzelkosten Lohn ... 10
        2.2.1.2 Einzelkosten Geräte ... 12
        2.2.1.3 Einzelkosten Material ... 15
        2.2.1.4 Einzelkosten Fremdleistungen ... 18
        2.2.1.5 Einzelkosten Sonstiges ... 19
        2.2.1.6 Gemeinkosten der Baustelle ... 19
        2.2.1.7 Allgemeine Geschäftskosten ... 22
        2.2.1.8 Wagnis und Gewinn ... 22
        2.2.1.9 Kalkulatorische Kosten ... 23
        2.2.2 Kalkulationsverfahren in der Vollkostenrechnung ... 24
        2.2.2.1 Zur Berechnung von Zuschlagsätzen ... 24
        2.2.2.2 Kalkulation mit vorbestimmten Zuschlagsätzen ... 25
        2.2.2.3 Beispiel zur Kalkulation mit vorbestimmten Zuschlagsätzen ... 31
        2.2.2.4 Kalkulation über die Endsumme ... 31
        2.2.2.5 Beispiel zur Kalkulation über die Endsumme ... 33
    2.3 Deckungsbeitragsrechnung ... 37
        2.3.1 Grundgedanke und Kostenbegriffe der Deckungsbeitragsrechnung ... 37
        2.3.2 Kalkulation mit Soll-Deckungsbeiträgen ... 39
    2.4 Auftragskalkulation und Arbeitskalkulation ... 42
    2.5 Verständnisfragen und Aufgaben zum Grundwissen ... 43

3 Expertenwissen zur Angebotskalkulation ... 45
    3.1 Ergänzende Aspekte zu den Kostenarten und Kalkulationsverfahren ... 45
        3.1.1 Einzelkosten Lohn ... 45
        3.1.2 Einzelkosten Geräte ... 47
        3.1.3 Einzelkosten Material ... 48
        3.1.4 Einzelkosten Fremdleistungen ... 49
        3.1.5 Kalkulatorische Kosten ... 49
        3.1.6 Zur Berechnung der Zuschlagsätze in der Vollkostenrechnung ... 50
        3.1.7 Deckungsbeitragsrechnung ... 54
        3.1.8 Retrograde Kalkulation ... 62
    3.2 Besondere Kalkulationsanlässe (Schwierige Fälle) ... 63
        3.2.1 Eventualpositionen ... 64
        3.2.2 Alternativpositionen ... 65
        3.2.3 Zulagepositionen ... 66
        3.2.4 Gemeinkosten der Baustelle als Leistungsposition ... 68
        3.2.5 Berechnung von Tagelohnsätzen ... 69
        3.2.6 Bauseitige Materiallieferung ... 70
        3.2.7 Subunternehmerleistungen ... 71
        3.2.8 Preise bei Änderung der Preisermittlungsgrundlagen ... 73
        3.2.9 Zusätzliche Leistungen ... 75

  3.2.10 Vergütungsanpassung bei Mengenabweichungen 77
  3.2.11 Schadenersatzberechnungen bei Behinderungen 82
  3.2.12 Vergütung bei auftraggeberseitiger freier Kündigung 87
  3.2.13 Weitervergabepreise für den Subunternehmereinsatz 90

 3.3 Innerbetriebliche Leistungsverrechnung im Zweikreissystem 93

 3.4 Verständnisfragen und Aufgaben zum Expertenwissen 98

4 Nachkalkulation 101

 4.1 Kaufmännische Nachkalkulation 105
  4.1.1 Baustellenergebnis 105
  4.1.2 Positionsergebnis 108
  4.1.3 Betriebsergebnis 109

 4.2 Technische Nachkalkulation 110
  4.2.1 Zeitwerte 110
  4.2.2 Materialverbrauch 111

 4.3 Verständnisfragen und Aufgaben zur Nachkalkulation 112

5 Vor- und Nachteile der Kalkulationsverfahren 113

 5.1 Allgemeine verfahrenstechnische Kriterien 113
 5.2 Einfache Handhabung in der Angebotskalkulation 114
 5.3 Aussagefähigkeit als Basis für Auftragsverhandlungen 115
 5.4 Basis für Berechnungen nach Auftragserhalt 117
 5.5 Aussagefähigkeit in der Nachkalkulation 119
 5.6 Grundlage für Marketingentscheidungen 119
 5.7 Zusammenfassende Bewertung 121

6 Antworten und Lösungen zu den Verständnisfragen 123

 6.1 Antworten und Lösungen zum Grundwissen 123
 6.2 Antworten und Lösungen zum Expertenwissen 126
 6.3 Antworten und Lösungen zur Nachkalkulation 131

Anhang

 Abkürzungen 135

 Abbildungen 137

 Tabellen 137

 Ergänzendes Stichwortverzeichnis 139

 Literaturverzeichnis 141

 Herstellernachweis der EDV-Programme 141

 Zur Verwendung von Kalkulex 143

1 Sinn und Zweck der Kalkulation

Der Begriff „Kalkulieren" leitet sich vom italienischen Wort „*calculare*" ab und bedeutet „rechnen". Bezogen auf das Bauwesen könnte man etwa formulieren:

> Kalkulation bedeutet die Erfassung und Verarbeitung kostenrechnerischer Daten zur Vorbereitung, beim Ablauf und nach Abschluss von Baumaßnahmen.

Damit ist die Kalkulation als Teil des Betrieblichen Rechnungswesens zu verstehen, dessen Gesamtzusammenhang die Abbildung 1.1 wiedergibt.

Die *Unternehmensrechnung* stellt den Teil des Rechnungswesens dar, der die Beziehungen des Unternehmens zur Umwelt abbildet. Dabei geht es um die Erfassung aller Geschäftsvorfälle auf Konten, um die Erstellung des Jahresabschlusses in Form der Bilanz und der Gewinn- und Verlustrechnung sowie um die Abwicklung aller Verpflichtungen gegenüber dem Finanzamt. Für die Unternehmensrechnung gibt es nach Betriebsgröße und Rechtsform gestaffelte gesetzliche Vorschriften, die im Wesentlichen auf den „Grundsätzen ordnungsgemäßer Buchführung und Bilanzierung (GOB)" fußen. Die Unternehmensrechnung ist quasi der „offizielle" Teil des Rechnungswesens.

Die *Kosten- und Erlösrechnung* befasst sich einerseits mit der Kostensituation des Unternehmens und stellt fest,

- welche Kostenarten in welcher Höhe aufgetreten sind (*Kostenartenrechnung*)
- an welchen Stellen welche Kosten angefallen sind (*Kostenstellenrechnung*)
- in welcher Höhe einzelne Baumaßnahmen diese Kosten zu tragen haben (*Kostenträgerrechnung*).

Andererseits wird die Erlösseite der Unternehmenstätigkeit betrachtet, indem

- der Wert der erbrachten Bauleistungen berechnet wird (*Bauleistungsrechnung*) und
- aus dem Vergleich der Kosten der Bauleistungen mit den erzielten Erlösen das Ergebnis der Bautätigkeit des Unternehmens ermittelt wird (*Ergebnisrechnung*).

Da dieser Teil der Kosten- und Erlösrechnung den Gesamtbetrieb im Auge hat, wird er als „*Baubetriebsrechnung*" bezeichnet.

Die Bauauftragsrechnung hat demgegenüber die einzelne Baustelle im Blick und erfüllt – je nach Stand der Baumaßnahme – verschiedene Funktionen:

- In der Phase vor Beginn der Arbeiten wird im Rahmen der Vorkalkulation ein Preis für die zu erbringende Leistung berechnet (*Angebotskalkulation*). Dieses Zahlenwerk kann durch die Ergebnisse von Auftragsverhandlungen noch verändert werden (*Auftragskalkulation*) und wird dann im Zuge der Arbeitsvorbereitung noch vor Arbeitsbeginn auf die dann genauer bekannten Bedingungen der Leistungserbringung abgestimmt und als Soll-Vorgabe dem Baustellenpersonal an die Hand gegeben (*Arbeitskalkulation*).
- Nach Abschluss der Baumaßnahme werden die tatsächlich entstandenen Kosten ermittelt und mit dem Mengengerüst der Arbeits- oder Angebotskalkulation verglichen sowie das rechnerische Ergebnis aus Kosten und Erlösen festgestellt (*Nachkalkulation*).

Die *Statistik* beschäftigt sich mit der Bereitstellung und Aufarbeitung von Zahlen zur Produktivität, Rentabilität und Liquidität des Unternehmens (*Kennzahlenrechnung*), sammelt Daten zu der im Baubetrieb stets wichtigen Frage, wie viel Zeit für eine Leistung gebraucht wird (*Zeitvergleiche*), und leitet daraus Ergebnisse hinsichtlich der Anwendung verschiedener Verfahren ab (*Verfahrensvergleiche*). Darüber hinaus versucht sie, betriebseigene Kennziffern mit denen anderer Unternehmen zu vergleichen, soweit diese zugänglich und zuverlässig sind.

Abb. 1.1: Gliederung des Betrieblichen Rechnungswesens

Die *Planungsrechnung* setzt die unternehmerische Strategie in ein Zahlenwerk um, d. h., sie versucht, die bei der Umsetzung dieser Strategie in den nächsten Jahren wahrscheinlich entstehenden Kosten und Liquiditätsansprüche festzustellen und leitet daraus Planungsempfehlungen zu den notwendigen Erlöszahlen ab.

Thema dieses Buches ist in diesem System - wie leicht ersichtlich - die Bauauftragsrechnung. Allerdings ist zu beachten, dass alle Teilbereiche des Rechnungswesens nicht isoliert nebeneinander stehen, sondern vielfältige Abhängigkeiten und Zusammenhänge aufweisen, die im Laufe der anschließenden Darstellung deutlich werden. Die Grobgliederung folgt den oben genannten Aufgaben der Bauauftragsrechnung und unterscheidet Vor- und Nachkalkulation.

Vielfach ist die Meinung anzutreffen, eine Kalkulation sei doch eigentlich gar nicht notwendig, denn die Preise kämen ohnehin vom Markt. Für den Anbieter sei es deshalb wichtiger, sich Marktpreisinformationen zu beschaffen als sich zeitaufwändig mit den Kosten und Kostenrechnungsverfahren auseinander zu setzen.

Richtig ist daran sicherlich, dass auf Nachfragermärkten, wie es die Märkte des Bauwesens überwiegend sind, die Gleichung: Preis = Kosten + Gewinnaufschlag, in der Regel nicht mehr praktisch durchsetzbar ist. Aber dennoch ist es notwendig, die eigenen Kosten für die Erstellung einer Bauleistung zu beachten, denn eine ordnungsgemäße und fundierte Kalkulation erfüllt folgende Zwecke:

a) Vom gedanklichen Ansatz her ermöglicht die Kalkulation die Berechnung eines Angebotspreises, der alle auf der Baustelle und im Unternehmen zu erwartenden Kosten deckt und den gewünschten Aufschlag für Wagnis und Gewinn enthält. Ein derartig ermittelter Angebotspreis ist allerdings in der Regel nur in einer Angebotssituation ohne Konkurrenz realisierbar.

b) Mit Hilfe der Angebotskalkulation wird festgestellt, wie hoch die Selbstkosten für eine Baumaßnahme voraussichtlich sein werden. Der Unternehmer hat dann die Entscheidungsfreiheit darüber, welchen Marktpreis er bei diesen Selbstkosten durchsetzen oder akzeptieren will. Unter größerem Konkurrenzdruck dient damit die Kalkulation weniger der Preisfindung als der Preisbeurteilung. Insofern stellt sie eine wichtige Informationsgrundlage für den Unternehmer dar, denn er weiß damit, wie weit er bei einer bestimmten Auftragsumme von seinen Selbstkosten entfernt liegt; das kann er nicht wissen, wenn er lediglich vermutete Marktpreise in sein Angebot eingesetzt hat.

c) Im Falle der Auftragserteilung bietet die Angebotskalkulation ein wertvolles Mengengerüst für die Arbeitsvorbereitung, denn die EDV wirft auf Anforderung sofort Zeitvorgabelisten für das Personal, Materialbedarfslisten, Aufstellungen der benötigten Einzelkostengeräte und ggf. die Liste der einkalkulierten Gemeinkosten der Baustelle aus. Damit wird die Disposition von Personal, Material und Maschinen wesentlich erleichtert, und die Kalkulationsvorgaben ermöglichen es der Baustellenleitung einzuschätzen, mit welchen Einzelkosten ein bestimmter Preis zustande gekommen ist.

d) Bei vielen größeren Bauvorhaben und besonders bei öffentlichen Auftraggebern wird bereits bei Angebotsabgabe, spätestens jedoch vor Auftragserteilung, gefordert, dass der Bieter seine Kalkulationsgrundlagen offen legt. Hier empfiehlt es sich, die Kalkulationssätze anzugeben, mit denen tatsächlich gerechnet wurde, und nicht nachträglich für die Angebotssumme Kalkulationsparameter zu fingieren.

e) Bei einigen Sonderfällen der Kalkulation, die im Kapitel 3.2 behandelt werden (z. B. Preisänderungen bei Mengenänderungen, Nachtragsangebote, Schadenersatzforderung bei Bauverzögerungen, Vergütungsansprüche bei Kündigung), ist es nicht nur hilfreich, sondern im Hinblick auf die Begründbarkeit und Durchsetzbarkeit von Forderungen wesentlich, die fundierte und detaillierte Kalkulation, mit der das Angebot des Bieters erstellt wurde, vorlegen zu können.

f) Die Vorgaben der Angebots- oder Arbeitskalkulation können nach Abschluss des Bauvorhabens als Basis für die Auswertung des Baustellenverlaufes durch Soll-Ist-Vergleiche dienen. Zwar lässt sich das Gesamtergebnis einer Baustelle auch ohne vorhandene Angebotskalkulation feststellen, die Ursachen für Fehlentwicklungen beispielsweise bei den erreichten Zeitwerten oder im Materialverbrauch lassen sich jedoch summarisch nicht aufdecken. Da die Nachkalkulation auch dazu dienen soll, Informationsgrundlagen für künftige Angebote bereitzustellen, kommt es darauf an, unter den jeweiligen Baustellenbedingungen diese Soll-Ist-Vergleiche auch wirklich anstellen zu können.

g) Die Angebotskalkulation gibt Hinweise darauf, welcher Liquiditätsbedarf mit der Hereinnahme eines Auftrages verbunden wäre. Dieser Gesichtspunkt kann u. U. bei der Auswahl unter mehreren Bauvorhaben entscheidend sein.

Bei diesen bedeutsamen Zwecken und Aufgaben der Kalkulation ist es für den Unternehmer des GaLaBaues durchaus sinnvoll, sich mit diesem Thema auseinander zu setzen und herauszufinden, mit welchem Aufwand er die Kalkulation bei seinen individuellen Ansprüchen an die Kostenrechnung betreiben sollte.

Kalkulation in diesem Buch zielt auf die methodisch korrekte, kostenorientierte Berechnung eines *Kalkulationspreises*. Diesen Preis wird der Unternehmer nicht in jedem Fall in das Angebot einsetzen, sondern unter marktorientierten oder betriebswirtschaftlichen Aspekten zum *Angebotspreis* verändern (KLUTH 1998, S. 127 ff). Dieser Angebotspreis hat möglicherweise in Auftragsverhandlungen keinen Bestand und muss weiter modifiziert werden. So entstehen die *Marktpreise,* nach denen dann die Bauleistung abgerechnet werden kann.

Die nächsten Kapitel behandeln zunächst die Angebotskalkulation mit dem notwendigen Grundwissen (Kapitel 2) und mit dem fortgeschrittenen Expertenwissen (Kapitel 3) sowie anschließend die Nachkalkulation (Kapitel 4).

2 Grundwissen zur Angebotskalkulation

In diesem Kapitel werden die grundlegenden Begriffe und Zusammenhänge der Angebotskalkulation erläutert. Dazu werden die unterschiedlichen Ansätze der beiden Kostenrechnungssysteme - Vollkostenrechnung und Deckungsbeitragsrechnung - vorgeführt und das Vorgehen zur Ermittlung eines auskömmlichen Kalkulationspreises über die verschiedenen Kostenstufen mittels der Kalkulationsverfahren in Teilschritten bearbeitet.

Die Darstellung beschränkt sich hier auf das für ein Verständnis der Kalkulation Wesentliche; vertiefende Aspekte werden im Kapitel 3.1 angesprochen.

2.1 Grundprinzip der Angebotskalkulation

Ein GaLaBau-Unternehmen erzielt die für seinen Fortbestand und für sein Wachstum notwendigen Umsätze im Wesentlichen durch Erlöse für erbrachte Bauleistungen.

Deshalb ist es notwendig, die Bauleistungen zu Preisen abzurechnen, die alle Kosten des Unternehmens abdecken und den gewünschten Gewinn enthalten. In der Regel (d. h., z. B. nicht bei Selbstkostenerstattungsverträgen oder reinen Stundenlohnarbeiten) muss das Unternehmen vor Ausführung der Leistung im Rahmen eines Angebotes angeben, welchen Preis es für seine Leistung berechnen wird. Hier steht der kalkulierende Unternehmer oder Mitarbeiter (im Folgenden immer „Kalkulator" genannt) vor der schwierigen Situation, einen für das künftige Bauvorhaben gültigen Preis ermitteln zu müssen, ohne die exakten Bedingungen der Leistungserbringung - angefangen von den Witterungsverhältnissen bis hin zur tatsächlichen Besetzung der Baustellenkolonne - zu kennen.

Systematisch wird dabei so vorgegangen, dass man sich zunächst überlegt, welche Kosten durch die Leistung auf der Baustelle entstehen werden. Darüber hinaus muss der Preis aber auch die Kosten tragen, die im Gesamtunternehmen unabhängig von der Baustelle entstehen, und auch noch den notwendigen Gewinnanteil beinhalten.

Die Kosten des Gesamtunternehmens und der Gewinnanteil müssen also auf die abrechenbaren Bauleistungen über Zuschläge verteilt werden.

Die Art dieser Zuschlagsberechnung und -verwendung hat entscheidenden Einfluss auf das Kalkulationsergebnis. Dabei verfolgen die Vollkostenrechnung und die Deckungsbeitragsrechnung unterschiedliche Ansätze, die unter Punkt 2.2 und Punkt 2.3 erläutert werden.

Der Kalkulator ist natürlich in der Wahl der Vorgehensweise frei, aber es ist sicher zweckmäßig, das für die Ziele des Unternehmens passende Verfahren zu wählen; deshalb sollen nicht nur die im GaLaBau gängigen Methoden - insbesondere die Kalkulation mit vorbestimmten Zuschlagsätzen - sondern alle sinnvollen Verfahren vorgestellt werden.

Generell ist jedoch die Forderung zu erheben, dass der Kalkulator sich so weit wie möglich über die Rahmenbedingungen informiert, unter denen die Leistung zu erbringen ist. Dazu gehört

- ein intensives Studium der *Verdingungsunterlagen*
  Der Ausschreibende hat dort Angaben zur Baustelle und zur Ausführung zu machen, die alle Preis beeinflussend sind. Dort ggf. anzusprechende Sachverhalte sind in der ATV DIN 18.299 „Allgemeine Regelungen für Bauarbeiten jeder Art" unter Punkt „0 Hinweise für das Aufstellen der Leistungsbeschreibung" aufgeführt. Auch Teile der Zusätzlichen oder Besonderen Vertragsbedingungen können - insbesondere hinsichtlich der Zahlungsbedingungen - Einfluss auf die Preise haben. Die Leistungsbeschreibung selbst muss darauf geprüft werden, ob sie vollständig, eindeutig zu verstehen und technisch richtig ist.

- eine Besichtigung der Örtlichkeit
  Dabei werden die Angaben und Festlegungen der Verdingungsunterlagen überprüft und weitere Erkenntnisse, etwa zur möglichen Baustelleneinrichtung, zum Anfahrtsweg oder zu den Platzverhältnissen auf der Baustelle gewonnen.

- eine gemeinsame Baustellenbegehung mit dem Auftraggeber bzw. Architekten
  Bei dieser Gelegenheit werden die offenen Fragen aus den Verdingungsunterlagen oder der eigenen Baustellenbesichtigung geklärt und versucht, Informationen über die Ausführungswahrscheinlichkeit von Alternativ- und Bedarfspositionen und über alle Fakten zu erlangen, die sich erschwerend oder erleichternd auf den Baustellenablauf auswirken können.

2.2 Vollkostenrechnung

Der Grundgedanke der Vollkostenrechnung besagt, dass jede einzelne, abrechenbare Teilleistung, d. h. jede Einheit einer Position, alle bei der Leistungserbringung entstehenden Kosten und auch einen definierten Anteil an den Kosten des Gesamtunternehmens und am Gewinn voll zu tragen hat.

Das erscheint eigentlich selbstverständlich; worin besteht dann der Unterschied zur Deckungsbeitragsrechnung?

Die Besonderheit der *Deckungsbeitragsrechnung* besteht darin, dass dort die Kosten des Gesamtunternehmens und der Gewinnanteil nicht zwingend von jeder einzelnen Leistungseinheit zu tragen sind; vielmehr müssen alle Leistungen im Unternehmen in ihrer Summe diese beiden Posten erwirtschaften. Damit ergeben sich teilweise Preise ohne Gewinnanteil, während andere entsprechend einen höheren Gewinnanteil aufweisen müssen – wesentlich ist nur, dass im Gesamtunternehmen während des Wirtschaftsjahres die benötigten und geplanten Beträge erzielt werden.

2.2.1 Kostenarten und Kostenstufen

Die Vollkostenrechnung unterscheidet die Kosten in grober Unterteilung nach dem Kriterium der direkten Zurechenbarkeit zur Leistungseinheit:

▶ Einzelkosten heißen die Kosten, die der Leistungseinheit direkt zurechenbar sind. Das sind die Kosten, die man sich sofort vorstellt, wenn man sich die zu kalkulierende Leistung vor Augen führt: Lohnkosten, Materialkosten, Gerätekosten, Kosten für Subunternehmer.

▶ Gemeinkosten werden die Kosten genannt, die der einzelnen Leistungseinheit nicht direkt zurechenbar sind und erst durch ein Umlageverfahren auf die Einzelkosten verteilt werden müssen. Das sind die auf der Baustelle auftretenden „Gemeinkosten der Baustelle" und die im Unternehmen verursachten „Allgemeinen Geschäftskosten". Gäbe es diese Gemeinkosten nicht, bräuchte sich der Kalkulator auch nicht mit den Widrigkeiten der verschiedenen Kalkulationsverfahren auseinander zu setzen.

Das Grundschema der Vollkostenrechnung zeigt folgende Kostenbegriffe und Kostenstufen, die im Anschluss erläutert werden:

> Einzelkosten Lohn
> + Einzelkosten Material
> + Einzelkosten Geräte
> + Einzelkosten Fremdleistungen
> + Einzelkosten Sonstiges
> + Gemeinkosten der Baustelle
> ___
> = Herstellkosten
> + Allgemeine Geschäftskosten
> ___
> = Selbstkosten
> + Wagnis und Gewinn
> ___
> = Kalkulationspreis

Abb. 2.1: Grundschema der Vollkostenrechnung

2.2.1.1 Einzelkosten Lohn

Lohneinzelkosten sind die Lohnkosten, die bei der Erstellung einer Leistungseinheit (d. h. einer Mengeneinheit der Position) entstehen und dieser Leistungseinheit direkt zurechenbar sind.

Die Berechnung der Lohneinzelkosten erfolgt systematisch in drei Schritten:

■ Berechnung der Lohnkosten pro Zeiteinheit
■ Abschätzung des Zeitwertes pro Leistungseinheit
■ Berechnung der Lohneinzelkosten pro Leistungseinheit

1. Berechnung der Lohnkosten pro Zeiteinheit

Zunächst ist zu berechnen, welche Kosten eine Zeiteinheit des Personaleinsatzes verursacht. Als Zeiteinheiten kommen für die Kalkulation Tage, Stunden oder Minuten in Frage. Bei der Größe und Dauer der typischer Baustellen im GaLaBau sind jedoch nur Stunden oder Minuten praktikabel. Einzelne EDV-Programme arbeiten mit Stunden (z. B. die Kalkulationsansätze der Dynamischen Baudaten, s. Herstellernachweis); da jedoch die überwiegende Anzahl der Branchensoftware auf die Eingabe von Minuten ausgelegt ist, wird auch in den Beispielrechnungen auf diese Zeiteinheit Bezug genommen.

Zum Zeitpunkt der Angebotskalkulation kennt der Kalkulator die tatsächliche personelle Besetzung der Baustelle noch nicht und muss deshalb von einem durchschnittlichen Baustellenmittellohn ausgehen. Solche Mittellöhne können einheitlich für den gesamten Betrieb oder für typische Kolonnen (z. B. Neubau-, Dachbegrünungs- oder Pflegekolonne) berechnet werden. Der Kalkulator stellt sich zu diesem Zweck eine fiktive Kolonne zusammen und berechnet die durchschnittlichen Lohnkosten je Minute. Die Berechnung des Baustellenmittellohnes könnte beispielsweise so aussehen:

Anzahl	Lohn-Gruppe	Bezeichnung	Baustellenlohn = Tariflohn + Zulage	Gesamt €/h
1	2	Vorarbeiter	14,50 €/h	14,50
2	4.1	La-Gärtner nach 3 Jahren	12,50 €/h	25,00
1	4.5	Gärtner nach 3 Jahren	11,50 €/h	11,50
2	7.1	Arbeitnehmer, älter als 18 Jahre	11,00 €/h	22,00
6				73,00

Der Baustellenmittellohn bei 6 Arbeitskräften beträgt dann:
73 €/h : 6 AK = 12,17 €/h bzw. 0,20 €/min

Dieser Wert beinhaltet zunächst einmal nur die Löhne, die die Arbeitnehmer der Baustelle erhalten. Die Lohnminute, mit der die zu kalkulierende Leistung belastet wird, muss aber noch weitere Lohnkostenbestandteile auffangen, nämlich die

■ Kosten für unproduktive Zeiten. (Das sind Zeiten, für die der Arbeitnehmer zwar Lohn erhält, aber keine abrechenbaren Leistungen erbringt.)

■ Kosten der Arbeitgeberanteile zu den sozialen Sicherungssystemen und für tarifliche oder freiwillige Sozialaufwendungen.

Diese Kosten werden durch einen „Zuschlag für lohngebundene Kosten" auf den Baustellenmittellohn aufgeschlagen. Damit soll sichergestellt werden, dass bei der Kalkulation einer Bauleistung tatsächlich alle Lohnkosten, die der Arbeitnehmer verursacht, berücksichtigt sind, denn nur die Bauleistung sorgt über die erzielten Erlöse für die Deckung dieser Kosten.

Der Zuschlag für lohngebundene Kosten sollte in jedem Fall betriebsindividuell berechnet werden. Als Anhaltspunkte für die Kostenbestandteile und das Vorgehen kann man sich an den Ermittlungen orientieren, welche die Landesverbände des GaLaBaues ihren Mitgliedsunternehmen zur Verfügung stellen. Auszugsweise sei hier die Ermittlung des Fachverbandes GaLaBau Hamburg e.V. mit Stand vom 1.1.2002 zitiert:

a) Ermittlung der Arbeitstage 2002

Kalendertage	365
− Samstage und Sonntage	104
− gesetzliche und regionale Feiertage	9
− Urlaub (30 Tage abzüglich 5 Tage gemäß Schlechtwetter-Tarifvereinbarung)	25
− Arbeitsausfall durch tarifliche u. betriebliche Arbeitsbefreiung	6
− Arbeitsausfall durch Schlechtwettertage	28
− Arbeitsausfall durch Krankheit	14
+ Arbeitstage durch Vor-/Nacharbeit (48 h)	6,1
Arbeitstage 2002	**185,1**

b) Umrechnung der Löhne für unproduktive Zeiten auf die Baustellenlöhne
(Die Baustellenlöhne werden als Basis der Berechnung mit 100 % angesetzt.)

Anteil der unproduktiven an den produktiven Zeiten:

Feiertage (9 zu 185,1)	4,86 %
Urlaubstage	13,50 %
Tarifliche u. betriebliche Ausfalltage	3,24 %
Krankheitstage mit Lohnfortzahlung	7,56 %
Winterausfallgeld AG-Anteil	3,30 %
	32,46 %

d. h. mit einem Zuschlag von 32,46 % auf den Baustellenlohn werden die Kosten der unproduktiven Zeiten abgedeckt. Der Basislohn für die Produktivstunde steigt damit auf 132,46 %.

c) Berechnung der gesetzlichen und tariflichen Sozialaufwendungen (Arbeitgeberanteil)

Krankenversicherung (einschließlich WAG)	7,15 %
Rentenversicherung (einschließlich WAG)	10,05 %
Arbeitslosenversicherung	3,25 %
Pflegeversicherung (einschließlich WAG)	0,86 %
Berufsgenossenschaft	2,00 %
Schwerbehindertenausgleich	0,50 %
Sicherheitsfachkräfte	0,20 %
Insolvenzumlage	0,18 %
Winterbau-Umlage	1,15 %
Winterschutzkleidung	1,55 %
Jahressonderzahlung	2,43 %
Ausbildungsumlage	0,80 %
Wegegeld und Auslösungen	6,74 %
Vermögenswirksame Leistungen	0,34 %
	38,75 %

d. h. mit einem Zuschlag von 38,75 % auf die Basislöhne werden die arbeitgeberseitigen Sozialkosten erfasst. Ein Zuschlag von 38,75 % auf die Basislöhne bedeutet einen Zuschlag von 38,75 x 132,46/100 = 51,33 % auf die Baustellenlöhne.

d) Berechnung des Zuschlagsatzes für lohngebundene Kosten auf die Baustellenlöhne

Nach den Berechnungen unter b) und c) ergibt sich ein Zuschlagsatz von 32,46 % (für unproduktive Zeiten) + 51,33 % (für Sozialaufwendungen) = 83,79 %.

Dieser von den Verbänden vorgeschlagene Zuschlagsatz für lohngebundene Kosten ist nur ausnahmsweise als Hilfsmittel brauchbar, wie unter 3.1 erläutert werden wird. Für unser Kalkulationsbeispiel gehen wir davon aus, dass der Betrieb eine eigene Berechnung angestellt hat und zum Ergebnis 70 % gelangt ist. Damit erhöht sich der Baustellenmittellohn von 12,17 €/h auf 20,69 €/h bzw. 0,34 €/min.

Im Bauwesen ist nicht nur ein *betriebsindividueller Zuschlagsatz*, sondern sogar ein *baustellenbezogener Zuschlagsatz* üblich, weil sich bei weit entfernten Baustellen Auslösungen und Fahrtkosten stark erhöhend auswirken.

In diesem Zusammenhang ist auch noch auf die *Wegezeiten* einzugehen:

Wegezeiten sind die bezahlten Zeiten während der Fahrt der Arbeitnehmer vom Betriebshof zur Baustelle und zurück. Der Fahrer bekommt beide Fahrten bezahlt, die Mitfahrer lt. Tarifvertrag nur eine; andere betriebliche Regelungen sind möglich (z. B. Beginn und Ende der Arbeitszeit auf der Baustelle, wenn dort eine entsprechende Baustelleneinrichtung zur Verfügung steht). Wegezeiten sind unproduktive Zeiten, d. h. Zeiten, in denen keine abrechenbaren Leistungen erbracht werden. Kalkulatorisch können sie folgendermaßen behandelt werden:

- Das Unternehmen erfasst die Wegezeiten im Jahresverlauf und legt sie wie die anderen unproduktiven Zeiten (Urlaub usw.) mit dem Zuschlagsatz für lohngebundene Kosten auf den Baustellenlohn um. So ist auch der Beispielbetrieb verfahren: Der genannte Zuschlagsatz von 70 % beinhaltet ebenfalls die Wegezeiten.

- Das Unternehmen ordnet die Wegezeiten den Gemeinkosten der Baustelle zu. Dann werden sie wie die anderen Gemeinkosten der Baustelle behandelt und bei der Zuschlagsberechnung auf die Einzelkosten umgelegt (Kapitel 2.2.2).

2. Abschätzung des Zeitwertes pro Leistungseinheit

Hier liegt nun sicherlich die schwierigste Aufgabe des Kalkulators: Er muss überlegen, wie groß der Zeitaufwand für die Erbringung einer Leistungseinheit wohl sein wird. (Im englischsprachigen Raum wird der Kalkulator deshalb wohl zutreffend als „estimator", d. h. Schätzer, bezeichnet.)

Hilfestellung bei der Schätzung des Zeitaufwandes können geben:

- Zeitwerttafeln (Musterzeitwerte der FLL 1990, Mittag-Baudatei 1994, usw.)

    Einige Beispiele für die Verlegung von
    1 m² Betonpflaster seien kurz aufgeführt:

    Musterzeitwert der FLL (MZW 04.35.2):   30 min/m²

    Kalkulationsansätze der Dynamischen
    Baudaten (SCHILLER & PARTNER):   34 min/m²

    PLÜMECKE/PLÜMECKE 1989, S. 262:   36 min/m²

    Gegebenenfalls sind Umrechnungen notwendig, wenn die Leistungseinheiten von Zeitwerttafeln und Leistungsverzeichnis nicht übereinstimmen.

    Beispiel: Eine Zeitwertsammlung weise für den Einbau eines Kies-Sand-Gemisches als Tragschicht einen Zeitwert von 28 min/m³ aus. Wenn im Leistungsverzeichnis der Preis pro m³ gefordert wird, ist zu berechnen, wie viel m³ ein m² der ausgeschriebenen Tragschicht ausmacht. Bei 25 cm Tragschichtdicke sind das 0,25 m³. Damit ergibt sich ein Zeitwert von 28 min/m³ x 0,25 m³/m² = 7 min/m².

- Arbeitsstudien (Zerlegung der Gesamtaufgabe in mehrere Teilphasen, deren Zeitaufwand bekannt ist, oder probeweise Ausführung auf dem Betriebshof mit Zeitnahme)

- Logische Schlüsse (vom bekannten Zeitaufwand für das Setzen eines Baumpfahles auf das Setzen eines Dreibockes)

- Eigene Zeitwertsammlungen als Ergebnis von Nachkalkulationen von Baustellen: Angesichts der großen Unterschiede bei der Leistungsfähigkeit (Arbeitsproduktivität) der Betriebe, die bedingt sind durch unterschiedliche Qualifikation und Motivation des Personals, die Qualität der Arbeitsvorbereitung und der Baustellenorganisation und die Qualität und Quantität der zur Verfügung stehenden Werkzeuge und Kleingeräte, sind diese eigenen Zeitwertsammlungen die bei Weitem wertvollsten Informationsquellen für den Kalkulator. Im GaLaBau liegt die systematische Sammlung eigener Zeitwerte - sei es in Form von Sammelkarten, Dateien oder Standardleistungsverzeichnissen - allerdings noch sehr im Argen. Dabei wird verkannt, dass realistische Zeitwerte das wesentliche Fundament einer Angebotskalkulation darstellen; werden hier bereits grobe Fehler gemacht, so ist die ganze weitere Kalkulationsarbeit wertlos (s. a. Hinweise unter Kapitel 4). Im Übrigen hat die Kenntnis der betriebseigenen Zeitwerte nicht nur Bedeutung in der Angebotskalkulation: Auch bei der Bauzeitenplanung ist es wichtig zu wissen, wie lange der Betrieb für einzelne Leistungsabschnitte brauchen wird. Umgekehrt hängt bei vorgegebenen Ausführungsterminen die notwendige Kapazität (d. h. der mengenmäßige Einsatz von Personal und Maschinen) von den Zeitwerten ab.

3. Berechnung der Lohneinzelkosten je Leistungseinheit

Dieser Schritt stellt nun nur noch die rechnerische Verknüpfung der Schritte 1. und 2. dar, indem die berechneten Kosten der Zeiteinheit mit dem geschätzten Zeitaufwand für die Leistungseinheit multipliziert werden:

> Kosten/Zeiteinheit x Zeiteinheiten/Leistungseinheit
> = Kosten/Leistungseinheit
>
> €/min x min/Leistungseinheit
> = €/Leistungseinheit

Damit stehen die Lohneinzelkosten der Leistungseinheit als Basis für die anschließende Belastung mit Zuschlägen fest.

2.2.1.2 Einzelkosten Geräte

Die Berechnung der Geräteeinzelkosten für die Leistungseinheit verläuft analog zur Kalkulation der Lohnkosten in den Schritten:

- Berechnung der Gerätekosten pro Zeiteinheit

- Abschätzung des Zeitwertes pro Leistungseinheit

- Berechnung der Geräteeinzelkosten pro Leistungseinheit

Es wird hier übrigens der Begriff „Gerät" gebraucht, weil er teilweise in Kalkulationsprogrammen und in der Literatur so verwendet wird. Streng genommen handelt es sich bei den Einzelkostengeräten um „Maschinen", denn sie verfügen über einen eigenen motorischen Antrieb.

1. Berechnung der Gerätekosten pro Zeiteinheit

Die Gerätekosten werden in der Regel auf die Betriebsstunden bezogen und dann für kalkulatorische Zwecke auf die Minute umgerechnet. Zur Berechnung dieser Gerätekosten wird in der Literatur des Bauwesens häufig auf die Begriffe und das Vorgehen nach der Baugeräteliste BGL 1991 Bezug genommen. Dieses Verfahren hat sich jedoch im GaLaBau nicht durchgesetzt; vielmehr werden nach einem vereinfachten Schema, dem auch die EDV-Branchenprogramme folgen, die anschließend genannten und an einem Beispiel erläuterten Kostenblöcke bearbeitet:

Fixkosten:
Kosten, die durch die Betriebsbereitschaft des Gerätes entstehen, unabhängig davon, ob das Gerät arbeitet oder nicht. Fixkosten werden meist auf das Jahr gerechnet.

- Abschreibung erfasst den jährlichen Werteverzehr während der Nutzungsdauer. Die steuerliche Abschreibung verteilt die Anschaffungskosten auf die in amtlichen AfA-Tabellen festgelegte Nutzungsdauer. Kalkulatorisch sinnvoller ist es, von der betriebsüblichen Nutzungsdauer auszugehen und die vermuteten Wiederbeschaffungskosten nach Ende der Nutzungsdauer - gekürzt um den Restwert - heranzuziehen; nur so ist sichergestellt, dass dann über Abschreibungen das neue Gerät finanziert werden kann.

- Kalkulatorische Verzinsung bietet dem Unternehmer ein Äquivalent dafür, dass er sein Kapital in ein Gerät gesteckt und nicht etwa verzinslich zur Bank gebracht hat. Weil das im Gerät gebundene Kapital während der Nutzungsdauer bis auf Null absinkt, geht man rechnerisch als Mittelwert von der Hälfte des Neuwertes aus. Als Kalkulationszinssatz wird der Zins für mittelfristige Kapitalanlagen angenommen, z. B. etwa 6 %.

- Versicherung: Hier ist die Jahresprämie für alle Versicherungen anzusetzen, die für das Gerät abgeschlossen wurden (Haftpflicht-, Kasko-, Feuer-, Diebstahlversicherung).

- Steuern und Gebühren: Damit sind die Jahreswerte von Kfz-Steuern, Autobahngebühren u. Ä. gemeint.

- Reparaturkosten: Die Aufwendungen für Reparaturen sind kalkulatorisch schwer zu erfassen, weil ihre Höhe ungewiss ist und ihre zeitliche Verteilung über die Nutzungsdauer ungleichmäßig ausfällt. Vereinfachend hilft man sich, indem man einen langjährigen durchschnittlichen Betrag als Prozentsatz oder Dezimalfaktor der jährlichen Abschreibung ansetzt. Das führt dann dazu, dass die Reparaturkosten bei den Fixkosten gelistet werden, obwohl sie tatsächlich im Wesentlichen beim Einsatz verursacht werden und damit inhaltlich eher Betriebskosten sind.

MÜLLER (2000, S. 54) schlägt für kalkulatorische Zwecke folgende Reparaturkostenfaktoren vor, wenn das eigene Berichtswesen keine Daten hergibt:

Radlader, ca. 40 KW	0,6 bis 0,8
Radlader, ca. 60 KW	0,5 bis 0,7
Kompaktlader	0,7 bis 0,9
Minibagger	0,7 bis 1,0
Mobilbagger	0,6 bis 0,8
Rüttelplatten	0,5 bis 0,7

Bei pfleglichem Umgang mit den Geräten und bei einem der Leistungsfähigkeit angepassten Einsatz sind auch geringere Faktoren erzielbar.

- Kosten der Unterbringung: Auf dem Betriebshof verursacht die Unterbringung des Gerätes Kosten in Form von tatsächlich zu zahlender oder kalkulatorisch anzusetzender Pacht. Man kann diese Unterbringungskosten in den Verrechnungssatz für das Gerät einrechnen, indem man hier die Jahrespacht für den Stellplatzbedarf ansetzt. Üblicher ist es jedoch, diese Kosten als Teil der Allgemeinen Geschäftskosten zu belassen, um sie dort nicht aufwändig herausrechnen zu müssen.

Betriebskosten:
sind die Gerätekosten, die beim Betrieb des Gerätes entstehen. Sie werden meist auf die Betriebsstunde als Rechenbasis bezogen.

- Betriebsstoffe: Hier ist der durchschnittliche Kraftstoffverbrauch des Gerätes je Stunde anzusetzen. Falls der Betrieb keine Aufzeichnungen (Maschinentagesberichte) hat, aus denen der Kraftstoffverbrauch hervorgeht, kann eine überschlägige Formel helfen:
Verbrauch/h = Anzahl KW x Faktor 0,15 bis 0,25

Der Faktor kann im Bereich zwischen 0,15 bis 0,25 in Abhängigkeit von der Arbeitsintensität gewählt werden (MÜLLER 2000, S. 50): Läuft das Gerät nicht den ganzen Tag über oder nur im Teillastbereich, ist ein geringer Faktor, wird der Maschine jedoch die volle Leistung abverlangt, ist ein hoher Faktor anzusetzen.
Dazu kommen die Schmierstoffe; als Anhaltspunkt kann man dafür etwa 10 % der Kraftstoffkosten rechnen.

- Bedienerkosten beinhalten die Lohnkosten des Gerätebedieners einschließlich der lohngebundenen Kosten.

- Wartungskosten berücksichtigen die Tatsache, dass der Bediener bestimmte Zeiten aufwendet, um das Gerät vor und nach der Einsatzzeit zu warten. Weil dann nur Bedienerkosten anfallen, wird in der Regel der Wartungsaufwand durch einen prozentualen Aufschlag auf die Bedienerkosten (etwa 5 %) erfasst.

- Transportkosten sind die Kosten, die beim An- und Abtransport des Gerätes zur Baustelle entstehen, wie z. B. Tiefladerkosten, Fahrzeitkosten, Kosten für die Herrichtung zum Einsatz u. Ä. Sie werden kalkulatorisch meist mit den Gemeinkosten der Baustelle erfasst.

Zur systematischen Berechnung der Gerätekosten stehen Formulare und die Stammdatenbearbeitung der EDV-Programme zur Verfügung. Am aussagefähigsten und auf die Einsatzbedingungen des einzelnen Betriebes am besten zugeschnitten sind jedoch die Daten der innerbetrieblichen Leistungsverrechnung, weil dann alle Gerätekosten auf entsprechend eingerichteten Hilfskostenstellen (Kontenklasse 6) verbucht werden (s. Kapitel 3.3).

Berechnungsbeispiel:

Radlader, 1,2 m³ Schaufelinhalt, 850 Betriebsstunden/Jahr, Anschaffungskosten 70.000 €.

Fixkosten

Kalkulatorische Abschreibung:

$$\frac{\text{Wiederbeschaffungskosten} - \text{Restwert}}{\text{betriebsübliche Nutzdauer}} = \frac{80.000 - 4.000}{8 \text{ Jahre}} =$$ 9.500 €/Jahr

Kalkulatorische Verzinsung:

$$\frac{\text{Anschaffungskosten}}{2} \times \text{Zinssatz} = \frac{70.000}{2} \times 0{,}06 =$$ 2.100 €/Jahr

Versicherung:	angenommen	2.000 €/Jahr
Steuern und Gebühren:	bei Baumaschinen: keine	0
Reparaturkosten:	30 % (betrieblicher Wert) der jährlichen Abschreibung =	2.850 €/Jahr
Unterbringungskosten:	in den Allgemeinen Geschäftskosten verrechnet	0
	Fixkosten/Jahr:	16.450 €/Jahr
	Fixkosten/h bei 850 h/Jahr:	19,35 €/h

Betriebskosten

Kraftstoffkosten:	Verbrauch: 7 l/h Kraftstoffpreis: 0,85 €/l	5,95 €/h
Schmierstoffkosten:	10 % von 5,95 €	0,60 €/h
Bedienerkosten:	Maschinistenlohn einschl. Zulagen: 13,00 €/h Zuschlag für lohngebundene Kosten: 70 %	22,10 €/h
Wartungskosten:	5 % von 22,10 €/h	1,11 €/h
	Betriebskosten/h	29,76 €/h
	Gerätekosten/h	49,11 €/h
	Gerätekosten/min	0,82 €/min

---

2. Abschätzung des Zeitwertes pro Leistungseinheit

Hier stehen im Wesentlichen die bei den Einzelkosten Lohn erläuterten Hilfsmittel zur Verfügung. Auf die besondere Bedeutung eigener Zeitwertsammlungen aus der Nachkalkulation sei hier noch einmal verwiesen.

Ergänzende Informationsquellen können die Leistungsangaben der Gerätehersteller sein; diese sind jedoch teilweise recht großzügig bemessen und ohne Angabe der Rahmenbedingungen, unter denen die Leistungen erbracht werden können, nur mit Vorsicht zu verwenden.

Daneben besteht – insbesondere im Erdbau – die Möglichkeit, Maschinenleistungen durch phasenweise Berechnungen aus Tabellen und Diagrammen abzuleiten; darauf wird unter Punkt 3.1 eingegangen.

3. Berechnung der Geräteeinzelkosten je Leistungseinheit

Hier wird nun wiederum die rechnerische Verknüpfung der Schritte 1. und 2. hergestellt:

Kosten/Zeiteinheit x Zeiteinheiten/Leistungseinheit
= Kosten/Leistungseinheit

€/min x min/Leistungseinheit
= €/Leistungseinheit

Damit stehen die Geräteeinzelkosten der Leistungseinheit fest und können im Rahmen der weiteren Kalkulation mit den notwendigen Anteilen an Gemeinkosten, Wagnis und Gewinn beaufschlagt werden.

Diese Berechnung der Gerätekosten - darauf sei noch einmal deutlich hingewiesen - bezieht sich auf die Geräteeinzelkosten. Das bedeutet, dass es sich um Geräte handelt, die Leistungen erbringen, die der einzelnen Teilleistung direkt zurechenbar sind. Diese Geräte werden deshalb auch „Einzelkostengeräte" oder „Leistungsgeräte" genannt. Davon abzugrenzen sind die Gemeinkostengeräte. Das sind die Geräte, die auf der Baustelle allgemein zur Verfügung stehen, die unterstützende Funktion haben und deren Umrechnung auf die einzelne Position sehr aufwändig wäre. Die Gemeinkostengeräte werden den Gemeinkosten der Baustelle zugeordnet und nicht bei den Geräteeinzelkosten erfasst.

Wo liegt nun die Grenze zwischen Einzelkosten- und Gemeinkostengeräten? Diese Frage wird in den Betrieben unterschiedlich beantwortet. Allgemein wird für *Einzelkostengeräte* als charakteristisch angesehen, dass sie einen festen Bediener haben und nur so lange auf der Baustelle verbleiben, wie es die zugehörigen Leistungspositionen unbedingt erfordern; für sie werden ggf. jeweils eigene Hilfskostenstellen im Rechnungswesen eingerichtet.

Gemeinkostengeräte sind kleinere Geräte, die von verschiedenen Mitarbeitern bei Bedarf genutzt werden, aber auch phasenweise ungenutzt auf der Baustelle verbleiben. Als größtes Gemeinkostengerät könnte zur Abgrenzung etwa der typische Baustellen-Service-Radlader (Nutzlast bis ca. 1,7 t auf Gabelzinken) angesehen werden.

2.2.1.3 Einzelkosten Material

Auf der Baustelle werden unterschiedliche Materialgruppen verwendet, die kalkulatorisch auch verschieden behandelt werden können:

- Betriebsstoffe werden zum Betrieb der Baustelle benötigt. Dazu gehören die Kraft- und Schmierstoffe der Geräte, Wasser, Strom, Reinigungsmittel. Bei den Einzelkostengeräten sind sie Teil des Stundensatzes, in den anderen Fällen werden sie als Teil der Gemeinkosten der Baustelle verrechnet.

- Verbrauchsstoffe werden bei der Herstellung der Bauleistung verwendet, gehen aber nicht als Teil in diese Bauleistung ein. Bestes Beispiel dafür ist das Schalholzmaterial, das beim Betonbau benötigt wird, aber nicht auf der Baustelle verbleibt. Sind Verbrauchsstoffe einzelnen Positionen des Leistungsverzeichnisses direkt zurechenbar, so werden sie als Materialeinzelkosten bei diesen Positionen berechnet; ansonsten werden sie den Gemeinkosten der Baustelle zugeschlagen. Da Verbrauchsstoffe nach der ATV DIN 18299, Nr. 2.2, als „*Stoffe und Bauteile, die der Auftragnehmer nur vorzuhalten hat*" nicht ungebraucht sein müssen, kommt häufig eine mehrfache Verwendung in Betracht. Diese ist ebenfalls kalkulatorisch zu berücksichtigen.

- Baustoffe gehen in die Bauleistung ein und bilden ihren sichtbaren Hauptbestandteil. Sie sind damit der einzelnen Position direkt zurechenbar und bilden somit die wesentlichen Materialeinzelkosten.

Im GaLaBau nehmen die *Pflanzen als Baustoff* eine bedeutende Stellung ein. Obwohl sie kalkulationssystematisch wie alle anderen Baustoffe zu behandeln sind, werden sie in EDV-Programmen oft als eigene Einzelkosten-Kategorie geführt. Das ist zu begründen mit den besonderen Bedingungen des Pflanzeneinkaufes und den Auswertungsmöglichkeiten von getrennt zu erstellenden Pflanzlisten.

Die Kalkulation der Materialeinzelkosten erfolgt ebenfalls über drei Schritte:

- Abfrage der Kosten der Liefereinheit
- Abschätzung des Materialverbrauchs pro Leistungseinheit
- Berechnung der Materialeinzelkosten pro Leistungseinheit

1. Abfrage der Kosten der Liefereinheit

Nach der ATV DIN 18299 gehört zur Leistung immer auch die Lieferung des benötigten Materials (Ausnahme: Boden, ATV DIN 18300, Nr. 2.1.2). Der Kalkulator muss demnach in Erfahrung bringen, was das zu verbauende Material kosten wird. Informationen darüber erhält er aus Herstellerkatalogen und -websites; besser sind jedoch objektspezifische Anfragen beim Baustoffhändler und bei Herstellern. Deutliche Vorteile beim Einkauf lassen sich - entsprechende Mengen oder Umsätze vorausgesetzt - durch *Jahreslieferverträge* erzielen. Eine weitere sinnvolle Möglichkeit besteht in der Mitgliedschaft in einem Einkaufsverbund, weil durch die gebündelte Abnahmemenge günstige Handelskonditionen erzielt werden können.

In jedem Fall ist bei der Feststellung der Kosten für die Liefereinheit auf die Kosten frei Baustelle zu achten, damit die teilweise hohen Frachtanteile im Hinblick auf unterschiedliche Händlerangebote verglichen werden können - entscheidend ist, was das Material kosten wird, wenn es auf der Baustelle zur Verfügung steht.

2. Abschätzung des Materialsverbrauchs pro Leistungseinheit

Hier geht es nun darum festzulegen, wie viel des gelieferten Materials man für eine Leistungseinheit der zu kalkulierenden Position braucht.

Ausgangspunkt der Überlegungen sind die Material- und Maßangaben des Leistungsverzeichnisses. Im einfachen Fall stimmen die Abrechnungseinheiten des gelieferten Materials und des Leistungsverzeichnisses überein, so dass der Zahlenwert zunächst übernommen werden kann: Zur Verlegung eines Quadratmeters Betonpflasterfläche wird ein Quadratmeter Betonpflaster benötigt.

Häufig kommt es jedoch vor, dass das Material vom Lieferanten in einer Einheit angeboten und abgerechnet wird, die nicht mit der Abrechnungseinheit im Leistungsverzeichnis übereinstimmt; dann sind Umrechnungen notwendig. Fordert beispielsweise das Leistungsverzeichnis, 100 m³ Schottermaterial 0/45 (...) einzubauen, und der Lieferant bietet das Material nur mit einem Preis/Tonne an, so ist zum Abgleich das Raumgewicht heranzuziehen.

Quellen für Angaben zu den wichtigsten Raumgewichten sind Tabellen im Tarif für den Güternahverkehr mit Kraftfahrzeugen (GNT, SACHSE/SENF 1974, S. 339 f, in: LEHR 1997, S. 683 f, in: NIESEL 1989, S. 52, und im: Jahrbuch Garten- und Landschaftsbau 2002, S. 390). Die Tabellenwerte in Tabelle 2.1 geben an, wie viel Tonnen ein Kubikmeter des entsprechenden Materials wiegt.

Tabelle 2.1:
Raumgewichte von Baustoffen

	GNT	Lehr	Jahrbuch	Niesel
Asphaltbeton			2,4	
Basaltlava, gebrochen	1,2		1,2	
Basaltlava, ungebrochen	1,8		1,8	
Basaltsplitt	1,5		1,5	
Basaltschotter	1,55		1,55	
Basaltstein		2,9-3,0		
Beton aus Kies	2,2		2,2-2,3	
Erdaushubmaterial, Lehm	1,7			
Granitschotter	1,7			
Granitstein		2,6-2,8		
Grauwacke		2,6-2,7		
Kalksteinschotter	1,45		1,52	
Kalkstein		2,6-2,9		
Kalksteinsplitt 5-32			1,56	
Kies, trocken	1,7			
Kies, grubenfeucht	1,8		1,78	
Kies, nass	2,0			
Kiessand, trocken	1,6			
Kiessand, erdfeucht	1,7		1,56-1,72	1,9-2,1
Kiessand, nass	1,8			
Lava 0/16, lagerfeucht			1,16	
Lehm, Löß, Lößlehm				1,8-2,2
Oberboden, trocken		1,2-1,5	1,7-1,8	
Pflastersteine	2,0			
Porphyr		2,5-2,8		
Quarzit		2,6-2,7		
Restschutt	1,5-1,6			
Sand, trocken	1,5			1,3-1,6
Sand, nass	1,6			
Sandstein		2,0-2,7		
Sand-Ton-Gemisch, steif			2,2	
Schluff			1,9	1,7-1,9
Ton, plastisch			1,8	1,6-2,0
Torf, lose geschüttet			0,1	
Torf, gepresst o. Ballen			0,3	
Travertin		1,7 - 2,6		
Tuffstein		1,8 - 2,0		
Zement	2,1			

Da es bei manchen Materialien Schwankungsbreiten und unterschiedliche Angaben in der Literatur zu den Gewichten gibt, empfiehlt es sich, bei Abschluss des Bauvertrags einen Umrechnungsfaktor schriftlich festzulegen, wenn zu erwarten ist, dass es im Bauverlauf zu Abrechnungsproblemen kommt (etwa, weil der Auftragnehmer das gelieferte Material mit Wiegekarten nachweisen will, die Abrechnungseinheit im Leistungsverzeichnis aber das Volumen ist).

Weitere Umrechnungsprobleme können bestehen, wenn z. B. der Lieferant Natursteinpflaster nach Gewicht liefert – was die Regel ist –, die Abrechnung aber nach verlegter Fläche erfolgt. Hier helfen folgende Anhaltswerte nach FROHMANN 1986, S. 244 (verändert):

Tabelle 2.2: Ergiebigkeit von Natursteinpflaster

	Größe DIN 18 502	Maße in cm (l/b/h)	m²/t
Großpflaster	1	16–20/16/16	2,8
	2	16–20/16/14	3,0
	5	12–18/12/13	3,1
Kleinpflaster	1	10/10/10	4,4
	2	9/9/9	4,8
	3	8/8/8	5,5
Mosaikpflaster	1	6/6/6	7,0
	2	5/5/5	8,5
	3	4/4/4	10,0

Daneben können auch Hersteller- bzw. Lieferantenangaben herangezogen werden (z. B. für die Ergiebigkeit von Kunststoff-Pflasterfugenmaterial).

In anderen Fällen ist nur eine rechnerische Ableitung des Materialverbrauches notwendig.

Beispiel: Wie viel m³ Sand werden pro m² Betonpflasterfläche benötigt, wenn das Pflasterbett 4 cm dick sein soll? Das Pflasterbett nimmt pro m² folgendes Volumen ein:

$1,00 \text{ m} \times 1,00 \text{ m} \times 0,04 \text{ m} = 0,04 \text{ m}^3$

Bei vielen Materialen wäre eine Berechnung sehr aufwändig und trotzdem wenig exakt (Beispiele: Wie viel Kokosstrick benötigt man für eine Dreibock-Baumverankerung? Wie viel Sand zum Einschlämmen von Kleinpflaster? Wie viel Mörtel für einen bestimmten Mauerverband?). In diesen Fällen hilft man sich mit Faustzahlen, die man am besten aus der Nachkalkulation von Baustellen gewinnt. Ergebnis dieser Überlegungen ist der so genannte *Mengenfaktor*, der in Kalkulationsformularen oder in der EDV-Kalkulation anzugeben ist.

Allerdings ist dieser Wert – je nach den Erfordernissen der Baustelle – durch Verlustfaktoren zu modifizieren. Das sind je nach dem verwendeten Material:

- Streuverluste bei Schüttgütern
  Damit wird die Tatsache berücksichtigt, dass bei häufigem Zwischentransport von Schüttgütern auf der Baustelle nicht das gesamte gelieferte Material in die Bauleistung eingeht. Je nach Anzahl der Zwischentransporte und nach der Ebenheit des Untergrundes am Lagerungsort können etwa 1–5 % Verluste angesetzt werden.

- Verdichtungsverluste
  Geliefertes Material erleidet durch eine ggf. geforderte Verdichtung einen Volumenverlust, der bei der Kalkulation (und natürlich bei der Materialbestellung) zu berücksichtigen ist. Die Größe dieses Verdichtungsverlustes ist abhängig von

  - der Lagerungsdichte des Ausgangsmaterials
  - der Korngrößenzusammensetzung
  - der Feuchtigkeit des Materials beim Verdichten
  - dem Verdichtungsgrad.

  Aussagefähige Tabellen zu diesen Parametern gibt es nicht; hier hilft also am besten der Aufbau eines eigenen Zahlenwerkes aus den Werten der Nachkalkulation. Die Werte können etwa im Bereich von 30 % für Tragschichtmaterialien bis zu 80 % für feine Tennendeckschichten liegen.

- Beschädigungsverluste können entstehen, wenn das mangelfrei gelieferte Material auf der Baustelle bei der Lagerung, beim Zwischentransport oder beim Einbau beschädigt wird. Dieser unvermeidliche Vorgang wird durch einen Faktor einkalkuliert, der dann bewirkt, dass die Kosten des beschädigten Materials auf das abrechnungsfähige Material umgelegt werden. Die Größe dieses Faktors macht sich der Kalkulator am besten klar, wenn er sich fragt, wie viele Einheiten von 100 gelieferten Einheiten regelmäßig nicht in die abrechnungsfähige Leistung eingehen (Beispiele: Wie viel von 100 gelieferten Hochstämmen erreichen nicht den abnahmefähigen Zustand? Wie viel von 100 gelieferten Blockstufen können nicht eingebaut werden?) Hier sollte ein betrieblicher Mittelwert eingesetzt werden, dessen Höhe von den zur Verfügung stehenden Arbeits-, Transport- und Hilfsmitteln, von der Qualität der Baustellenorganisation und von der Sorgfalt der Mitarbeiter abhängt.

- Bearbeitungsverluste entstehen unvermeidbar bei der fachgerechten Bearbeitung des Materials. Hierher gehört beispielsweise das bei der Herstellung von Schnittkanten, beim Einpassen von Bekantungen, bei der Herstellung einer Trockenmauer verbleibende, unbrauchbare Material. Die Größe dieses Faktors hängt im Wesentlichen vom Zuschnitt der zu erbringenden Leistung ab.

- Verluste durch Diebstahl treten gelegentlich auf und können in ihrer Höhe durch vorbeugende Maßnahmen beeinflusst werden. Dazu gehören Absperrungen und Bauzäune, Anlieferung des Materials „Just-in-time", so dass lange Lagerungszeiten vermieden werden, die Lagerung in abschließbaren Containern oder die Mitführung zum Betriebshof.

Die Summe dieser Verluste ist als einheitlicher Verlustfaktor in der EDV-Kalkulation oder auf den Kalkulationsformularen anzugeben.

3. Berechnung der Materialeinzelkosten pro Leistungseinheit

Auch hier erfolgt wieder die rechnerische Verknüpfung der Schritte 1. und 2.:

Kosten/Liefereinheit x Liefereinheiten/Leistungseinheit
= Kosten/Leistungseinheit

z. B. €/m³ x m³/m² = €/m²

Damit stehen die Materialeinzelkosten einer Leistungseinheit der zu kalkulierenden Position fest.

2.2.1.4 Einzelkosten Fremdleistungen

Unternehmen sind häufig nicht in der Lage, die anzubietenden Leistungen selbst auszuführen. Gründe dafür können etwa sein:

- Die Kapazität des Unternehmens reicht hinsichtlich des Personals oder des Maschinenbestandes nicht aus, um den geforderten Leistungsumfang innerhalb der Ausführungsfrist zu erbringen.
- Im Ausführungszeitraum ist durch andere Bauvorhaben ein Engpass beim Personal oder bei den Geräten zu erwarten.
- Das Unternehmen verfügt nicht über Personal mit der benötigten Qualifikation, so dass auf der Baustelle mehr geübt als produktiv gearbeitet würde; das Gewährleistungsrisiko wäre dann erheblich. Es kann auch sein, dass die Leistung wegen mangelnder Fachkenntnis überhaupt nicht erbracht werden kann.
- Die Leistung ist nur mit Spezialmaschinen durchzuführen, über die der Betrieb nicht verfügt.
- Das Unternehmen erreicht bei einer Leistung nicht die Arbeitsproduktivität, die notwendig wäre, um über niedrige Zeitwerte marktgängige Preise anbieten zu können. Diese Situation ist bei dem breiten Spektrum an GaLaBau-Leistungen und der gleichzeitig geringen Betriebsgröße häufig anzutreffen, weil das Personal viele Arbeiten nicht oft ausführt und daher nicht routiniert abwickelt.

In allen diesen Fällen wird das Unternehmen bereits bei der Angebotskalkulation an den Einsatz eines Subunternehmers (= Nachunternehmers) denken, um die eigenen Einzelkosten gering zu halten, beim Auftraggeber Zweifel an der Fachkunde, Leistungsfähigkeit und Zuverlässigkeit gar nicht erst aufkommen zu lassen sowie Vertragsstrafen bzw. Schadenersatzforderungen zu vermeiden.

Beim Subunternehmereinsatz sind verschiedene Konstellationen möglich, die Einfluss auf die Angebotskalkulation haben:

a) Der Subunternehmer erbringt die geforderte Leistung einschließlich aller Lieferungen komplett selbst. Der Hauptunternehmer lässt sich daher vom Subunternehmer Preise für die entsprechenden Positionen des Leistungsverzeichnisses anbieten. Diese Subunternehmerpreise sind somit die Einzelkosten des Hauptunternehmers, denen er für sein Angebot noch Zuschläge für Allgemeine Geschäftskosten und Wagnis und Gewinn hinzufügen muss. Diese fallen aber geringer aus als bei eigenen Leistungen des Hauptunternehmers, weil Subunternehmer weniger Allgemeine Geschäftskosten verursachen.

Im Auftragsfall wird der Subunternehmer die Leistungen in der Regel zu den Vertragsbedingungen, denen auch der Hauptunternehmer unterliegt, ausführen, abrechnen und die Gewährleistung tragen. Bei dieser Konstellation entsteht im Idealfall (d. h. beim Einsatz eines soliden und qualifizierten Subunternehmers) ein Aufwand beim Hauptunternehmer nur für die Angebotseinholung, die Auftragserteilung, die Bauüberwachung mit Aufmaß und die Zahlung. Da die Leistung hier komplett beim Subunternehmer liegt, spricht man von *Fremdleistungskosten*. Fremdleistungen sind im GaLaBau aus den o. g. Gründen sehr verbreitet und betreffen alle Arten allgemeiner und spezieller Arbeiten, wie z. B. Erdbau, Zaunbau, Wasserbeckenbau, Anspritzbegrünung usw. Der Anteil der Fremdleistungskosten am Umsatz der Betriebe liegt im Bereich von 5 - 15 % und nimmt mit der Betriebsgröße deutlich zu; Unternehmen mit über 50 Arbeitskräften erwirtschaften z. T. bis 40 % ihres Umsatzes durch Subunternehmer.

b) Der Subunternehmer erbringt nur den Lohnanteil an der Leistung, die der Hauptunternehmer anbietet. So könnte z. B. ein Subunternehmer die Verlegung von Betonpflaster zu einem Einheitspreis von 9 €/m² anbieten; die Beschaffung des Materials, die Gestellung der notwendigen Geräte, die Baustellenleitung usw. bleibt weiterhin Aufgabe des Hauptunternehmers. Da hier der Subunternehmer nur die Arbeit verrichtet, spricht man auch von *Fremdarbeitskosten*. Der Kalkulator muss entscheiden, ob er den Preis des Subunternehmers in seiner eigenen Angebotskalkulation der Kostenart „Einzelkosten Fremdleistungen" oder der Kostenart „Einzelkosten Lohn" zuordnet. Für die Zuordnung zu den Fremdleistungen spricht das gegenüber den eigenen Lohnkosten verringerte Risiko von Kalkulationsirrtümern: Während man bei den eigenen Lohnkosten nie weiß, wie lange für die Leistung benötigt wird (Zeitwerte), stehen beim Subunternehmereinsatz diese Kosten fest; das Zeitrisiko trägt damit der Subunternehmer.

Teilweise wird die Subunternehmerleistung jedoch nicht pro Leistungseinheit, sondern pro Zeiteinheit angeboten (z. B. Dreiachser-Kipper für den Bodentransport für 40 €/h). Dann muss der Kalkulator abschätzen, wie lange der Subunternehmer für eine Leistungseinheit brauchen wird (Zeit für den Transport von 1 m³ Boden) - eine Einschätzung, die bei einem fremden Betrieb noch schwieriger zu treffen ist als bei dem eigenen, für den immerhin Zeitwerte aus Nachkalkulationen vorliegen (sollten). Der Kalkulator wird deshalb immer versuchen, Angebote für die Leistungseinheit zu erhalten. Ist das nicht möglich, wird er die genannten Kosten/Zeiteinheit mit den geschätzten Zeiteinheiten/Leistungseinheit multiplizieren und die so berechneten Kosten/Leistungseinheit den Kostenarten „Einzelkosten Lohn" oder „Einzelkosten Geräte" zuordnen, auf die dann die üblichen Zuschläge anfallen.

Bei der Vertragsgestaltung und im Bauablauf ist in diesem Fall b) besonders darauf zu achten, dass nicht gegen gesetzliche Bestimmungen gegen Scheinselbständigkeit und gegen illegale Arbeitnehmerüberlassung verstoßen wird.

2.2.1.5 Einzelkosten Sonstiges

Unter diese Kostenart fallen alle Einzelkosten, die den bisher aufgeführten Kostenarten nicht zugeordnet werden können oder sollen. Hierher könnten beispielsweise Entsorgungsgebühren gehören, wenn der Bieter diese bei einzelnen Positionen entgegen der ATV DIN 18299, Nr. 4.1.12, selbst zu tragen und einzukalkulieren hat. In Kalkulationsprogrammen ermöglicht es diese Kostenrubrik aber auch, hier Teilbereiche aus den anderen Kostenarten gesondert zu behandeln. Der Kalkulator könnte z. B. die Pflanzen nicht bei den Materialkosten, sondern hier bei den Sonstigen Kosten führen, um bei ihnen etwa einen anderen Zuschlagsatz als beim Material zu verwenden oder eine getrennte Auflistung der Pflanzenkosten zu erhalten.

Die weitaus meisten Kosten jedoch, die auf der Baustelle anfallen und nicht unter die ersten vier genannten Einzelkosten fallen, sind nicht den einzelnen Positionen direkt zuzuordnen und damit Gemeinkosten der Baustelle, die anschließend behandelt werden.

2.2.1.6 Gemeinkosten der Baustelle

Als Gemeinkosten der Baustelle bezeichnet man alle Kosten, die beim Betrieb der Baustelle entstehen und die nicht oder nur mit unverhältnismäßig großem Aufwand einzelnen Teilleistungen (Positionen) direkt zugeordnet werden können.

Der Umfang der Gemeinkosten der Baustelle wird im GaLaBau oft unterschätzt und deshalb diese Kostenart auch bei der Angebotskalkulation vernachlässigt. Dabei nimmt durch die zunehmende Mechanisierung, den laufenden Zwang zur Produktivitätsverbesserung und aus Gründen des Arbeitsschutzes und der Unfallverhütung der im Rahmen der Gemeinkosten der Baustelle zu treibende Aufwand laufend zu.

Bei den Gemeinkosten der Baustelle treten praktisch alle Kostenarten, die bei den Einzelkosten behandelt wurden, wieder auf: Es wird Material zur Herstellung eines Lagerplatzes benötigt, wobei auch Lohnkosten und Gerätekosten entstehen; eine notwendige Baustraße wird evtl. durch einen Subunternehmer erstellt. Es hat sich jedoch bewährt, die Gemeinkosten der Baustelle nicht nach den Kostenarten aufzuschlüsseln, sondern im Hinblick auf ihre Zeitabhängigkeit zu unterscheiden. Ein Teil der Gemeinkosten der Baustelle ist nämlich in seiner Höhe unabhängig von der Dauer der Baustelle, während die meisten anderen Gemeinkosten der Baustelle zeitabhängig sind. Diese Unterscheidung ist immer dann wichtig, wenn es darum geht, Aussagen über die Kosten von Bauzeitverlängerungen zu machen und zu belegen.

Die im Bauwesen auftretenden Gemeinkosten der Baustelle werden nun in Anlehnung an DREES/PAUL 1998, S. 83 ff, kurz vorgestellt:

Zeitunabhängige Gemeinkosten der Baustelle

1. Kosten der Baustelleneinrichtung

   - Ladekosten für alle Güter der Baustelle betreffen das Ab- und Aufladen auf der Baustelle und ggf. die entsprechenden Ladevorgänge auf dem Betriebshof. Sie fallen an für Geräte, Container, Werkzeuge, Kleingerät, Einrichtungsgegenstände für das Baustellenpersonal, Rüst- und Schalmaterial, Hilfsstoffe.

   - Frachtkosten sind die Transportkosten für o. g. Güter bei der Baustelleneinrichtung mit den betriebseigenen Transportfahrzeugen; dabei sind auch deren Standzeiten zu berücksichtigen. Frachtkosten bei laufenden Versorgungsfahrten sind unter den zeitabhängigen Gemeinkosten der Baustelle zu erfassen.

   - Auf-, Um- und Abbaukosten der Baustelleneinrichtung betreffen das Aufstellen der Container bzw. Bauwagen, die Herstellung der Wasser- und Energieversorgung, der Zufahrten, der Lagerplätze und die Einzäunung. Außerdem sind hier die vorgeschriebenen Maßnahmen des Arbeitsschutzes und der Unfallverhütung zu nennen, soweit sie Nebenleistung des Auftragnehmers sind.

2. Kosten der Baustellenausstattung

   - Hilfsstoffe wie Nägel, Bindedraht, Handwaschmittel, Schalungsöl usw.

   - Werkzeuge und Kleingerät wie Handwerkzeuge und Handmaschinen fallen meist als Erstausstattung der Baustelle an, unterliegen aber auch einem nutzungsbedingten Verschleiß; insofern ist auch eine Erfassung bei den zeitabhängigen Gemeinkosten der Baustelle vertretbar.

   - Ausstattung der Büros, Unterkünfte, Sanitäranlagen mit Mobiliar

3. Technische Bearbeitung und Kontrolle

   - Konstruktive Bearbeitung beinhaltet Kosten für Planungen und Berechnungen, die der Auftraggeber nicht gesondert vergütet und die deshalb bei den Gemeinkosten der Baustelle erfasst werden müssen.

- Arbeitsvorbereitung meint den baustellenbezogenen Aufwand vor Beginn der Ausführung, z. B. Absteckungsarbeiten.
- Baustoff- und Bodenuntersuchungen, soweit sie nicht vom Auftraggeber als Leistung vergütet werden, etwa Eigenüberwachungsprüfungen.

4. Bauwagnisse

- Sonderwagnisse der Bauausführung können sich neben dem allgemeinen Risiko von Kalkulationsirrtümern und Gewährleistungsaufwendungen vor allem auf Wagnisse, die mit der einzelnen Baumaßnahme verbunden sind, beziehen. Dazu könnten beispielsweise das jahreszeitlich oder topografisch bedingte Schlechtwetter oder Aufwendungen durch Hochwassergefahr gehören.
- Versicherungen betreffen im Rahmen der Gemeinkosten der Baustelle nur solche Versicherungen, die für die besondere Gefahren- und Schadenssituation einer einzelnen Baustelle abgeschlossen werden und nicht durch die allgemeinen betrieblichen Versicherungen (z. B. Betriebshaftpflichtversicherung) abgedeckt sind.

5. Sonderkosten

- Bauzinsen sollen die Tatsache berücksichtigen, dass der Auftragnehmer (außer beim Vorliegen von Vorauszahlungen) die Baustelle bis zum Eingang von Zahlungen vorfinanziert und dadurch eine Zinsbelastung zu tragen hat - sei es durch Zinsentgang für vorhandenes Eigenkapital oder durch zu zahlende Fremdkapitalzinsen. Für die Berechnung der Höhe der Bauzinsen kommt es auf den durchschnittlich vorzufinanzierenden Betrag, den Vorfinanzierungszeitraum und den anzusetzenden Zinssatz an. Hier kann der Kalkulator Anhaltspunkte in den Vertragsbedingungen und Zahlungsplänen sowie Kenntnisse über das Zahlungsgebaren des Auftraggebers zur Abschätzung heranziehen; die VOB/B-Fristen zu Abschlag- und Schlusszahlungen werden oft überschritten.

  Der Unternehmer wird nicht den vollen Rechnungsbetrag als Basis für die Zinskosten heranziehen, denn
  - nicht alle Kosten des Projektes sind ausgabewirksam (z. B. Abschreibungen)
  - auch die eigenen Arbeitnehmer erhalten ihren Lohn zum Monatsende und damit mit einer leichten Verzögerung
  - es besteht die Möglichkeit, einen zinslosen Lieferantenkredit in Anspruch zu nehmen.

  Insofern wird nur ein bestimmter Anteil - etwa 70 % bis 80 % - des Rechnungsbetrages für die Zinsberechnung herangezogen.

> Beispiel:
> Bei einem Bauvorhaben mit dem Auftragswert von 0,5 Mio € werden nach Einschätzung des Kalkulators vom Zeitpunkt der Leistungserbringung bis zum Zahlungseingang durchschnittlich etwa 2 Monate vergehen; der Kalkulator nimmt einen Zinssatz von 6 % an.
>
> Vorfinanzierungsbetrag:
> 500.000 € x 0,7 (Abminderungsfaktor) = 350.000 €
>
> Vorfinanzierungszeitraum: 2 Monate
>
> Zinsbelastung im Vorfinanzierungszeitraum:
> $$Z = \frac{2 \text{ Monate} \times 6\%}{12 \text{ Monate}} = 1\%$$
>
> Bauzinsen = 350.000 x 0,01 = 3.500 €

- ARGE-Kosten entstehen im Zuge der Vorbereitung und Durchführung einer Arbeitsgemeinschaft durch die technische und kaufmännische Federführung.
- Kosten für Winterbaumaßnahmen wie z. B. Winterbauzelte und Heizgeräte sind ebenfalls bei den Gemeinkosten der Baustelle zu erfassen.

6. Beseitigung der Baureststoffe

Die Beseitigung von Baureststoffen ist ein zunehmend kostenträchtiger Faktor. Folgende Hinweise sind zu beachten:

- Die Gebühren für die Reststoffe steigen stark an, je stärker verschiedene Stoffarten vermischt eingeliefert werden. Deshalb ist im Einzelfall zu prüfen, inwiefern der Aufwand für das Trennen von Materialien auf der Baustelle durch die damit gewonnene Gebührenersparnis ausgeglichen wird.
- Der Lieferant von Baumaterialien ist zur kostenfreien Rücknahme von Verpackungsmaterial verpflichtet.
- Die Entsorgung von Reststoffen aus dem Bereich des Auftraggebers ist nach der ATV DIN 18 299 nur bis zu einer Menge von 1 m³ eine Nebenleistung (Bagatellklausel; außer bei schadstoffbelasteten Stoffen); ansonsten steht dem Auftragnehmer eine gesonderte Vergütung zu. Außer den Gebühren sind die Sammel-, Lade-, Lagerungs- und Transportkosten zu berücksichtigen.

Zeitabhängige Gemeinkosten der Baustelle

1. Vorhaltekosten

Hierunter sind die Vorhaltekosten der auf der Baustelle eingesetzten Gemeinkostengeräte sowie Container, Bauwagen, Fahrzeuge usw. zu verstehen. Auch für Gemeinkostengeräte müssen zeitabhängige Kostensätze ermittelt werden. Im Gegensatz zu den Einzelkostengeräten bleiben dabei die Bedienerkosten unberücksichtigt. Als Vorhaltekosten der Gemeinkostengeräte verbleiben damit die Fixkosten (Abschreibung, Verzinsung, Versicherung, Steuern, Unterbringung) und als Betriebskosten die Kraft- und Schmierstoffkosten. Dazwischen sind die Reparaturkosten einzuordnen.

MÜLLER (2000, S. 59 ff) schlägt abweichend davon bei den Fixkosten vor, Steuern, Versicherung und Unterbringung den Allgemeinen Geschäftskosten zuzuordnen.

Bei den Betriebsstoffen ist zu berücksichtigen, dass Gemeinkostengeräte nicht die gesamte Zeit, während der sie auf der Baustelle vorgehalten werden, auch tatsächlich arbeiten. Deshalb ist ein der tatsächlichen Auslastung entsprechender, verringerter Verbrauch zu unterstellen.

Man kann die Kraft- und Schmierstoffe der Gemeinkostengeräte aber auch den Betriebskosten der Baustelle zuordnen. Vorhaltekosten werden zeitraumbezogen meist für Vorhaltetage oder Vorhaltemonate berechnet. Da es in den Beispielen dieses Buches zur Angebotskalkulation auf die Baustellendauer in Tagen ankommt, erfolgt nun eine Berechnung für die Vorhaltekosten pro Tag eines Radladers mit 0,8 m³ Schaufelinhalt und 45.000 € Anschaffungskosten:

Kalkulatorische Abschreibung:

$$\frac{\text{Wiederbeschaffungskosten - Restwert}}{\text{betriebsübliche Nutzungsdauer}} = \frac{50.000 - 2.000}{8 \text{ Jahre}} =$$ 6.000 €/Jahr

Kalkulatorische Verzinsung:

$$\frac{\text{Anschaffungskosten}}{2} \times \text{Zinssatz} = \frac{45.000}{2} \times 0,06 =$$ 1.350 €/Jahr

Versicherung:	angenommen	2.030 €/Jahr
Steuern und Gebühren:	bei Baumaschinen: keine	0
Unterbringungskosten:	in den Allgemeinen Geschäftskosten verrechnet	0
Reparaturkosten:	40 % (betrieblicher Wert) der jährlichen Abschreibung =	2.400 €/Jahr
Kraftstoffkosten:	20 l/Tag x 0,91 €/l x 200 Tage	3.640 €/Jahr
Schmierstoffkosten:	10 % der Kraftstoffkosten	360 €/Jahr
	Vorhaltekosten/Jahr	15.780 €/Jahr
	Vorhaltekosten/Tag bei 200 Tagen/Jahr	79 €/Tag

---

2. Betriebskosten der Baustelle

Damit sind alle Betriebsstoffe gemeint, die zum Betreiben der Baustelle benötigt werden und nicht bei den Einzelkosten erfasst wurden. Dazu zählen beispielsweise der Kraftstoff und die Schmierstoffe für die Gemeinkostengeräte (sofern sie nicht wie oben bei den Vorhaltekosten dieser Geräte verrechnet wurden), Heizung, Wasser- und Stromverbrauch.

3. Kosten der örtlichen Bauleitung

Darunter fallen die Gehaltskosten für die Baustellenleitung (bei mehreren Baustellen anteilig), Büromaterial, Porto, Telefon, PKW-Kosten und Bewirtungskosten.

4. Allgemeine Baukosten

- Instandhaltungskosten für die Baustelleneinrichtung, Zufahrten, Lagerplätze, Sicherungsmaßnahmen während der Bauzeit
- Pachten und Mieten für gemietete Unterkünfte, Büros, Lagerflächen, Sanitäreinrichtungen, Bauzäune
- Transportkosten zur täglichen Versorgung der Baustelle.

Mit den Gemeinkosten der Baustelle gehen die Unternehmen kalkulatorisch ganz unterschiedlich um, indem sie diese

- als durchschnittlichen Prozentsatz auf die Einzelkosten aufschlagen (so in der Kalkulation mit vorbestimmten Zuschlagsätzen)

- in der konkret für eine Baustelle erwarteten Höhe vorausschätzen und in die Kalkulationspreise einrechnen (so bei der Kalkulation über die Endsumme)

- teilweise zu den Allgemeinen Geschäftskosten rechnen.

Häufig findet man jedoch auch Teile der Gemeinkosten der Baustelle in den Leistungsverzeichnissen ausgeschrieben (z. B. „Einrichten und Räumen der Baustelle" oder „Vorhalten der Gemeinkostengeräte während der Bauzeit"); in diesem Fall sind die entsprechend berechneten Kosten wie Einzelkosten bei diesen Positionen zu behandeln und bei den Gemeinkosten der Baustelle zu streichen.

2.2.1.7 Allgemeine Geschäftskosten

Unter Allgemeinen Geschäftskosten werden alle Kosten subsummiert, die im Unternehmen als Ganzes – also nicht auf den Baustellen oder gar bei einzelnen Teilleistungen – entstehen. Dazu gehören

- die Kosten der Unternehmensleitung (Gehalt des Geschäftsführers mit Sozialabgaben, Fahrzeug- und Bürokosten der Geschäftsleitung)
- die Kosten der Unternehmensverwaltung (Löhne und Gehälter der in der Verwaltung Beschäftigten einschließlich Sozialabgaben, Kosten des Verwaltungsgebäudes und Betriebsgeländes, Büromaterial, Reinigung, Heizung, Wasser und Energie, Telefonkosten, Reisekosten)
- Freiwillige soziale Aufwendungen für die Gesamtbelegschaft, soweit sie nicht bereits bei der Berechnung der Lohnnebenkosten berücksichtigt wurden
- Kosten der eigenen Werkstatt, eines Magazins, Lagers, Einschlagsplatzes
- Steuern und Abgaben, soweit sie als Betriebsausgabe abzugsfähig sind
- Betriebliche Versicherungen, soweit sie nicht nur für einzelne Baumaßnahmen abgeschlossen wurden oder bereits im Verrechnungssatz der Geräte enthalten sind
- Beiträge zu Verbänden und Kammern
- Rechtsanwalts- und Steuerberatungshonorare
- Kosten für Werbemaßnahmen und Repräsentation
- Lizenzgebühren usw.

Die Allgemeinen Geschäftskosten müssen wie alle anderen Kosten auch über die Preise für die Leistungen erwirtschaftet und deshalb auf die Herstellkosten aufgeschlagen werden. Bei der Auflistung der Allgemeinen Geschäftskosten kann als Datenquellen auf die Gewinn- und Verlustrechnung des Vorjahres oder auf die Betriebswirtschaftliche Auswertung (BWA) zurückgegriffen werden. Es ist jedoch bei der Zuordnung der Kosten darauf zu achten, dass es nicht zu einer doppelten Erfassung kommt. Die Abschreibungen der Einzelkostengeräte sind zum Beispiel Teil des Verrechnungssatzes bei den Einzelkosten; diese dürfen dann nicht noch einmal bei den Allgemeinen Geschäftskosten berechnet werden.

2.2.1.8 Wagnis und Gewinn

Die unternehmerische Tätigkeit unterliegt zahlreichen Risiken, die zum Zeitpunkt der Angebotsabgabe noch nicht genau zu beziffern sind, jedoch im Falle ihres Eintretens erhebliche Kosten verursachen können. Im Bauwesen hat sich eine Unterscheidung in spezielle und allgemeine Wagnisse durchgesetzt:

> Spezielle Wagnisse sind
>
> **Gewährleistungswagnis**
> Risiko, dass auf das Unternehmen im Rahmen der Gewährleistungsverpflichtung Kosten zukommen
>
> **Forderungswagnis**
> Risiko des Zahlungsausfalls oder der Zahlungskürzung
>
> **Anlagewagnis**
> Risiko der Beschädigung, der Zerstörung oder des Diebstahls von Gegenständen des Anlagevermögens

Diese speziellen Wagnisse werden im Rahmen der „Kalkulatorischen Kosten" erfasst und in den Preisen berücksichtigt.

Allgemeine Wagnisse bestehen in der Form

- von Kalkulationsirrtümern:
  Wie bei der Besprechung der Einzelkosten bereits betont wurde, unterliegen die Berechnungen des Kalkulators vielfältigen Abschätzungen mit entsprechend hoher Fehlerquote (besonders bei den Zeitwerten); dazu kommt bei Pauschalangeboten noch das Mengenrisiko. Keine Baustelle wird genauso ablaufen, wie der Kalkulator sich das „vorweg gedacht" hat. Solche Kalkulationsirrtümer können natürlich eine positive Abweichung mit entsprechender Verbesserung des Baustellenergebnisses oder eben auch ein negatives Ergebnis bringen.

- des allgemeinen Unternehmenswagnisses:
  Damit ist gemeint, dass jedes Unternehmen von den Marktbedingungen abhängig ist, die es zwar teilweise mitgestalten kann, denen es aber auch kurzfristig ausgeliefert ist. Der plötzliche Wegfall eines ganzen Tätigkeitsfeldes (Pflegeverträge wurden überraschend nicht verlängert; öffentliche Auftraggeber lehnen überraschend Dachbegrünungen grundsätzlich ab) kann die Existenz des gesamten Unternehmens gefährden.

Diese allgemeinen Wagnisse werden zusammen mit dem *Gewinn* durch einen Zuschlagsatz auf die Selbstkosten in die Kalkulationspreise eingerechnet. Dieser Zuschlagsatz kann aus Sicht des Unternehmens natürlich nicht hoch genug sein und wird letztlich durch die Marktsituation bestimmt; als Anhaltspunkt kann der nach dem öffentlichen Baupreisrecht anerkannte Prozentsatz von 6 % gelten. Der Gewinn ist das Ergebnis der Unternehmertätigkeit, dient als Grundlage für das Wachstum des Unternehmens und als Anreiz, Kapital in diesem Unternehmen zu binden.

Wagnis und Gewinn werden in einem Zuschlagsatz zusammengefasst, weil sie sich gegenseitig direkt beeinflussen: Nicht eingetretene Wagnisse erhöhen bei sonst unveränderter Kostensituation den Gewinn.

2.2.1.9 Kalkulatorische Kosten

Neben diesen Kostenarten, die sich direkt in der Übersicht zu den Kostenarten und Kostenstufen der Vollkostenrechnung finden, ist noch der Begriff „Kalkulatorische Kosten" zu erläutern (KLUTH 1998, S. 80 ff):

Als *Kalkulatorische Kosten* werden Beträge bezeichnet, die in der Gewinn- und Verlustrechnung nicht ausgewiesen werden, weil

- sie nicht zu Ausgaben führten (kalkulatorische Verzinsung, kalkulatorischer Unternehmerlohn und kalkulatorische Pacht bei Einzelunternehmen und Personengesellschaften),
- für sie kein gesonderter Posten vorgesehen ist (Gewährleistungsaufwendungen),
- oder die in der Gewinn- und Verlustrechnung zwar steuerlich korrekt, aber nicht der betrieblichen Wirklichkeit entsprechend ausgewiesen wurden (Abschreibungen).

Zu diesen Kalkulatorischen Kosten sollen nun einige Erläuterungen folgen:

Kalkulatorische Verzinsung

Das Unternehmen sollte eine Verzinsung für das im Betrieb gebundene Kapital erwirtschaften. Das betriebsnotwendige Kapital berechnet sich nach:

nicht abnutzbares Anlagevermögen (z. B. Grundstücke)

+ abnutzbares Anlagevermögen (z. B. Geräte; einzusetzen wären die buchmäßigen Restwerte oder die halben Anschaffungswerte. Wenn die Verzinsung der Geräte bei der Berechnung der Gerätekosten berücksichtigt wurde, dürfen sie hier nicht noch einmal in Ansatz gebracht werden.)

= betriebsnotwendiges Anlagevermögen

+ betriebsnotwendiges Umlaufvermögen (z. B. Forderungen, Bankguthaben, Lagervorräte; anzusetzen ist der Durchschnitt aus dem Jahresanfangs- und -endbestand)

= betriebsnotwendiges Vermögen

− Abzugskapital (z. B. zinsfrei dem Unternehmen zur Verfügung stehendes Kapital)

= betriebsnotwendiges Kapital

▶ Höhe: Es sind etwa 6 % Jahreszins auf das betriebsnotwendige Kapital anzusetzen.

▶ Zuordnung: Der Betrag für die Kalkulatorische Verzinsung kann den Allgemeinen Geschäftskosten mit der Begründung zugerechnet werden, dass der Unternehmer bei fehlendem Eigenkapital ja Fremdkapital aufnehmen müsste, dessen Zinsen ebenfalls Allgemeine Geschäftskosten wären. Die Verzinsung des in den Geräten gebundenen Kapitals wird allerdings in der Regel als Teil des Verrechnungssatzes dieser Geräte behandelt und ist dann hier nicht mehr zu berücksichtigen.

Kalkulatorische Pacht/Miete

Gemeint ist hier eine Miete für Grundstücke und Gebäude, die sich im Eigentum des Unternehmers befinden und die bei Fremdvermietung zu Einnahmen führen würden. Soweit in der Gewinn- und Verlustrechnung des Unternehmens Aufwendungen für Instandhaltungsarbeiten geltend gemacht wurden, die bei Fremdvermietung Sache des Vermieters gewesen wären, ist der Ansatz für Kalkulatorische Miete um diesen Betrag zu kürzen.

▶ Höhe: Gewöhnlich wird die ortsübliche Pacht für die Immobilie als Ganzes zu Grunde gelegt. Allerdings muss sich der Kalkulator darüber im Klaren sein, dass die Kalkulatorische Pacht, die je nach Lage und Größe des Betriebsgrundstückes einen sehr großen Jahresbetrag - dazu noch mit einem weiten Schätzungsrahmen - ausmachen kann, die Kostensituation sehr stark belasten kann; deshalb ist hier von übertriebenen Werten abzuraten.

▶ Zuordnung: Die Kalkulatorische Pacht wird bei den Allgemeinen Geschäftskosten erfasst, weil auch die tatsächlich zu zahlende Pacht bei Fremdanmietung in diese Kostenstufe gehört.

Kalkulatorischer Unternehmerlohn

Um eine Gleichbehandlung mit Kapitalgesellschaften zu erreichen, bei denen Geschäftsführergehälter als Allgemeine Geschäftskosten zu Aufwendungen führen, soll ein Äquivalent für Einzelunternehmer oder bei Personengesellschaften in Form eines Unternehmerlohnes kalkulatorisch berücksichtigt werden, der ja bei diesen Rechtsformen in der Gewinn- und Verlustrechnung nicht als Aufwand in Erscheinung tritt.

▶ Höhe: Im Bereich zwischen einem der Betriebsgröße angemessenen Geschäftsführergehalt und dem doppelten Gehalt des qualifiziertesten Mitarbeiters.

▶ Zuordnung: Die Zuordnung erfolgt zu den Allgemeinen Geschäftskosten wie es auch mit dem Geschäftsführergehalt bei Kapitalgesellschaften geschieht. Wenn der Unternehmer selbst abrechenbare Leistungen erbringt (etwa in Kleinstbetrieben), wird ein entsprechender Anteil seiner Arbeitskraft durch diese abrechenbaren Leistungen als Einzelkosten erwirtschaftet; der Kalkulatorische Unternehmerlohn ist dann um diesen Teil zu kürzen.

Kalkulatorische Abschreibungen

Die Ausweisung von Absetzungen für Abnutzung (AfA) erfolgt in der Gewinn- und Verlustrechnung nach den Vorschriften des Steuerrechts.

- ▶ Höhe: Kalkulatorisch kann es sinnvoller sein, andere Werte zu berücksichtigen, um den Zielen der AfA zu entsprechen, einerseits den Wertverlust von Gegenständen des Anlagevermögens auf die Nutzungsdauer zu verteilen und damit andererseits eine Wiederbeschaffung zu ermöglichen. Deshalb wird man - wie in Kapitel 2.2.1.2 erläutert - als Berechnungsbasis statt des Anschaffungspreises die geschätzten Wiederbeschaffungskosten abzüglich eines Restwertes nach Ablauf der Nutzungsdauer heranziehen und statt der steuerlich vorgeschriebenen die betriebsübliche Nutzungsdauer ansetzen.
- ▶ Zuordnung: Die Kalkulatorischen Abschreibungen werden in der Gerätekalkulation (z. B. bei der Anlage der Geräte-Stammdaten) mit den gegenüber den steuerlichen Daten entsprechend veränderten Werten berücksichtigt.

Kalkulatorische Wagnisse

Hier sind nur die oben genannten speziellen Wagnisse gemeint:

Gewährleistungswagnisse schlagen sich in der Gewinn- und Verlustrechnung nieder, indem die bei Gewährleistungsarbeiten aufgewendeten Löhne und Materialien die entsprechenden Aufwandskonten ohne eine getrennte Ausweisung der Beträge belasten. Für kalkulatorische Zwecke wird man auf Schätzungen ausweichen oder auf Werte einer entsprechend eingerichteten Kostenstelle zurückgreifen.

- ▶ Höhe: Die Aufwendungen für die Gewährleistung werden von Jahr zu Jahr schwanken; deshalb sollte ein langjähriger Durchschnittswert angesetzt werden.
- ▶ Zuordnung: Allgemeine Geschäftskosten.

Forderungsausfälle werden bei der Erstellung des Jahresabschlusses durch Einzel- oder Pauschalwertberichtung der Forderungen berechnet.

- ▶ Höhe: Auch hier ist für die Zwecke der Angebotskalkulation ein langjähriger Mittelwert anzunehmen.
- ▶ Zuordnung: Allgemeine Geschäftskosten.

Verluste aus dem Abgang von Gegenständen des Anlagevermögens sind ebenfalls in der Gewinn- und Verlustrechnung ausgewiesen.

- ▶ Höhe: Langjähriger Mittelwert.
- ▶ Zuordnung: Allgemeine Geschäftskosten.

Die Frage, ob und in welcher Höhe die Kalkulatorischen Kosten, soweit sie nicht in der Gewinn- und Verlustrechnung zu finden sind, tatsächlich bei den Allgemeinen Geschäftskosten berücksichtigt und damit fester Bestandteil der Zuschlagsberechnung werden oder ob sie besser als diffuse Teilbeträge eines gewünschten Gewinnanteils am Umsatz (vielleicht 9 %) zu betrachten sind, ist nur in Abhängigkeit von der Marktsituation zu beantworten:

Wenn die Konkurrenzsituation preislichen Spielraum lässt, wird man die kalkulatorischen Werte für Pacht, Unternehmerlohn und spezielle Wagnisse zu den Allgemeinen Geschäftskosten rechnen und den Gewinnzuschlag als zusätzliche Belohnung für die Unternehmerleistung sehen. So wird auch hier im Folgenden bei der Angebotskalkulation bzw. bei der Zuschlagsberechnung vorgegangen.

Steht dagegen der Anbieter unter Preisdruck, dann wird er den Posten Allgemeine Geschäftskosten im Rahmen seiner Bewertungsspielräume weitgehend entlasten, einen Gewinnzuschlag von 6 % kalkulieren und sich allenfalls freuen, wenn die Nachkalkulation der Baustelle einen höheren Gewinnbeitrag ergibt.

2.2.2 Kalkulationsverfahren in der Vollkostenrechnung

2.2.2.1 Zur Berechnung von Zuschlagsätzen

Aufgabe der Zuschlagsätze ist es, die unter Punkt 2.2.1 vorgestellten Kostenarten in einen Zusammenhang zu bringen. Ziel ist es dabei, im Sinne der Vollkostenrechnung Kalkulationspreise der Leistungseinheiten zu berechnen, die alle Kostenbestandteile und den gewünschten Gewinn beinhalten.

In der allgemeinen grafischen Übersicht sind damit folgende Verknüpfungen notwendig:

Wesentlicher Gesichtspunkt ist es allerdings, nicht irgendeine rechnerische Möglichkeit zur Kostenverteilung zu suchen, sondern die Zuschlagsätze methodisch exakt so zu bestimmen, wie das Kalkulationsformular oder das EDV-Kalkulationsprogramm die Zuschläge bei der Berechnung der Kalkulationspreise auch verwenden wird. Es geht dabei immer um die Frage, auf welche Kostenstufe das Programm die Gemeinkosten bei den einzelnen Rechenschritten verteilt. Wenn der Kalkulator beispielsweise 6 % für Wagnis und Gewinn auf die Selbstkosten einrechnen möchte, das Programm aber diesen Zuschlag auf die Einzelkosten als Rechenbasis bezieht, dann muss der Kalkulator einen anderen Zuschlagsatz auf die Einzelkosten berechnen, der seinen gewünschten 6 % auf die Selbstkosten entspricht.

Grundwissen zur Angebotskalkulation

Deshalb ist vor Berechnung der Zuschlagsätze unbedingt erst zu prüfen, welche Eingabemöglichkeiten das EDV-Programm vorsieht und welches die Rechenbasis für die jeweiligen Zuschläge ist. Am besten schaut man sich dazu die Eingabemaske für die Zuschlagsätze an; falls dann die Rechenbasis noch nicht deutlich wird, lässt man sich die Kalkulationsübersicht für ein Projekt anzeigen. Diese wichtigen Vorabklärungen unterbleiben in der Praxis oft; die EDV-Handbücher bieten dazu wenig Hilfestellung.

In der Vollkostenrechnung gibt es zwei Verfahren zur Angebotskalkulation, die sich hinsichtlich der Behandlung der Gemeinkosten der Baustelle deutlich unterscheiden:

- Kalkulation mit vorbestimmten Zuschlagsätzen und
- Kalkulation über die Endsumme.

Weil dieses unterschiedliche Vorgehen auch Auswirkungen auf die Berechnung der Zuschlagsätze hat, werden diese beiden Verfahren anschließend vorgestellt, die Möglichkeiten der Zuschlagsatzberechnung erläutert und ein Kalkulationsbeispiel durchgerechnet.

2.2.2.2 Kalkulation mit vorbestimmten Zuschlagsätzen

Die Kalkulation mit vorbestimmten Zuschlagsätzen geht davon aus, dass die betrieblichen Zuschlagsätze in regelmäßigen Abständen (etwa jährlich, z. B. nach Vorlage des Jahresabschlusses) berechnet und dann durchgehend bis zur nächsten Änderung bei allen Kalkulationen verwendet werden. Es wird also mit durchschnittlichen Jahreswerten bei allen Gemeinkosten gerechnet. Deshalb sind die Zuschlagsätze bei jedem Angebot bekannt (= „vorbestimmt"), bevor der Kalkulator mit seiner Arbeit beginnt. Im Gegensatz dazu werden bei der Kalkulation über die Endsumme die Gemeinkosten der Baustelle für jede Baustelle gesondert abgeschätzt und damit dann baustellenspezifische Zuschläge bestimmt (s. u.). Die Kalkulation mit vorbestimmten Zuschlagsätzen wird auch als „Zuschlagskalkulation" bezeichnet.

Der erste Schritt zur Berechnung der Zuschlagsätze besteht darin, die Kosten des Unternehmens zu sammeln und den unter Punkt 2.2.1 erläuterten Kostenarten zuzuordnen. Schließlich darf auch der Gewinn nicht vergessen werden.

Diese Sammlung und Zuordnung von Kosten kann beispielsweise auf der Basis der steuerlichen Gewinn- und Verlustrechnung, anhand der Betriebswirtschaftlichen Auswertung (BWA) oder im Zuge einer Plankostenrechnung erfolgen (Näheres s. Kapitel 3.1).

Unterstellen wir für die weiteren Erläuterungen einmal, das fiktive Unternehmen „GaLaBau Immergrün GmbH" verzeichne folgende Kosten- und Gewinnstruktur (Die Zahlen sind Angaben in 1.000 €):

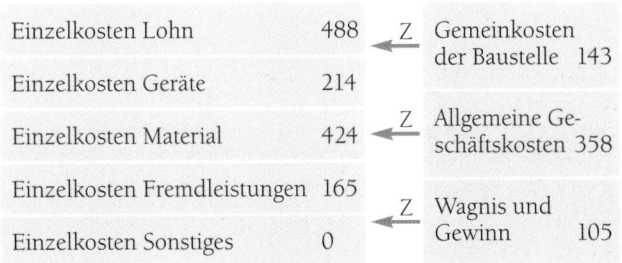

Mit diesen Zahlen geht der Kalkulator nun an die Berechnung der Zuschlagsätze entsprechend dem genutzten EDV-Programm. Wegen der oben geschilderten Notwendigkeit, die Zuschlagsätze den Rechenschritten des Programmes konform zu bestimmen, wird zur Erläuterung im Folgenden diese Berechnung an unterschiedlichen Programmen vorgeführt.

Beispiel I: DATAFlor BusinessV6

Das Programm (s. Herstellernachweis) verfügt über eine Eingabemaske Kalkulationsansatz (Abb. 2.2, linke Hälfte) und über eine Preisfindungsübersicht (Abb. 2.2, rechte Hälfte).

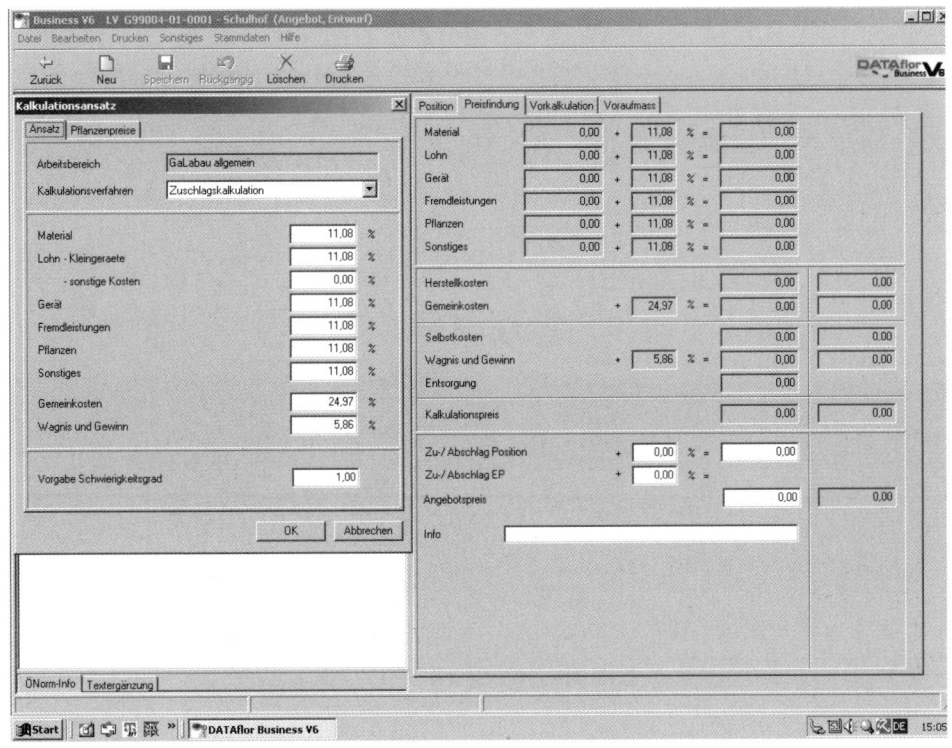

Abb. 2.2:
Eingabemaske DATAFlor BusinesV6 – Zuschlagskalkulation

Im Kalkulationsansatz sind zunächst Eingabefelder für Zuschlagsätze auf Material bis Sonstiges vorhanden. In der Übersicht sieht man, dass diese Zuschlagsätze zusammen mit den Einzelkosten die Herstellkosten ergeben; diese Zuschlagsätze beziehen sich somit auf die Gemeinkosten der Baustelle.

In der Preisfindungsübersicht wird weiter deutlich, dass der Zuschlagsatz „Gemeinkosten" die Allgemeinen Geschäftskosten abdecken soll und auf die Herstellkosten aufgeschlagen wird. Der Zuschlag für Wagnis und Gewinn wird auf die Selbstkosten bezogen. Grafisch sieht damit die Verteilung der Kostengruppen so aus:

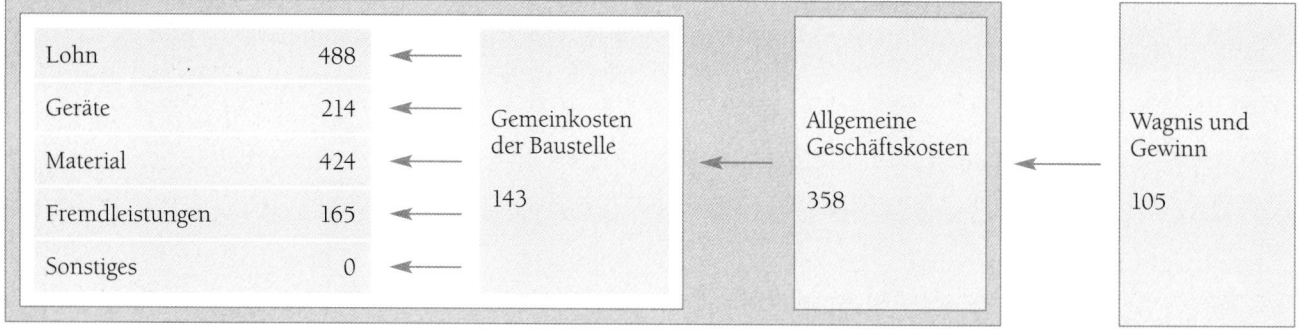

a) Zuschlagsberechnung für die Gemeinkosten der Baustelle

$$Z = \frac{143 \times 100}{488 + 214 + 424 + 165} = 11,08\,\%$$

Wenn der Kalkulator so vorgeht, erreicht er eine gleichmäßige Verteilung der Gemeinkosten der Baustelle auf alle Einzelkosten. Es ist aber auch möglich und in der Praxis verbreitet, nur den Lohn mit Gemeinkosten der Baustelle zu belasten. Die Grafik ändert sich dann:

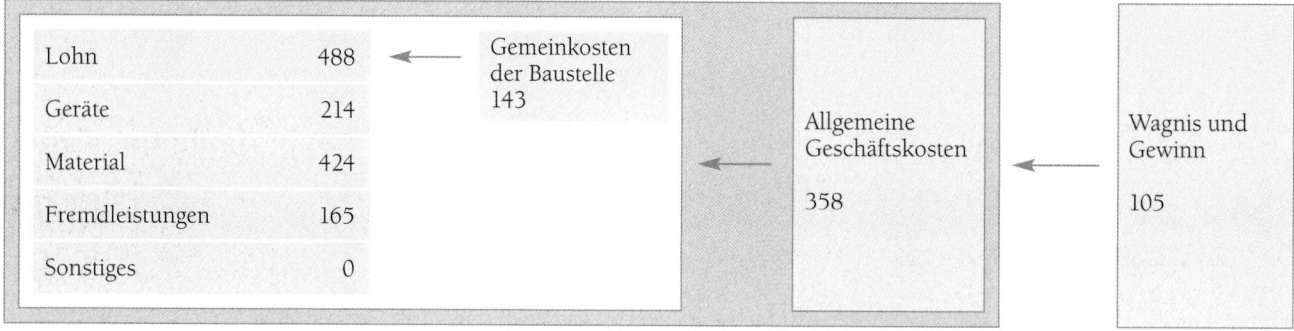

Die Zuschlagsatzberechnung für Gemeinkosten der Baustelle ergibt in diesem Fall ein Ergebnis von

$$Z = \frac{143 \times 100}{488} = 29,30\,\%$$

Alle anderen Zuschlagsätze auf die Einzelkosten werden dann auf 0 gesetzt.

Eine weitere Möglichkeit besteht nun darin, die Gemeinkosten der Baustelle in unterschiedlicher Höhe auf die Einzelkosten zu verteilen. Dieses Vorgehen stellt einen Mittelweg zwischen der gleichmäßigen Verteilung auf alle Einzelkosten und der ausschließlichen Belastung des Lohnes dar. In der Grafik ergibt sich folgende Veränderung:

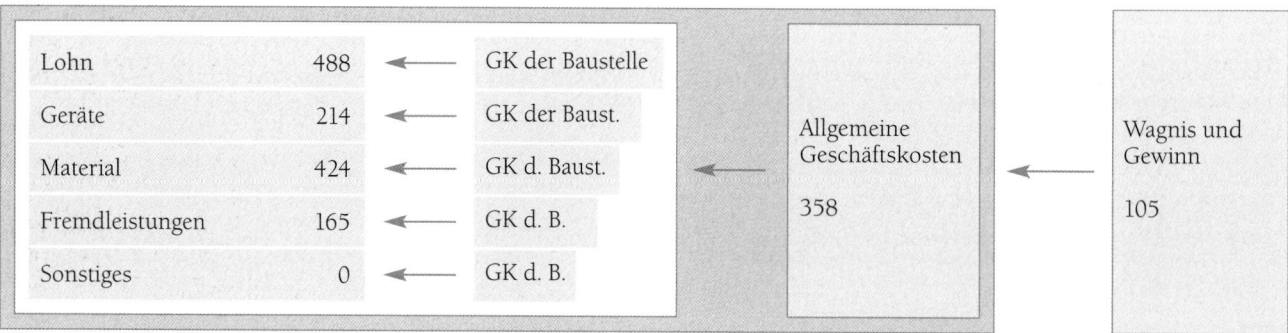

In diesem Fall verläuft die Zuschlagsatzberechnung etwas komplizierter: Zunächst muss der Kalkulator die Zuschlagsätze auf vier Kostenarten vorgeben; die dann noch ungedeckten Gemeinkosten der Baustelle muss dann die 5. Kostenart tragen. In der Regel wird diese Aufgabe die Kostenart Lohn übernehmen.

Legt der Kalkulator beispielsweise die Zuschläge für Gemeinkosten der Baustelle auf die Geräte und Materialien auf 5 % und für Fremdleistungen und Sonstiges auf 3 % fest, dann hat der Lohn noch folgende Gemeinkosten der Baustelle abzudecken:

Grundwissen zur Angebotskalkulation

abzudeckende Gemeinkosten der Baustelle :		143,00
von Gerätekosten gedeckt:	5 % von 214	10,70
von Materialkosten gedeckt:	5 % von 424	21,20
von Fremdleistungen gedeckt:	3 % von 165	8,25
von Sonstigen Kosten gedeckt:	3 % von 0	0,00
vom Lohn zu tragende Gemeinkosten der Baustelle:		102,85

Damit ist der Zuschlagsatz für Gemeinkosten der Baustelle auf die Lohneinzelkosten zu berechnen:

$$Z = \frac{102,85 \times 100}{488} = 21,08 \%$$

b) Berechnung des Zuschlagsatzes für Allgemeine Geschäftskosten

Entsprechend der Preisfindungsübersicht (Abb. 2.2) ist der Zuschlagsatz für Allgemeine Geschäftskosten so zu berechnen, dass diese Kosten auf die Herstellkosten aufgeschlagen werden. Mit den entsprechenden Zahlen ergibt sich somit folgender Zuschlagsatz für Allgemeine Geschäftskosten auf die Herstellkosten:

$$Z = \frac{358 \times 100}{488 + 214 + 424 + 165 + 143} = 24,97 \%$$

Mit diesem Zuschlagsatz werden die Allgemeinen Geschäftskosten gleichmäßig auf alle Herstellkostenarten verteilt, denn im Nenner steht deren Gesamtsumme.

Diese Methode wird deshalb als *„gleichbelastende Kalkulation mit vorbestimmten Zuschlagsätzen"* bezeichnet.

c) Berechnung des Zuschlagsatzes für Wagnis und Gewinn

Der gewünschte Betrag für Wagnis und Gewinn in Höhe von 105 € ist auf die Selbstkosten bezogen. Dementsprechend ist die Berechnung vorzunehmen:

$$Z = \frac{105 \times 100}{488 + 214 + 424 + 165 + 143 + 358} = 5,86 \%$$

d) Ungleichbelastende Kalkulation mit vorbestimmten Zuschlagsätzen

Im Programm wird auch die Option angeboten, die Gemeinkosten sowie Wagnis und Gewinn in unterschiedlicher Höhe auf die Einzelkosten zu verteilen. Man spricht dann von der *„ungleichbelastenden Kalkulation mit vorbestimmten Zuschlagsätzen"*. Diese Möglichkeit ist im Programm BusinessV6 mit der Deckungsbeitragsrechnung verknüpft, auf die später noch eingegangen wird. Lässt man diese Aspekte zunächst beiseite, dann zeigt der Kalkulationsansatz (Abb. 2.3) wieder Eingabemöglichkei-

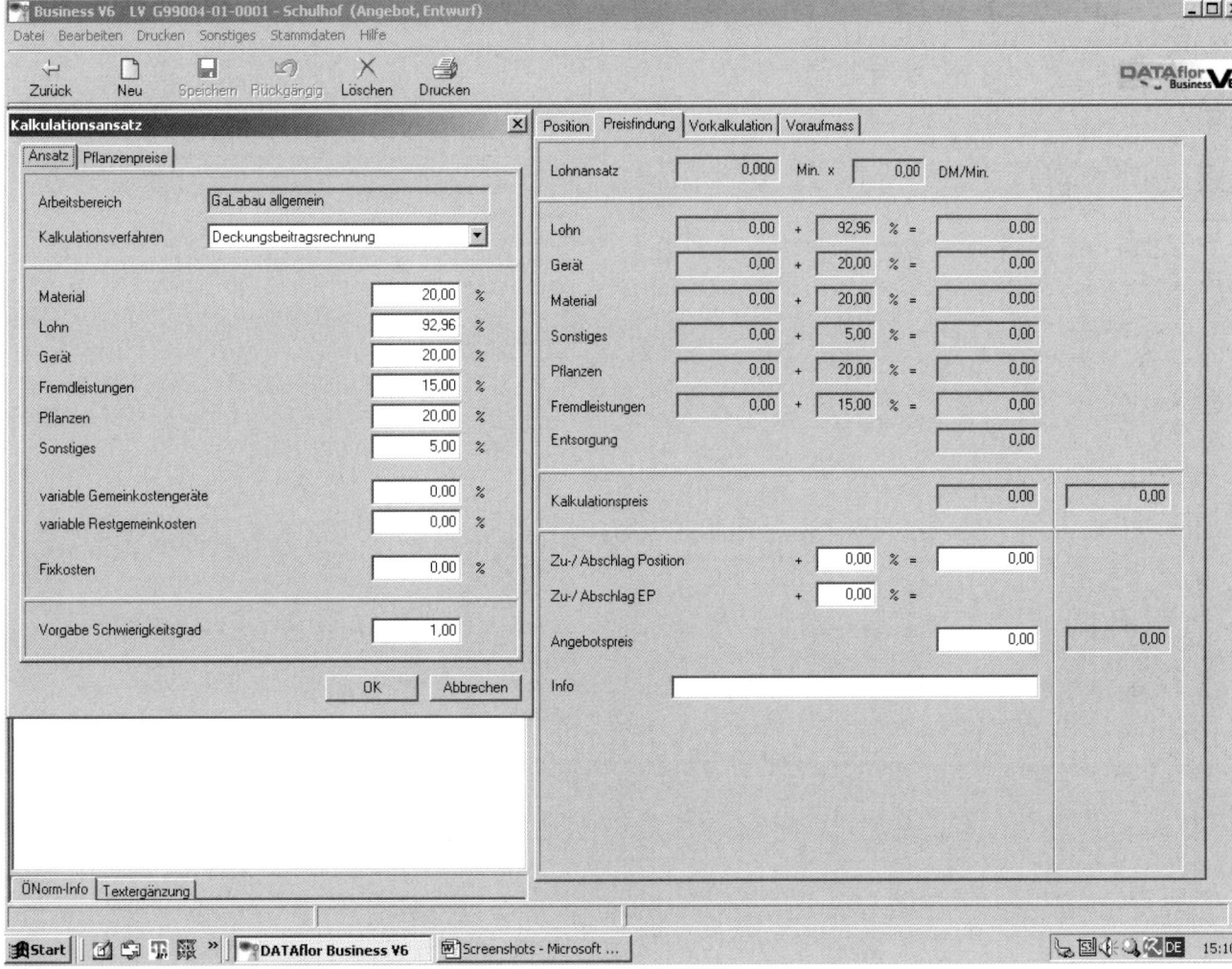

Abb. 2.3: Eingabemaske DATAflor BusinessV6 – Deckungsbeitragsrechnung

ten von Material bis Sonstiges. Ein Blick auf die Übersicht (rechte Hälfte) zeigt, dass diese Zuschläge bereits zu dem Kalkulationspreis führen. Deshalb müssen die einzugebenden Zuschlagsätze die Gemeinkosten der Baustelle, Allgemeine Geschäftskosten und Wagnis und Gewinn auf die Einzelkosten verteilen.

Diese Berechnungsart zeigt die Grafik:

Lohn	488	←	Gemeinkosten der Baustelle	143
Geräte	214	←	+	
Material	424	←	Allgemeine Geschäftskosten	358
Fremdleistungen	165	←	+	
Sonstiges	0	←	Wagnis und Gewinn	105

Will der Kalkulator die ungleichbelastende Kalkulation mit vorbestimmten Zuschlagsätzen einsetzen, so wird er analog zur unterschiedlichen Verteilung der Gemeinkosten der Baustelle vorgehen: Die Zuschlagsätze für vier Kostenarten werden festgelegt und die Einzelkosten Lohn müssen dann die nicht abgedeckten Teile von den Gemeinkosten der Baustelle, den Allgemeinen Geschäftskosten und Wagnis und Gewinn tragen. NIESEL (2000, S. 96 ff) bezeichnet dieses Verfahren als „*Vereinfachte Zuschlagskalkulation*".

abzudeckende Gemeinkosten der Baustelle, Allgemeine Geschäftskosten, Wagnis und Gewinn (143 + 358 + 105):		606,00
von Gerätekosten gedeckt:	z. B. 20 % von 214	42,80
von Materialkosten gedeckt:	z. B. 20 % von 424	84,80
von Fremdleistungen gedeckt:	z. B. 15 % von 165	24,75
von Sonstigen Kosten gedeckt:	z. B. 5 % von 0	0,00
vom Lohn zu tragende Restkosten:		**453,65**

Damit ergibt sich dann folgender Zuschlagsatz:

$$Z = \frac{453{,}65 \times 100}{488} = 92{,}96\;\%$$

Die vorgegebenen und der berechnete Zuschlagsatz sind in die entsprechenden Eingabefelder einzutragen.

Beispiel II: GREENGala 98

Im Eingabefenster (Abb. 2.4) des Programmes GREENGala 98 (s. Herstellernachweis) beziehen sich die rechten beiden Spalten auf die Kalkulation mit vorbestimmten Zuschlagsätzen (dort irrtümlich unter der Bezeichnung „Vollkostenrechnung" geführt). Es gibt dort Eingabemöglichkeiten für Gemeinkosten und Gewinn. Welche Gemeinkosten gemeint sind, offenbart die Kalkulationsübersicht (Abb. 2.5): Der Zuschlag für Gemeinkosten beinhaltet neben den Allgemeinen Geschäftskosten auch die Gemeinkosten der Baustelle, denn für diese gibt es bei den Herstellkosten keine gesonderte Eingabemöglichkeit. Der Zuschlag für Wagnis und Gewinn kann auf die Kostenarten ebenfalls in unterschiedlicher Höhe vorgenommen werden. Die Grafik unten zeigt die Rechenschritte.

a) Berechnung des Zuschlagsatzes für Gemeinkosten auf Einzelkosten

$$Z = \frac{(143 + 358) \times 100}{488 + 214 + 424 + 165} = 38{,}81\;\%$$

Hierbei handelt es sich wiederum um eine gleichbelastende Kalkulation mit vorbestimmten Zuschlagsätzen, denn Rechenbasis im Nenner ist wieder die Summe aller Einzelkosten. Deshalb ist dieser Prozentsatz unter allen Kostenarten in der Spalte Gemeinkosten einzutragen.

Die Eingabe unterschiedlicher Zuschlagsätze führt auch hier zu einer ungleichbelastenden Kalkulation mit vorbestimmten Zuschlagsätzen. Verwendet der Kalkulator die gleichen vorgegebenen (fixierten) Sätze wie bei dem Berechnungsbeispiel BusinessV6, so muss auch hier der Lohn die restlichen Gemeinkosten tragen:

abzudeckende Gemeinkosten der Baustelle, Allgemeine Geschäftskosten (143 + 358):		501,00
von Gerätekosten gedeckt:	z. B. 20 % von 214	42,80
von Materialkosten gedeckt:	z. B. 20 % von 424	84,80
von Fremdleistungen gedeckt:	z. B. 15 % von 165	24,75
von Sonstigen Kosten gedeckt:	z. B. 5 % von 0	0,00
vom Lohn zu tragende Restkosten:		**348,65**

Zuschlagsatzberechnung für Gemeinkosten auf den Lohn:

$$Z = \frac{348{,}65 \times 100}{488} = 71{,}44\;\%$$

b) Berechnung der Zuschlagsätze für Wagnis und Gewinn auf die Selbstkosten

Möchte der Kalkulator alle Selbstkostenarten mit einem einheitlichen Zuschlagsatz für Wagnis und Gewinn versehen, ergibt sich die gleiche Berechnung wie bei BusinessV6:

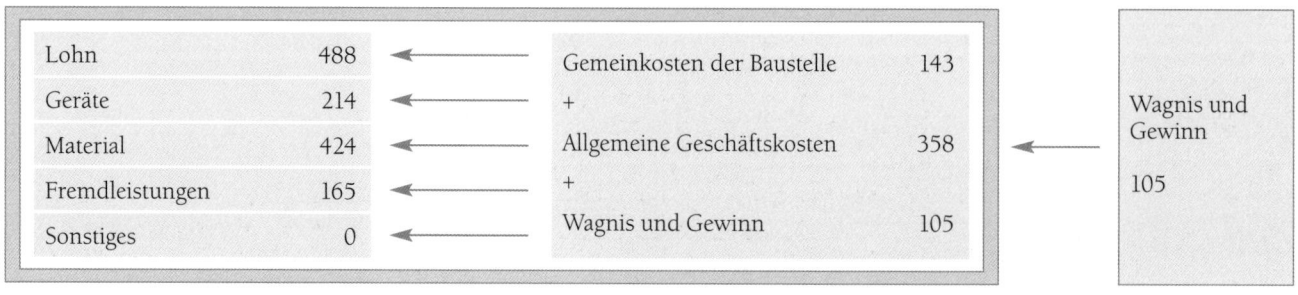

Grundwissen zur Angebotskalkulation

$$Z = \frac{105 \times 100}{488 + 214 + 424 + 165 + 143 + 358} = 5{,}86\,\%$$

Wenn der Kalkulator die Möglichkeit nutzen will, auch den Gewinnzuschlag auf die Kostenarten unterschiedlich auszuführen, dann kann er wiederum einzelne Zuschlagsätze vorgeben und den Lohn den Rest-Gewinn tragen lassen. Bei der Zuschlagsberechnung ist nun zu beachten, dass damit die Selbstkosten zur Rechenbasis werden. (Die Selbstkosten werden hier mit dem gleichbelastenden Zuschlagsatz von 38,81 % für Gemeinkosten auf die Einzelkosten ermittelt, s. o.).

abzudeckender Betrag für Wagnis und Gewinn:		105,00
von Geräteselbstkosten gedeckt:	z. B. 5 % von 214 x 1,3881	14,85
von Materialselbstkosten gedeckt:	z. B. 5 % von 424 x 1,3881	29,43
von Fremdleistungsselbstkosten gedeckt:	z. B. 5 % von 165 x 1,3881	11,45
von Sonstigen Selbstkosten gedeckt:	z. B. 5 % von 0 x 1,3881	0
vom Lohn zu tragender Gewinn:		**49,27**

Damit ist der Zuschlagsatz für Wagnis und Gewinn auf die Lohnselbstkosten wie folgt zu berechnen:

$$Z = \frac{49{,}27 \times 100}{488 \times 1{,}3881} = 7{,}27\,\%$$

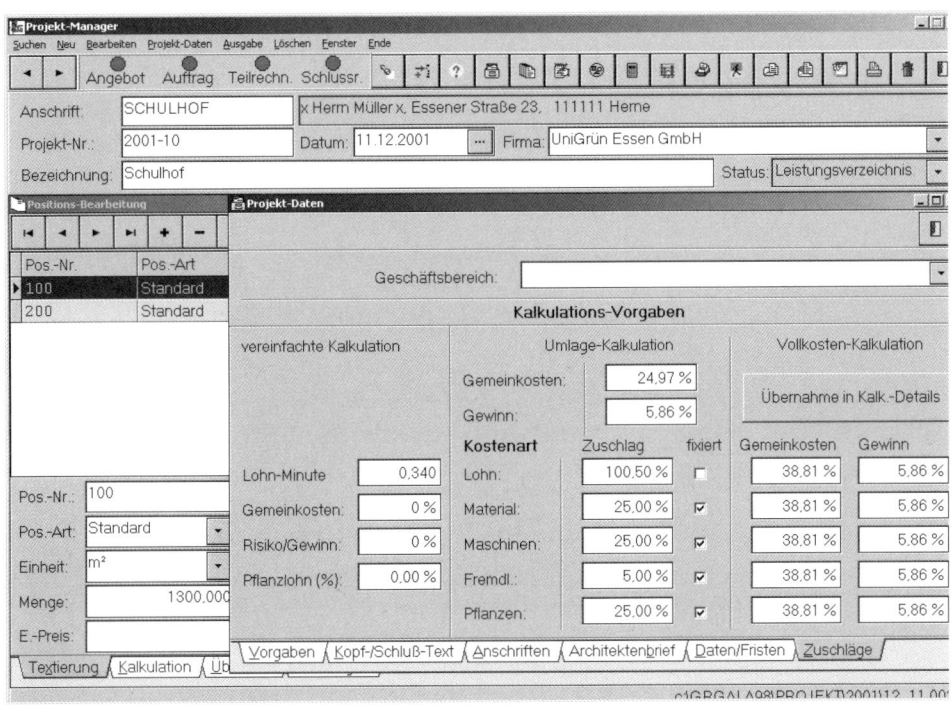

Abb. 2.4:
Eingabefenster GREENGala 98

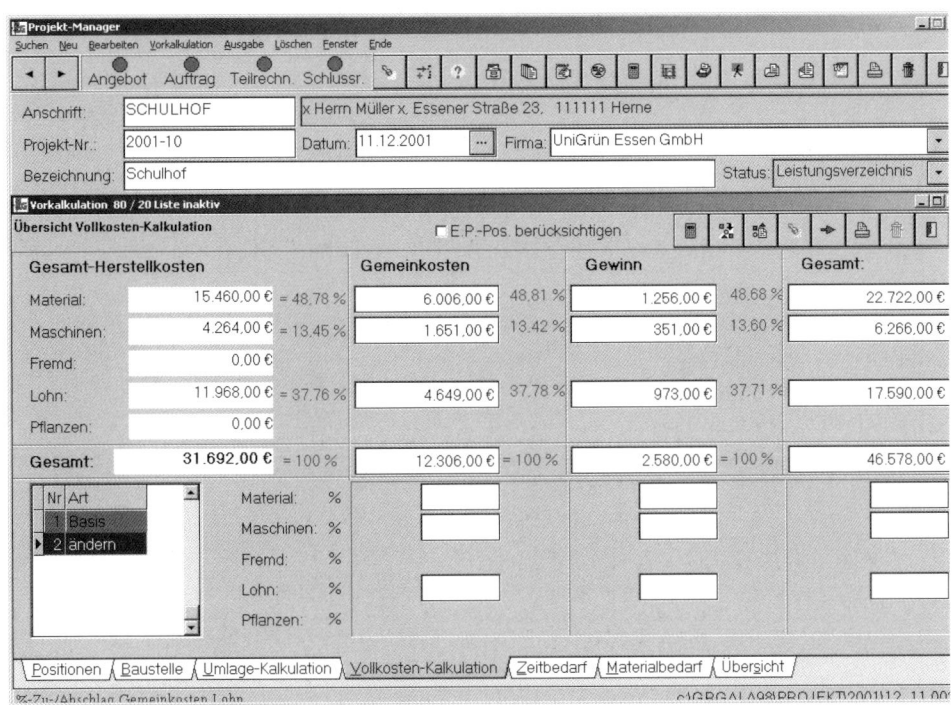

Abb. 2.5:
Kalkulationsübersicht GREENGala 98 – Kalkulation mit vorbestimmten Zuschlagsätzen

Beispiel III: Übungsprogramm Kalkulex

Das Übungsprogramm Kalkulex (Erläuterung s. Anhang) bietet bei der Kalkulation mit vorbestimmten Zuschlagsätzen die gleichbelastende und die ungleichbelastende Methode an.

Das Eingabefeld bei der gleichbelastenden Kalkulation mit vorbestimmten Zuschlagsätzen (Abb. 2.6) sieht nur Zellen für einen Lohnsatz in €/min einschließlich der Gemeinkosten der Baustelle und einen Zuschlagsatz auf alle Kostenarten vor. Damit werden hier entgegen dem bisher vorgestellten Vorgehen die Gemeinkosten der Baustelle nicht über einen Zuschlagsatz erfasst, sondern sind als Teil des Minutenlohnes einzugeben. Der Zuschlagsatz für Allgemeine Geschäftskosten und Wagnis und Gewinn bezieht sich dann auf die Summe der Herstellkosten.

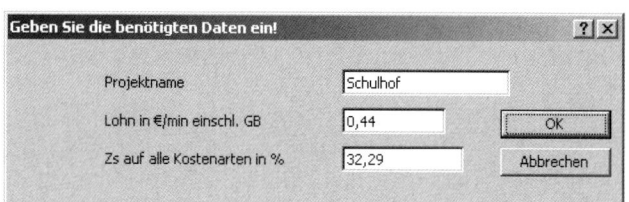

Abb. 2.6: Eingabefenster Kalkulex – Kalkulation mit vorbestimmten Zuschlagsätzen, gleichbelastend

Die Grafik zeigt diese Situation:

Lohn 488 + Gemeinkosten d. Baustelle 143	←	Allgemeine Geschäftskosten 358 + Wagnis und Gewinn 105
Geräte	214	
Material	424	
Fremdleistungen	165	
Sonstiges	0	

a) Berechnung des Minutenlohnes einschließlich Gemeinkosten der Baustelle

Der Kalkulationslohn betrug 0,34 €/min. Der Zuschlag für Gemeinkosten der Baustelle auf die Einzelkosten Lohn berechnet sich wie folgt:

$$Z = \frac{143 \times 100}{488} = 29,30\,\%$$

Damit ergibt sich eine Erhöhung des Kalkulationslohnes auf 0,34 x 1,2930 = 0,44 €/min.

Dieser Minutenlohn beinhaltet somit die Gemeinkosten der Baustelle und ist in das Eingabefeld einzutragen.

b) Berechnung des Zuschlagsatzes für Allgemeine Geschäftskosten und Wagnis und Gewinn auf die Herstellkosten

$$Z = \frac{(358 + 105) \times 100}{488 + 143 + 214 + 424 + 165} = 32,29\,\%$$

Diese Berechnung entspricht der gleichbelastenden Kalkulation mit vorbestimmten Zuschlagsätzen.

Bei der ungleichbelastenden Kalkulation mit vorbestimmten Zuschlagsätzen (Abb. 2.7) sind wiederum der Minutenlohn einschließlich der Gemeinkosten der Baustelle und die unterschiedlichen Zuschlagsätze für Allgemeine Geschäftskosten und Wagnis und Gewinn einzutragen. Die Berechnung des Zuschlagsatzes auf den Lohn bei Vorgabe der Zuschlagsätze auf die anderen Einzelkosten ist nun kein Problem:

abzudeckende Allgemeine Geschäftskosten, Wagnis und Gewinn (358 + 105):		463,00
von Gerätekosten gedeckt:	z. B. 20 % von 214	42,80
von Materialkosten gedeckt:	z. B. 20 % von 424	84,80
von Fremdleistungen gedeckt:	z. B. 15 % von 165	24,75
von Sonstigen Kosten gedeckt:	z. B. 5 % von 0	0,00
von den Lohnherstellkosten zu tragende Restkosten:		**310,65**

$$Z = \frac{310,65 \times 100}{488 + 143} = 49,23\,\%$$

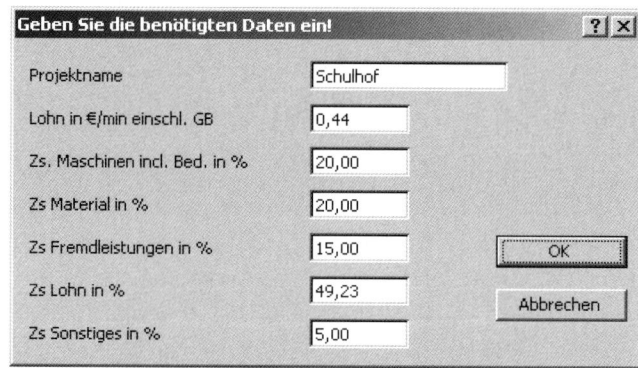

Abb. 2.7: Eingabefenster Kalkulex – Kalkulation mit vorbestimmten Zuschlagsätzen, ungleichbelastend

Wie diese drei Programm-Beispiele gezeigt haben, gelangt der Kalkulator bei der Berechnung der Zuschlagsätze zu ganz unterschiedlichen Ergebnissen, je nachdem auf welche Kostenstufe der Zuschlag auszuführen ist und welche Gemeinkostenbestandteile der Zuschlag beinhalten soll.

Die Tabelle fasst die unterschiedlichen Zuschlagsätze nur für den einfachen Fall der gleichbelastenden Kalkulation mit vorbestimmten Zuschlagsätzen zusammen:

	BusinessV6	GREENGala 98	Kalkulex
GB	11,08 % auf Einzelkosten	38,81 % auf Einzelkosten	in Lohnsatz enthalten
AGK	24,97 % auf Herstellkosten		32,29 % auf Herstellkosten
WuG	5,86 % auf Selbstkosten	5,86 % auf Selbstkosten	

Damit dürfte deutlich geworden sein, wie wichtig es ist, sich mit den Berechnungsschritten des genutzten EDV-Programmes bis hin zum Kalkulationspreis zu beschäftigen, ehe sich der Kalkulator an die Berechnung der Zuschlagsätze macht.

2.2.2.3 Beispiel zur Kalkulation mit vorbestimmten Zuschlagsätzen

Die Kalkulation mit vorbestimmten Zuschlagsätzen soll nun - nachdem die benötigten Zuschlagsätze berechnet wurden - an einem Projektbeispiel demonstriert werden. Das Leistungsverzeichnis für einen Schulhof weist folgende Positionen auf:

(Zur Erinnerung: 0,44 €/min beinhalten bereits die Gemeinkosten der Baustelle.).

- Das Schottermaterial kostet frei Baustelle 20 €/m^3.

■ Position 200:
- Der Musterzeitwert 04.35.2 der FLL wird verwendet. Er sieht einen (hohen) Leistungsansatz von 30 min/m^2 für die Arbeit per Hand mit Gemeinkostengeräten vor. Sämtliche Gemeinkostengeräte (Service-Radlader, Rüttelplatte usw.) sind auch hier über den Minutenlohn abgedeckt.
- Beim Betonpflaster, das für 7,5 €/m^2 zur Baustelle geliefert wird, ist ein Verlustfaktor von 2 % berücksichtigt worden.

Leistungsverzeichnis

Position 100   1.300 m^2 Schottertragschicht aus Kalksteinmineralgemisch, Körnung 0/45, 20 cm dick herstellen, DPr 100 %

E.P.: _____ G.P.: _____

Position 200   1.000 m^2 Pflasterdecke aus Betonpflaster 20/10/8 cm, grau, auf 4 cm Bettung aus Sand 0/2 im Reihenverband erstellen, Fugen mit Sand 0/2 einschlämmen.

E.P.: _____ G.P.: _____

Angebotsumme (netto): _____

___ % Mehrwertsteuer: _____

Angebotsumme (brutto): _____

Das Ergebnis der gleichbelastenden und der ungleichbelastenden Kalkulation mit dem Programm Kalkulex zeigen die Kalkulationsblätter 1 und 2.

Dabei ist der Kalkulator von folgenden Annahmen ausgegangen:

■ Position 100:
- Bei den Leistungsansätzen wird auf die Musterzeitwerte 04.12.2 der FLL zurückgegriffen. Hier wird angesichts der großen Fläche die Alternative des Einbaues mit einem Einzelkostengerät (Radlader 55-88 KW) und der begleitenden Handarbeit gewählt. Die Verdichtung soll durch eine als Gemeinkostengerät geführte Rüttelplatte erfolgen; die Kosten der Gemeinkostengeräte sind durch den Minutenlohn der begleitenden Handarbeit abgedeckt

2.2.2.4 Kalkulation über die Endsumme

Die Besonderheit dieses Kalkulationsverfahrens gegenüber der Kalkulation mit vorbestimmten Zuschlagsätzen besteht darin, dass die Gemeinkosten der Baustelle nicht als Durchschnittswert bei allen Baustellen des Betriebes erfasst werden, der entweder nur auf den Lohn oder auf alle Kostenarten durch einen Zuschlag aufgeschlagen wird. Vielmehr muss der Kalkulator versuchen, für die einzelne zu kalkulierende Baustelle die jeweils zu erwartenden Gemeinkosten der Baustelle abzuschätzen und konkret als €-Betrag festzuhalten.

Dieser Betrag ist natürlich je nach den Anforderungen bei jeder Baustelle unterschiedlich. Zusammen mit den Einzelkosten ergibt dieser Betrag die Herstellkosten der Baustelle.

Kalkulationsblatt 1

Projektname:	Schulhof									
Mittellohn in €/min:	0,44									
einheitl. Zuschlagsfaktor:	1,3229				Summe Herstellkosten:		35.212,00			

Position-Nr. 100

Menge	Text	Kostenart	Preis frei B.	Verlustf.	Basispreis	Material Mengenfaktor	Einzel- kosten je LE	Lohn/Masch Leistg. in min	Herstell- kosten je LE	Herstellkosten der Position
1.300,00	m² Tragschicht	Lohn			0,44			4,00	1,76	2.288,00
		Lohn			0,44			0,00	0,00	0,00
	Maschine:	Radlader			0,82			4,00	3,28	4.264,00
	Maschine:				0,00			0,00	0,00	0,00
	Material:	Schotter	20,00	1,30	26,00	0,20	5,20			6.760,00
	Material:		0,00	1,00	0,00	0,00	0,00			0,00
	Material:		0,00	1,00	0,00	0,00	0,00			0,00
	Material:		0,00	1,00	0,00	0,00	0,00			0,00
	Sonstiges:				0,00	0,00	0,00			0,00
	Fremdleistg:							0,00		0,00

Einheitspreis 13,55 Gesamtpreis 17.615,00

Summe Herstellkosten der Position: 13.312,00

Position-Nr. 200

Menge	Text	Kostenart	Preis frei B.	Verlustf.	Basispreis	Material Mengenfaktor	Einzel- kosten je LE	Lohn/Masch Leistg. in min	Herstell- kosten je LE	Herstellkosten der Position
1.000,00	m² Pflaster	Lohn			0,44			30,00	13,20	13.200,00
		Lohn			0,44			0,00	0,00	0,00
	Maschine:				0,00			0,00	0,00	0,00
	Maschine:				0,00			0,00	0,00	0,00
	Material:	Pflaster	7,50	1,02	7,65	1,00	7,65			7.650,00
	Material:	Sand	15,00	1,40	21,00	0,05	1,05			1.050,00
	Material:		0,00	1,00	0,00	0,00	0,00			0,00
	Material:		0,00	1,00	0,00	0,00	0,00			0,00
	Sonstiges:				0,00	0,00	0,00			0,00
	Fremdleistg:							0,00		0,00

Einheitspreis 28,97 Gesamtpreis 28.970,00

Summe Herstellkosten der Position: 21.900,00

Netto: 46.585,00

Kalkulationsblatt 1: Kalkulation mit vorbestimmten Zuschlagsätzen – gleichbelastend

Kalkulationsblatt 2

Projektname:	Schulhof									
Mittellohn in €/min:	0,44									
Zuschlagsfaktor Masch:	1,2000				Summe Herstellkosten:		35.212,00			
Zuschlagsfaktor Mat.:	1,2000									
Zuschlagsfaktor SoKo:	1,0500									
Zuschlagsfaktor Fremdl.:	1,1500									
Zuschlagsfaktor Lohn:	1,4923									

Position-Nr. 100

Menge	Text	Kostenart	Preis frei B.	Verlustf.	Basispreis	Material Mengenfaktor	Einzel- kosten je LE	Lohn/Masch Leistg. in min	Herstell- kosten je LE	Herstellkosten der Position
1.300,00	m² Tragschicht	Lohn			0,44			4,00	1,76	2.288,00
		Lohn			0,44			0,00	0,00	0,00
	Maschine:	Radlader			0,82			4,00	3,28	4.264,00
	Maschine:				0,00			0,00	0,00	0,00
	Material:	Schotter	20,00	1,30	26,00	0,20	5,20			6.760,00
	Material:		0,00	1,00	0,00	0,00	0,00			0,00
	Material:		0,00	1,00	0,00	0,00	0,00			0,00
	Material:		0,00	1,00	0,00	0,00	0,00			0,00
	Sonstiges:				0,00	0,00	0,00			0,00
	Fremdleistg:							0,00		0,00

Einheitspreis 12,81 Gesamtpreis 16.653,00

Summe Herstellkosten der Position: 13.312,00

Position-Nr. 200

Menge	Text	Kostenart	Preis frei B.	Verlustf.	Basispreis	Material Mengenfaktor	Einzel- kosten je LE	Lohn/Masch Leistg. in min	Herstell- kosten je LE	Herstellkosten der Position
1.000,00	m² Pflaster	Lohn			0,44			30,00	13,20	13.200,00
		Lohn			0,44			0,00	0,00	0,00
	Maschine:				0,00			0,00	0,00	0,00
	Maschine:				0,00			0,00	0,00	0,00
	Material:	Pflaster	7,50	1,02	7,65	1,00	7,65			7.650,00
	Material:	Sand	15,00	1,40	21,00	0,05	1,05			1.050,00
	Material:		0,00	1,00	0,00	0,00	0,00			0,00
	Material:		0,00	1,00	0,00	0,00	0,00			0,00
	Sonstiges:				0,00	0,00	0,00			0,00
	Fremdleistg:							0,00		0,00

Einheitspreis 30,14 Gesamtpreis 30.140,00

Summe Herstellkosten der Position: 21.900,00

Netto: 46.793,00

Kalkulationsblatt 2: Kalkulation mit vorbestimmten Zuschlagsätzen – ungleichbelastend

Auf diese Herstellkosten werden dann die betriebsnotwendigen Allgemeinen Geschäftskosten und der gewünschte Gewinn aufgeschlagen. Damit erhält man die Angebotsumme der Baustelle. Diese nützt dem Kalkulator zunächst jedoch wenig, denn er hat ja Einheitspreise bei den einzelnen Positionen einzutragen. Das bedeutet, er muss bei jeder Baustelle Zuschlagsätze berechnen, die geeignet sind, die kalkulierten Gemeinkosten der Baustelle und die Anteile für Allgemeine Geschäftskosten und Wagnis und Gewinn auf die Einzelkosten umzulegen.

Diese umzulegenden Kosten werden als *„Schlüsselkosten"* bezeichnet. Somit ist klar, dass bei jeder Baustelle andere Zuschlagsätze für die Schlüsselkosten entstehen müssen.

Da bei diesem Verfahren - zumindest wenn man schrittweise vorgeht - die Angebotsumme vor den Einheitspreisen feststeht, erhielt es die treffende Bezeichnung *„Kalkulation über die Endsumme"*; ein anderer Begriff ist *„Umlagekalkulation"*.

Grundwissen zur Angebotskalkulation

Die Angebotskalkulation mit der Kalkulation über die Endsumme verläuft gedanklich über folgende Einzelschritte, die aber bei der empfehlenswerten Nutzung eines EDV-Programmes nicht in Erscheinung treten:

I Berechnung der Angebotsumme

I.1 Berechnung der Einzelkosten aller Positionen

I.2 Berechnung der Gemeinkosten dieser Baustelle

I.3 Addition von I.1 und I.2 zu den Herstellkosten

I.4 Berechnung der betriebsnotwendigen Allgemeinen Geschäftskosten

I.5 Berechnung des gewünschten Gewinnanteils

I.6 Addition zur Bildung der Angebotsumme

II Berechnung der Zuschlagsätze für die Schlüsselkosten (Gemeinkosten der Baustelle, Allgemeine Geschäftskosten, Wagnis und Gewinn) auf die Einzelkosten. Bei dieser Berechnung ist gleichbelastende oder ungleichbelastende Umlage möglich.

III Berechnung der Einheitspreise des Angebotes mit den Zuschlagsätzen aus II.

Die Rechenschritte zur Bestimmung der baustellenspezifischen Zuschlagsätze für die Schlüsselkosten lassen sich am besten am Beispiel erläutern.

2.2.2.5 Beispiel zur Kalkulation über die Endsumme

Das praktische Vorgehen soll nun für die Baustelle Schulhof anhand der Programme Kalkulex und GREENGala 98 demonstriert werden.

Beispiel Kalkulex

Im Übungsprogramm Kalkulex ist eine gleichbelastende und eine ungleichbelastende Kalkulation über die Endsumme möglich. Bei der *gleichbelastenden Kalkulation über die Endsumme* fordert das Eingabefenster (Abb. 2.8) Angaben für:

- Lohn in €/min
  Hier ist der Kalkulationslohn im Gegensatz zur Kalkulation mit vorbestimmten Zuschlagsätzen ohne Anteil an Gemeinkosten der Baustelle anzugeben; d. h. 0,34 €/min.

- Gemeinkosten der Baustelle in €
  Dort ist der €-Betrag der geschätzten Gemeinkosten der Baustelle für diese Baumaßnahme einzugeben. Der Kalkulator muss sich also hier Gedanken darüber machen, wie die Baustelle ablaufen wird und welche Gemeinkosten der Baustelle tatsächlich erforderlich werden. Neben der Frage, welche Gemeinkosten der Baustelle diese Baustelle verlangen wird, ist es vor allem die Dauer der Baustelle, die den Gesamtbetrag der Gemeinkosten der Baustelle entscheidend beeinflusst.

Unterstellen wir eine Baustellendauer von 17 Tagen, dann könnte der Kalkulator beispielsweise folgende Gemeinkosten der Baustelle abschätzen:

Gemeinkosten der Baustelle pro Tag:	
Service-Radlader (ohne Bedienung)	79 €/d
Rüttelplatte (ohne Bedienung)	13 €/d
Bauwagen, Container	10 €/d
Tagespauschale für Wasser/Energie/Telefon	5 €/d
Tagespauschale für Kleingeräte/Werkzeug	10 €/d
Baustellenleiter (3 h täglich) 3 h/d x 25 €/h =	75 €/d
Transporte	60 €/d
	252 €/d
Gemeinkosten der Baustelle für 17 Tage: 252 €/d x 17 d =	4.284 €
Pauschale für Baustelleneinrichtung	300 €
Pauschale für Vermessungsarbeiten	400 €
Pauschale für Entsorgung	100 €
Summe der Gemeinkosten der Baustelle:	**5.084 €**

Diese Berechnung kann auch mit einem Klick auf den Taschenrechner durchgeführt werden (Abb. 2.9).

- Zuschlagsatz für Allgemeine Geschäftskosten und Wagnis und Gewinn auf die Herstellkosten
  Dieser Zuschlagsatz beträgt, wie bei der Kalkulation mit vorbestimmten Zuschlagsätzen bereits erläutert wurde,

$$Z = \frac{(358 + 105) \times 100}{488 + 143 + 214 + 424 + 165} = 32,29\,\%$$

für die gleichbelastende Kalkulation.

Mit diesen Eingaben wird die Angebotskalkulation gestartet (s. Kalkulationsblatt 3). Nach Angabe der Mengenangaben und Leistungsansätze für die Einzelkosten läuft programmintern folgende Berechnung ab:

I.1	Summe der Einzelkosten	31.692
I.2	Summe der Gemeinkosten der Baustelle	5.084
I.3	Herstellkosten der Baustelle	36.776
I.4 + I.5	Anteil für Allgemeine Geschäftskosten, Wagnis und Gewinn an den Herstellkosten (32,29 %)	11.874,97
I.6	Angebotsumme	48.650,97
II	Berechnung des Zuschlagsatzes für die Schlüsselkosten Schlüsselkosten: 5.084 + 11.874,97 = 16.958,97	

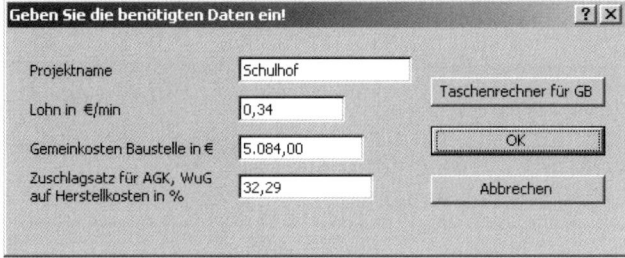

Abb. 2.8: Eingabefenster Kalkulex – Kalkulation über die Endsumme, gleichbelastend

Taschenrechner für Gemeinkosten der Baustelle bei Kalkulation über die Endsumme

Bauzeitunabhängige Pauschalen

	€
Einrichten und Räumen der Baustelleneinrichtung	300,00
Herstellen und Rückbau Lagerplatz	0,00
Herstellen und Rückbau	0,00
Herstellen und Rückbau	0,00
Herrichten und Rückbau sonst.	0,00
Vermessung, Absteckung	400,00
Entsorgung	100,00
Werkzeuge und Kleingeräte	0,00
Sonstiges	0,00

Bauzeitabhängige Pauschalen

Tage		€/Tag	€
17,00	Gemeinkostengerät 1	79,00	1.343,00
17,00	Gemeinkostengerät 2	13,00	221,00
0,00	Gemeinkostengerät 3	0,00	0,00
17,00	Baustellenleiter	75,00	1.275,00
0,00	Bauzaunmiete	0,00	0,00
17,00	Containermiete	10,00	170,00
17,00	Tagespauschale	5,00	85,00
17,00	Tagespauschale	10,00	170,00
17,00	Tagespauschale für Transporte	60,00	1.020,00
0,00	Reinigung der Baustelle	0,00	0,00
0,00	Sonstige	0,00	0,00

Endsumme GB in €: 5.084,00

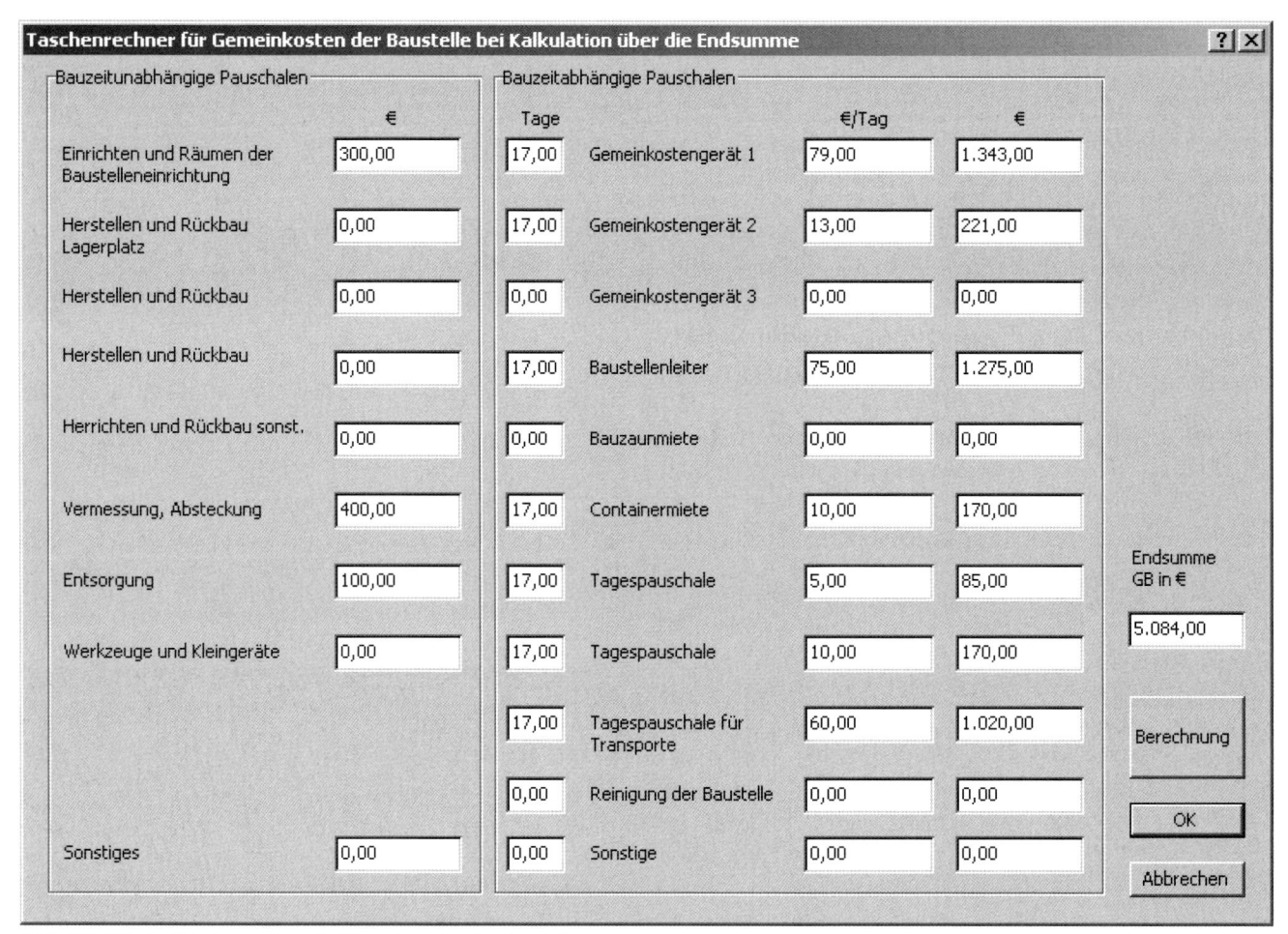

Abb. 2.9: Kalkulex-Taschenrechner für Gemeinkosten der Baustelle

---

Projektname: Schulhof

Mittellohn in €/min (ohne GB): 0,34

Berechnung der Angebotssumme:
- Summe EK: 31692,00
- Summe GB: 5084,00
- Herstellkosten: 36776,00
- Zuschlagsfaktor AGK, WuG: 1,3229
- einheitl. Zuschlagsfaktor: 1,5351
- Schlüsselkosten: 16958,9704
- Angebotsumme: 48.650,97

Nur zur Information
Summe der EK für alle Positionen:
- EK Lohn: 11.968,00
- EK Masch: 4.264,00
- EK Mat: 15.460,00
- EK FL: 0,00
- EK Sonstiges: 0,00
- Mannstunden: 586,67

Menge	Text	Kostenart	Preis frei B.	Verlustfaktor	Basispreis	Mengenfaktor	Einzelkosten je LE	Lohn/Masch Leistg. in min	Einzelkosten je LE	Einzelkosten der Position
1.300,00 m² Tragschicht		Lohn			0,34			4,00	1,36	1.768,00
		Lohn			0,34			0,00	0,00	0,00
	Maschine:	Radlader			0,82			4,00	3,28	4.264,00
	Maschine:				0,00			0,00	0,00	0,00
	Material:	Schotter	20,00	1,30	26,00	0,20	5,20			6.760,00
	Material:		0,00	1,00	0,00	0,00	0,00			0,00
	Material:		0,00	1,00	0,00	0,00	0,00			0,00
	Material:		0,00	1,00	0,00	0,00	0,00			0,00
	Sonstiges:				0,00	0,00	0,00			0,00
	Fremdleistg:								0,00	0,00

Einheitspreis 15,11 | Gesamtpreis 19.643,00
Summe Einzelkosten Position: 12.792,00

Position-Nr. 200 | Material

Menge	Text	Kostenart	Preis frei B.	Verlustfaktor	Basispreis	Mengenfaktor	Einzelkosten je LE	Lohn/Masch Leistg. in min	Einzelkosten je LE	Einzelkosten der Position
1.000,00 m² Pflaster		Lohn			0,34			30,00	10,20	10.200,00
		Lohn			0,34			0,00	0,00	0,00
	Maschine:				0,00			0,00	0,00	0,00
	Maschine:				0,00			0,00	0,00	0,00
	Material:	Pflaster	7,50	1,02	7,65	1,00	7,65			7.650,00
	Material:	Sand	15,00	1,40	21,00	0,05	1,05			1.050,00
	Material:		0,00	1,00	0,00	0,00	0,00			0,00
	Material:		0,00	1,00	0,00	0,00	0,00			0,00
	Sonstiges:				0,00	0,00	0,00			0,00
	Fremdleistg:								0,00	0,00

Einheitspreis 29,01 | Gesamtpreis 29.010,00
Summe Einzelkosten Position: 18.900,00

Netto: 48.653,00

Kalkulationsblatt 3: Kalkulation über die Endsumme – gleichbelastend

Grundwissen zur Angebotskalkulation

Zuschlagsatz für die Schlüsselkosten auf die Einzelkosten:

$$Z = \frac{16.958{,}97 \times 100}{31.692} = 53{,}51 \%$$

III Mit diesem Zuschlagsatz von 53,51 % - ausgedrückt als Zuschlagsfaktor 1,5351 - werden die Einzelkosten multipliziert und damit die Einheitspreise berechnet.

Dass die mit diesen Einheitspreisen berechnete Netto-Angebotssumme von 48.653 € nicht exakt mit der bei der Berechnung der Schlüsselkosten ermittelten Angebotsumme aus I.6 übereinstimmt, ist auf Rundungsdifferenzen zurückzuführen.

Bei der *ungleichbelastenden Kalkulation über die Endsumme* ist die Situation hinsichtlich der Einzelkosten und der Gemeinkosten der Baustelle unverändert. Der Kalkulator muss sich allerdings nun entscheiden, welche Zuschlagsätze für die Schlüsselkosten er in welcher Höhe vorgeben (fixieren) will. Im Eingabefenster (Abb. 2.10) sind die Zuschlagsätze für Schlüsselkosten auf Maschinen, Material, Fremdleistungen und Sonstiges einzugeben; die restlichen Schlüsselkosten sind demnach vom Lohn zu tragen. Die Eingaben für den Lohn in €/min (0,34) und Zs für Allgemeine Geschäftskosten und Wagnis und Gewinn auf Herstellkosten (32,29 %) können unverändert vorgenommen werden.

Nach Eingabe der Einzelkosten in das Kalkulationsblatt 4 berechnet das Programm den Zuschlagsatz für die Restschlüsselkosten auf die Lohneinzelkosten (Die Summen der Einzelkostenarten sind im Kopf des Blattes abzulesen):

abzudeckende Schlüsselkosten:		16.958,97
von Gerätekosten gedeckt:	z. B. 25 % von 4.264	1.066,00
von Materialkosten gedeckt:	z. B. 25 % von 15.460	3.865,00
von Fremdleistungen gedeckt:	z. B. 15 % von 0	0,00
von sonstigen Kosten gedeckt:	z. B. 5 % von 0	0,00
von den Lohneinzelkosten zu tragende Restschlüsselkosten:		**12.027,97**

$$Z = \frac{12.027{,}97 \times 100}{11.968} = 100{,}50 \%$$

Diese vorgegebenen und der berechnete Zuschlagsatz erscheinen als Zuschlagsfaktor ausgedrückt (5 % wird zum Faktor 1,05; 100,50 % wird zum Faktor 2,0050) im Kopf des Arbeitsblattes und werden zur Multiplikation mit den Einzelkosten benutzt. Damit entstehen die Einheitspreise für das Angebot.

Abb. 2.10: Eingabefenster Kalkulex – Kalkulation über die Endsumme, ungleichbelastend

Projektname:	Schulhof				Summe EK	31.692,00		
Mittellohn in €/min:	0,34		Berechnung der Angebotssumme:		Summe GB	5.084,00		Zur Information
Zuschlagsfaktor Masch incl. Bed.:	1,2500				Herstellkosten	36.776,00		Summe EK für alle Positionen:
Zuschlagsfaktor Material:	1,2500				Z für AGK, WuG	1,3229		EK Lohn 11.968,00
Zuschlagsfaktor Sonstiges:	1,0500				Schlusselk.	16.958,97		EK Masch 4.264,00
Zuschlagsfaktor Fremdl.:	1,1500							EK Mat 15.460,00
Zuschlagsfaktor Lohn:	2,0050	(wird berechnet)			Angebotssumme:	48.650,97		EK Sonst 0,00
								EK FL 0,00
								Mannstunden: 586,67

Position-Nr.		100								
Menge	Text		Kostenart	Preis frei B.	Verlustf.	Basispreis	Material Mengenfaktor	Einzelkosten je LE	Lohn/Masch Leistg. in min	Einzelkosten je LE	Einzelkosten der Position
1.300,00	m² Tragschicht	Lohn				0,34			4,00	1,36	1.768,00
		Lohn				0,34			0,00	0,00	0,00
		Maschine:	Radlader			0,82			4,00	3,28	4.264,00
		Maschine:				0,00			0,00	0,00	0,00
		Material:	Schotter	20,00	1,30	26,00	0,20	5,20			6.760,00
		Material:		0,00	1,00	0,00	0,00	0,00			0,00
		Material:		0,00	1,00	0,00	0,00	0,00			0,00
		Material:		0,00	1,00	0,00	0,00	0,00			0,00
		Sonstiges:				0,00	0,00	0,00			0,00
		Fremdleistg:							0,00	0,00	Einheitspreis Gesamtpreis
											13,33 17.329,00
								Summe Einzelkosten der Position		12.792,00	

Position-Nr.		200								
Menge	Text		Kostenart	Preis frei B.	Verlustf.	Basispreis	Material Mengenfaktor	Einzelkosten je LE	Lohn/Masch Leistg. in min	Einzelkosten je LE	Einzelkosten der Position
1.000,00	m² Pflaster	Lohn				0,34			30,00	10,20	10.200,00
		Lohn				0,34			0,00	0,00	0,00
		Maschine:				0,00			0,00	0,00	0,00
		Maschine:				0,00			0,00	0,00	0,00
		Material:	Pflaster	7,50	1,02	7,65	1,00	7,65			7.650,00
		Material:	Sand	15,00	1,40	21,00	0,05	1,05			1.050,00
		Material:		0,00	1,00	0,00	0,00	0,00			0,00
		Material:		0,00	1,00	0,00	0,00	0,00			0,00
		Sonstiges:				0,00	0,00	0,00			0,00
		Fremdleistg:							0,00	0,00	Einheitspreis Gesamtpreis
											31,32 31.320,00
								Summe Einzelkosten der Position		31.692,00	
										Netto:	48.649,00

Kalkulationsblatt 4: Kalkulation über die Endsumme – ungleichbelastend

Hinweis:

Die im Kopf des Kalkulationsblattes gelieferte Information über die Mannstunden (586,67) hilft dem Kalkulator bei der Abschätzung der Baustellendauer:

586,67 h ergeben bei einem durchschnittlichen Baustellenbesatz von 5 Arbeitskräften und 7,5 produktiven täglichen Arbeitsstunden eine Dauer von 15,64 Tagen; mit leichtem Sicherheitsaufschlag aufgerundet auf 17 Tage. Deshalb wird der Kalkulator immer erst die Einzelkosten der Positionen berechnen, um diese Informationen zu erhalten, ehe er den Taschenrechner für die Gemeinkosten der Baustelle nutzt.

Beispiel GREENGala 98

Beim Branchenprogramm GREENGala 98 sind die Rechenschritte ähnlich; allerdings ist auch hier - wie bei der Kalkulation mit vorbestimmten Zuschlagsätzen mehrfach erläutert - auf die programmkonforme Eingabe der betrieblichen Zuschlagsätze für Allgemeine Geschäftskosten und Wagnis und Gewinn zu achten. Nach Abbildung 2.4 sind bei der Umlagekalkulation Zuschlagsätze einzugeben für die Gemeinkosten und den Gewinn. Die Verwendung dieser Zuschlagsätze zeigt wieder ein Blick in die Kalkulationsübersicht (Abb. 2.11):

Der Zuschlagsatz für Gemeinkosten wird auf die Herstellkosten aufgeschlagen, beinhaltet also nur die Allgemeinen Geschäftskosten. Der Zuschlag für Wagnis und Gewinn wird auf die Selbstkosten bezogen.

Die Berechnung dieser Zuschlagsätze ist somit bereits bekannt (s. Kalkulation mit vorbestimmten Zuschlagsätzen):

Zuschlag für Allgemeine Geschäftskosten auf die Herstellkosten:

$$Z = \frac{358 \times 100}{488 + 214 + 424 + 165 + 143} = 24,97\ \%$$

Zuschlag für Wagnis und Gewinn auf die Selbstkosten:

$$Z = \frac{105 \times 100}{488 + 214 + 424 + 165 + 143 + 358} = 5,86\ \%$$

Das Eingabefenster bietet die Option an, die Zuschlagsätze für die Schlüsselkosten zu fixieren. Mit dieser Fixierung legt der Kalkulator den Zuschlagsatz für Schlüsselkosten auf eine oder mehrere Kostenarten in der dann einzugebenden Höhe fest. Die Restschlüsselkosten werden dann durch einen oder mehrere nichtfixierte Zuschläge getragen. Im Rechenbeispiel ist der Zuschlagsatz bei der Kostenart „Lohn" nicht fixiert; der Lohn muss damit die Restschlüsselkosten mit dem berechneten Zuschlagsatz von 100,5 % tragen.

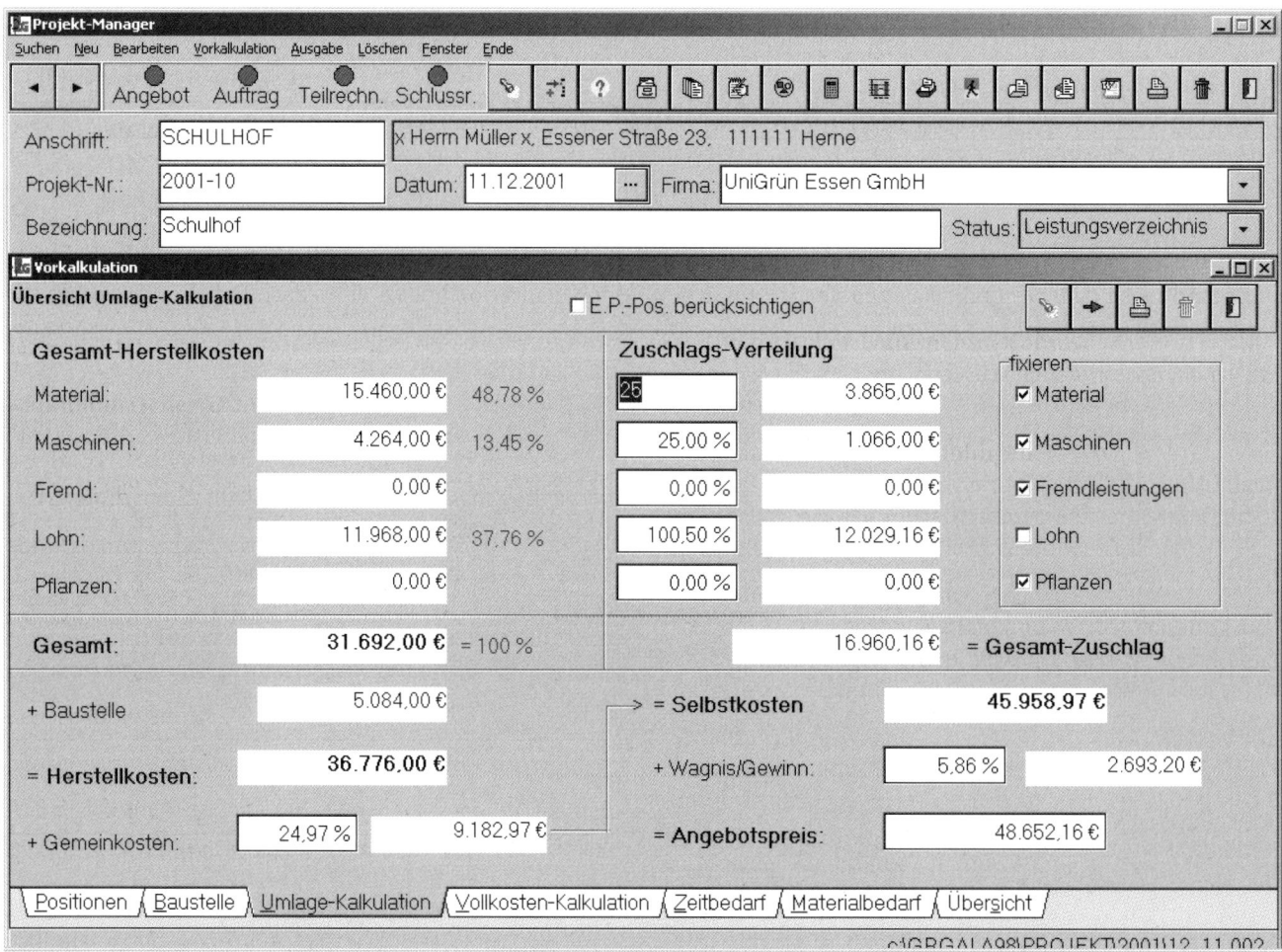

Abb. 2.11: Kalkulationsübersicht GREENGala 98 – Kalkulation über die Endsumme

Dieses Vorgehen ergibt dann eine ungleichbelastende Kalkulation. Wenn kein Zuschlagsatz eingegeben und fixiert wird, dann verteilt das Programm die Schlüsselkosten auf alle Kostenarten mit gleichem Prozentsatz; das entspricht einer gleichbelastenden Kalkulation über die Endsumme.

Mit diesen Eingaben ist dann die Angebotskalkulation nach den weiteren Anleitungen des Programmes durchzuführen.

Fazit:

Die Kalkulation über die Endsumme berücksichtigt in der Angebotskalkulation bereits die Tatsache, dass die Gemeinkosten der Baustelle bei den einzelnen Bauvorhaben sehr unterschiedlich hoch ausfallen. Die Anwendung dieses Verfahrens wird deshalb um so sinnvoller, je größer der Aufwand für die Gemeinkosten der Baustelle im Zuge der Mechanisierung von Arbeitsabläufen und zur Verbesserung der Arbeitssicherheit wird. Im Hoch- und Tiefbau ist dieses Verfahren daher die Regel. Im GaLaBau nimmt die Verbreitung erst langsam zu, weil

- in der Berufsausbildung dieses Verfahren nicht gelehrt wird
- nur wenige Branchenprogramme diese Option bieten
- ein effektiver Einsatz des Verfahrens die Bereitschaft und die Fähigkeit des Kalkulators voraussetzt, die Gemeinkosten der Baustelle für jedes Angebot abzuschätzen. Wichtiger Einflussfaktor ist dabei - wie oben festgestellt - die Dauer der Baustelle. Diese einigermaßen treffsicher einzuschätzen ist nur auf der Basis sauber nachkalkulierter Zeitwerte für die eigenen Leistungen möglich. Kenner behaupten, dass diese wichtigen Zeitwerte nur in einer langsam wachsenden Zahl von Betrieben vorliegen.

2.3 Deckungsbeitragsrechnung

Die im Kapitel 2.2 vorgestellten Verfahren zur Vollkostenrechnung haben das Ziel, Kalkulationspreise zu berechnen, die bei jeder Leistungseinheit die erwarteten Einzelkosten und einen bestimmten Anteil für Gemeinkosten der Baustelle, Allgemeine Geschäftskosten sowie Wagnis und Gewinn erfassen. Dieses Vorgehen ist zweifellos sinnvoll, wenn der Unternehmer einen derart berechneten Preis auch am Markt durchsetzen kann.

Schon seit Jahrzehnten wandelt sich der Markt für Bauleistungen immer mehr vom Anbieter- zum Nachfragermarkt, und so ist auch im GaLaBau die Durchsetzung von Vollkostenpreisen nur in kleinen Marktsegmenten möglich (z. B. in Teilen des Privatkundenbereiches). Wenn somit der Unternehmer sehr niedrige Preise anbieten muss bzw. in Auftragsverhandlungen notgedrungen Preisnachlässe gewährt, stellt sich ihm die Frage, wie weit er den vorkalkulierten Preis senken kann - wo seine „Schmerzgrenze" liegt. Einfach das Angebot mit willkürlich veränderten Zuschlagsätzen neu durchzurechnen hilft ihm nicht weiter; sinnvoll ist es vielmehr zu erfahren, welche Kosten durch eine Baumaßnahme entstehen, ohne dass irgendwelche Kostenzurechnungen erfolgen.

Ein weiteres Unbehagen an der Vollkostenrechnung liegt insbesondere darin begründet, dass es einen sachlichen, methodisch klar zu formulierenden Zusammenhang zwischen Einzelkosten und Gemeinkosten nicht gibt. Das lässt sich bereits an der Vielfalt möglicher Verfahren und Vorgehensweisen ablesen und führt beispielsweise bei einer ungleichbelastenden Kalkulation zu Preisen, deren Höhe von der Kostenzusammensetzung der Leistungseinheit abhängt. So ist sicherlich bei einer Position mit hohem Lohnanteil der gleichbelastend berechnete Preis niedriger als der ungleichbelastend kalkulierte. Damit hängt u. U. die Entscheidung über den Auftrag letztendlich von der Kostenzusammensetzung und den damit verrechneten Gemeinkosten ab.

Ein weiterer kritisch zu beleuchtender Aspekt der Vollkostenrechnung ist die Auswirkung von Beschäftigungsänderungen auf die Zuschlagsätze: Bei sinkender Beschäftigung bzw. Kapazitätsauslastung verringern sich die Einzelkosten, aber die Allgemeinen Geschäftskosten geben über einen längeren Zeitraum nicht so schnell nach. Damit müssen bei der Zuschlagsatzberechnung die Allgemeinen Geschäftskosten auf weniger Einzelkosten verteilt werden, was steigende Zuschlagsätze zur Folge hat.

Die mit diesen höheren Zuschlagsätzen berechneten und damit steigenden Kalkulationspreise werden zu einer noch geringeren Beschäftigung führen, mit dem Ergebnis, dass der Betrieb sich aus dem Markt hinauskalkulieren kann. Der Unternehmer wird das durch Marktpreisbeobachtung und entsprechende Preisgestaltung zu verhindern suchen; allerdings verlässt er damit die Basis seiner eigenen Angebotskalkulation. Dies ist dann ein Grund für die gelegentlich anzutreffende Einstellung, eine Angebotskalkulation sei eigentlich nicht notwendig, vielmehr reiche es aus, die Marktpreise zu kennen.

Diese Zusammenhänge führten in der Wirtschaft seit den 30er Jahren des letzten Jahrhunderts zu neuen Denkmodellen, die unter den Begriffen „*direct costing*", „*Teilkostenrechnung*" und „*Deckungsbeitragsrechnung*" in der Industrie und im Handel Verbreitung fanden. Das Grundprinzip dieser inzwischen auch im GaLaBau verbreiteten Deckungsbeitragsrechnung wird anschließend erläutert und anhand des Beispiels Schulhof praktisch demonstriert.

2.3.1 Grundgedanke und Kostenbegriffe der Deckungsbeitragsrechnung

Grundgedanke der Deckungsbeitragsrechnung ist es - bezogen auf das Bauwesen - zunächst einmal festzustellen, welche Kosten zusätzlich entstehen, wenn ein neuer

Bauauftrag hereingenommen wird. Mit den Umsatzerlösen sind aber höhere Beträge zu erwirtschaften, die dann zur Deckung der baustellenunabhängigen Kosten und für den Gewinn zur Verfügung stehen. Diese über die leistungsabhängigen Kosten hinausgehenden Beträge heißen deshalb „*Deckungsbeiträge*". Die leistungsabhängigen Kosten werden als „*variable Kosten*", die leistungsunabhängigen als „*Fixkosten*" oder „*Bereitschaftskosten*" bezeichnet. Die begrifflichen Zusammenhänge zeigt die folgende Grafik.

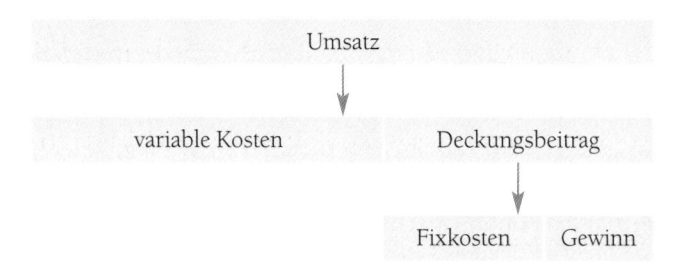

```
                    Umsatz
                      ↓
      variable Kosten     Deckungsbeitrag
                               ↓
                        Fixkosten    Gewinn
```

Falls im Jahresverlauf die Fixkosten größer sind als der auf den Baustellen erwirtschaftete Deckungsbeitrag, dann entsteht kein Gewinn, sondern ein Verlust:

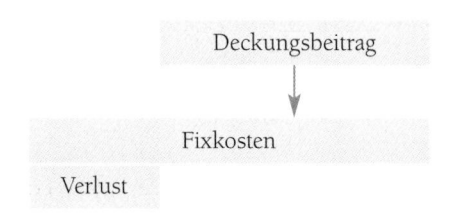

```
                Deckungsbeitrag
                      ↓
                  Fixkosten
         Verlust
```

Entscheidender Ansatzpunkt der Deckungsbeitragsrechnung ist nun, sich von der Betrachtung der Baustelle zu lösen und auf den Gesamtdeckungsbeitrag im Unternehmen abzuzielen. Die Deckungsbeiträge, die auf den Baustellen erwirtschaftet werden, müssen in ihrer Summe im Laufe des Jahres so hoch werden, dass alle Fixkosten gedeckt sind und ein Gewinn erzielt wird. Dabei kommt es nicht darauf an, dass jede Baustelle oder gar jede Leistungseinheit einen gleich großen Anteil am Deckungsbeitrag erbringt; vielmehr muss im Unternehmen der gesamte zur Deckung der Fixkosten benötigte Deckungsbeitrag mindestens erreicht werden. Der Unternehmer hat damit preispolitischen Spielraum bei einzelnen Angeboten: Er kann mit seinem Preis im einen Falle einmal einen geringeren Deckungsbeitrag akzeptieren, muss jedoch darauf achten, bei anderen Bauvorhaben diesen fehlenden Deckungsbeitragsanteil zusätzlich zu erwirtschaften.

Obwohl nach dem Aufbau der obigen Grafik die Deckungsbeitragsrechnung ursprünglich ein Instrument der Nachkalkulation ist (Sie beantwortet die Frage: Welchen Deckungsbeitrag habe ich auf dieser Baustelle erwirtschaftet?), kann sie auch in der Angebotskalkulation sinnvoll eingesetzt werden. Dies ist insbesondere dann empfehlenswert, wenn der Unternehmer mit seinen Leistungen oder Produkten auf unterschiedlichen Teilmärkten arbeitet und von vornherein mit verschiedenen Deckungsbeiträgen kalkulieren muss.

Beispiel Konsumgüter:

Eine Brotfabrik, die einen Jahresdeckungsbeitrag von 1 Mio € benötigt, backt Toastbrot zu variablen Kosten von 0,50 €/Stück. Sie verkauft im Jahr 800.000 Packungen als Premiummarke an den Handel für 1,30 €/Stück; der einkalkulierte Deckungsbeitrag ist somit 0,80 €/Stück. Das gleiche Produkt wird „No-Name" mit einer Stückzahl von 2 Mio. an einen Discounter zum Preis von 0,70 €/Stück verkauft; der einkalkulierte Deckungsbeitrag beträgt nur 0,20 €/Stück. Der Gesamtdeckungsbeitrag wird mit diesen unterschiedlichen Preisen erreicht:

800.000 Stück x 0,80 €/Stück + 2.000.000 Stück x 0,20 €/Stück = 1.040.000 €

Beispiel Gartenbau:

Ein Gartenbaubetrieb, der einen Jahresdeckungsbeitrag von 150.000 € benötigt, erzeugt Bodendecker zu variablen Kosten von 0,30 €/Stück. An den Einzelhandel verkauft er 50.000 Stück zu 1,00 €/Stück, an Großabnehmer liefert er 250.000 Stück zu 0,50 €/Stück. Der damit erreichte Deckungsbeitrag von

50.000 Stück x 0,70 €/Stück + 250.000 Stück x 0,20 €/Stück = 160.000 €

bedeutet eine Erhöhung des Gewinnes um weitere 10.000 € und das bei einem Preisunterschied von 100 %.

Der Unternehmer kann somit die Möglichkeit nutzen, bei der Preisgestaltung die im Gesamtunternehmen benötigten Deckungsbeiträge so auf seine Leistungen zu verteilen, wie die Marktsituation es zulässt. Dies erfordert, in der Angebotskalkulation einen Zuschlag für den gewünschten Deckungsbeitrag auf die variablen Kosten vorzunehmen.

Wesentlich als vorbereitende Arbeit ist somit die Untersuchung der Kostenstruktur des Unternehmens auf ihre variablen und fixen Anteile:

- Variable Kosten sind für die Zwecke der Angebotskalkulation diejenigen Kosten, die durch den zu kalkulierenden Auftrag zusätzlich entstehen werden und die damit in ihrer Höhe leistungsabhängig sind. Sie unterscheiden sich von den Einzelkosten dadurch, dass sie keine fixen Anteile haben (wie etwa Abschreibung der Geräte).

    Oder: Variable Kosten sind Kosten, die entstehen, wenn der Betrieb die Leistung erbringt.

- Fixkosten sind in ihrer Höhe unabhängig von der zu kalkulierenden Leistung. Sie dienen der Aufrechterhaltung der Betriebsbereitschaft und werden deshalb auch als „Bereitschaftskosten" bezeichnet.

    Oder: Fixkosten sind Kosten, die bestehen, damit das Unternehmen die Leistung erbringen kann.

Die Zuordnung der wesentlichen betrieblichen Kosten nach dem Kriterium der Leistungsabhängigkeit zeigt mit

Erläuterungen die Tabelle 2.3, verändert nach DREES/PAUL (1998, S. 257). (Zur Erinnerung: Das Abgrenzungskriterium zwischen Einzel- und Gemeinkosten in der Vollkostenrechnung war die Zurechenbarkeit zur Leistungseinheit.).

Die Abgrenzung ist häufig davon abhängig, wie der Kalkulator die Möglichkeiten zur schnellen Reaktion auf Leistungsänderungen durch Reduktion oder Ausbau von Kapazitäten einschätzt (s. Problematik der Stammarbeiter).

Sieht beispielsweise der Leasingvertrag für ein Gerät eine monatliche Kündigungsmöglichkeit vor, könnten diese Kosten als variabel eingestuft werden, bei längerer Vertragsbindung, die die Regel ist, sind diese Kosten als fix zu betrachten.

2.3.2 Kalkulation mit Soll-Deckungsbeiträgen

Wie bereits ausgeführt, reichen naturgemäß für die Angebotskalkulation auskömmlicher Preise die variablen Kosten allein nicht aus; vielmehr müssen die Kalkulationspreise einen marktgerechten Anteil des benötigten Deckungsbeitrages enthalten. Um deutlich zu machen, dass es sich dabei nicht um die Deckungsbeiträge der Nachkalkulation handelt, wird im Folgenden im Rahmen der Angebotskalkulation von Soll-Deckungsbeiträgen gesprochen.

EDV-Programme zur Kalkulation mit Soll-Deckungsbeiträgen sind z. Zt. nicht verfügbar, aber die Kalkulation ist problemlos analog zur Kalkulation über die Endsumme durchführbar, wenn bei den Stammdaten der Geräte nur die variablen Kosten angesetzt werden, denn bei der Kal-

Tab. 2.3: Kostenzuordnung in der Deckungsbeitragsrechnung

	Variable Kosten (Leistungsabhängige Kosten)	Fixkosten (Bereitschaftskosten)
Baustellenlohnkosten	X	
Die Zuordnung der Löhne zu den variablen Kosten ist umstritten, wenn man meint, den Personalbestand (insbesondere der Stammarbeiter) nicht variabel den geforderten Leistungen anpassen zu können. Da prinzipiell die Lohnkosten um so höher sind, je mehr Leistung auf der Baustelle zu erbringen ist, scheint die Zuordnung zu den variablen Kosten jedoch gerechtfertigt.		
Baustellengehaltskosten		X
Das Gehalt der Baustellenleitung ist als Fixkosten zu betrachten, weil der Baustellenleiter unabhängig von der einzelnen Baumaßnahme zu bezahlen ist.		
Transportkosten	X	X
Der Lohnanteil an den Transportkosten ist variabel, die Vorhaltung der Transportfahrzeuge fix.		
Baustellenunterkünfte	X	X
Verfügt der Betrieb über einen Bestand an Bauwagen, so sind dessen Vorhaltekosten als fix zu betrachten; variabel wäre dann der Aufwand für Heizung, Wasser, Energie.		
Baustellenausstattung	X	
Kleingeräte/Werkzeuge	X	
Materialkosten	X	
Kosten der Fremdleistungen	X	
Sonstige Kosten	X	
Die vorgenannten Kosten entstehen leistungsabhängig auf der Baustelle und sind deshalb variabel.		
Gerätekosten: AfA, Verzinsung		X
Reparaturen, Sonst.	X	
Die Zuordnung der Kosten der eigenen Geräte und Fahrzeuge ergibt sich typisch aus der Definition von Fixkosten und variablen Kosten.		
Fremdgerätekosten	X	
Der Vorteil des Einsatzes von Fremdgeräten besteht kostenrechnerisch darin, dass nur variable Kosten entstehen, der Betrieb somit im Falle der Nicht-Nutzung keine Fixkosten zu tragen hat.		
Kosten der örtl. Bauleitung:		
- PKW-Kosten: AfA, Verzinsung		X
Reparaturen, Sonst.	X	
- Bürokosten	X	
Sonderwagnisse und Versicherungen	X	
Soweit es sich um die Versicherung besonderer Risiken auf einer bestimmten Baustelle handelt, sind die Prämien als variable Kosten zu betrachten.		
Allgemeine Geschäftskosten		X

kulation über die Endsumme besteht die Möglichkeit, auch den variablen Aufwand der Gemeinkosten der Baustelle differenziert zu erfassen.

Unterstellen wir, die GaLaBau Immergrün GmbH habe eine Unterteilung ihrer Kosten nach dem Kriterium der Leistungsabhängigkeit durchgeführt und sei zu folgenden Summen gelangt (in Tsd. €):

Umsatz:	1.844
variable Kosten:	1.262
Deckungsbeitrag:	582
Fixkosten:	530
Gewinn:	52

Der Deckungsbeitrag reichte nicht aus, um den gewünschten Gewinn von 105 zu erzielen. Deshalb muss er für die Angebotskalkulation von 582 um 105 − 52 = 53 auf den Soll-Deckungsbeitrag von 635 erhöht werden.

Damit wäre der Zuschlag für den Soll-Deckungsbeitrag auf die variablen Kosten zu ermitteln:

$$Z = \frac{635 \times 100}{1{,}262} = 50{,}32\,\%$$

Mit diesem Zuschlagsatz kann nun die Berechnung der Kalkulationspreise nach den Verfahrensschritten analog zur Kalkulation über die Endsumme vorgenommen werden (Abb. 2.12).

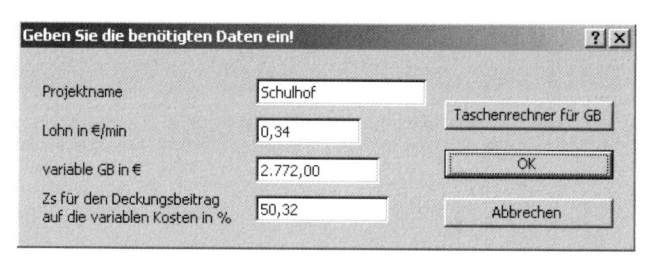

Abb. 2.12: Eingabefenster Kalkulex – Deckungsbeiträge auf variable Kosten

Bei der Kalkulation des Schulhofes mit Kalkulex sind bei der Eingabe einige Änderungen gegenüber der Vollkostenrechnung zu beachten:

1. Bei den Geräten sind im Minutensatz nur die variablen Kosten zu verrechnen. Das bedeutet für den Radlader folgende Veränderung:

Reparatur (wird hier als variabel angesehen):	
2.850 €/850 h =	3,35 €/h
Kraftstoff:	5,95 €/h
Schmierstoff:	0,60 €/h
Bedienerlohn:	22,10 €/h
Wartungszuschlag:	1,11 €/h
Variable Kosten pro Stunde:	33,11 €/h
Variable Kosten pro Minute:	0,55 €/min

Abb. 2.13: Kalkulex-Taschenrechner für variable Gemeinkosten der Baustelle

Grundwissen zur Angebotskalkulation

2. Bei den Gemeinkosten der Baustelle sind ebenfalls nur die variablen Kosten in den Taschenrechner einzugeben (Abb. 2.13):

Variable Kosten pro Tag:	
Service-Radlader (nur variable Kosten, ohne Bediener)	
(2.400 + 3.640 + 360) / 200 d =	32,00 €/d
Rüttelplatte	9,00 €/d
Bauwagen (nur Fixkosten)	-
Tagespauschale Wasser, Energie, Telefon	5,00 €/d
Tagespauschale Werkzeuge, Kleingerät	10,00 €/d
Baustellenleiter (nur Fixkosten)	-
Transporte (variabler Anteil)	60,00 €/d
Varible Kosten pro Tag	**116,00 €/d**
Variable Kosten für die Baustellendauer:	
17 d x 116 €/d =	**1.972 €**
Pauschale für Baustelleneinrichtung:	300 €
Pauschale für Vermessung:	400 €
Pauschale für Entsorgung:	100 €
Summe variable Gemeinkosten der Baustelle:	**2.772 €**

Programmintern erfolgt die Berechnung des Zuschlagsatzes für die Schlüsselkosten nach dem bekannten Muster:

I.1	Summe der variablen Einzelkosten	30.288
I.2	Summe der variablen Gemeinkosten der Baustelle	2.772
I.3	variable Herstellkosten der Baustelle	33.060
I.4 + I.5	Aufschlag für den Deckungsbeitrag auf die variablen Herstellkosten (50,32 %)	16.635,79
I.6	Angebotsumme	49.695,79

II Berechnung des Zuschlagsatzes für die Schlüsselkosten

Schlüsselkosten: 2.772 + 16.635,79 = 19.407,79

Zuschlagsatz für die Schlüsselkosten auf die variablen Einzelkosten:

$$Z = \frac{19.407 \times 100}{30.288} = 64,08\,\%$$

III Mit diesem Zuschlagsatz von 64,08 % - ausgedrückt als Zuschlagsfaktor 1,6408 - werden die variablen Einzelkosten multipliziert und damit die Einheitspreise berechnet (s. Kalkulationsblatt 5).

Sinnvoller wäre der Einsatz der Deckungsbeitragsrechnung jedoch, wenn die Immergrün GmbH die Möglichkeit nutzen würde, Zuschlagsätze für den Soll-Deckungsbeitrag entsprechend den Marktpreisbedingungen auf verschiedenen Teilmärkten zu verwenden. Die Festlegung solcher Teilmärkte bleibt dem Unternehmer überlassen. Er könnte zum Beispiel differenzieren nach:

- den Auftraggebern (öffentliche, private, gewerbliche usw.)
- dem Anteil an Fremdleistungen (Eigenarbeit oder hoher Subunternehmeranteil)

Projektname:	Schulhof								
Mittellohn in €/min (ohne GB):	0,34	Berechnung der Angebotssumme:	Summe var. EK	30288,00					
			Summe var. GB	2772,00					
Nur zur Information			Summe var. Kosten	33060,00					
Summe der var. EK:			Zuschl. für Deckungsbeitrag	1,5032					
var. EK Lohn	11.968,00		einh. Zuschlagsfaktor:	1,6408					
var. EK Masch	2.860,00		Schlüsselkosten:	19.407,79					
var. EK Mat	15.460,00								
var. EK FL	0,00		Angebotsumme:	49.695,79					
var. EK Sonstiges	0,00								
Mannstunden:	586,67								

Position-Nr.	100									
Menge	Text	Kostenart	Preis frei B.	Verlustf.	Basispreis	Material Mengenfaktor	var. Einzel- kosten je LE	Lohn/Masch Leistg. in min	var. Einzel- kosten je LE	var. Einzel- kosten bei Pos.
1.300,00	m² Tragschicht	Lohn			0,34			4,00	1,36	1.768,00
		Lohn			0,34			0,00	0,00	0,00
	Maschine:	Radlader			0,55			4,00	2,20	2.860,00
	Maschine:				0,00			0,00	0,00	0,00
	Material:	Schotter	20,00	1,30	26,00	0,20	5,20			6.760,00
	Material:		0,00	1,00	0,00	0,00	0,00			0,00
	Material:		0,00	1,00	0,00	0,00	0,00			0,00
	Material:		0,00	1,00	0,00	0,00	0,00			0,00
	Sonstiges:				0,00	0,00	0,00			0,00
	Fremdleistg:								0,00	0,00
									Einheitspreis	Gesamtpreis
									14,37	18.681,00
							Summe variable EK Position:		11.388,00	

Position-Nr.	200									
Menge	Text	Kostenart	Preis frei B.	Verlustf.	Basispreis	Material Mengenfaktor	var. Einzel- kosten je LE	Lohn/Masch Leistg. in min	var. Einzel- kosten je LE	var. Einzel- kosten bei Pos.
1.000,00	m² Pflaster	Lohn			0,34			30,00	10,20	10.200,00
		Lohn			0,34			0,00	0,00	0,00
	Maschine:				0,00			0,00	0,00	0,00
	Maschine:				0,00			0,00	0,00	0,00
	Material:	Pflaster	7,50	1,02	7,65	1,00	7,65			7.650,00
	Material:	Sand	15,00	1,40	21,00	0,05	1,05			1.050,00
	Material:		0,00	1,00	0,00	0,00	0,00			0,00
	Material:		0,00	1,00	0,00	0,00	0,00			0,00
	Sonstiges:				0,00	0,00	0,00			0,00
	Fremdleistg:								0,00	0,00
									Einheitspreis	Gesamtpreis
									31,01	31.010,00
							Summe variable EK Position:		18.900,00	
									Netto:	49.691,00

[Neue Position anhangen] [Letzte Position löschen] [Bestimmte Position löschen]

Kalkulationsblatt 5: Deckungsbeiträge auf variable Kosten

- der Entfernung der Baustellen (bis 20 km, bis 100 km, über 100 km usw.)
- der Auftragsgröße (bis 20.000 €, bis 50.000 € usw.)
- der Art der erbrachten Leistung (Dachbegrünung, allgemeiner GaLaBau, Pflege usw.).

In jedem Fall kann der Unternehmer ermitteln, welcher Deckungsbeitrag auf jedem einzelnen Teilmarkt erwirtschaftet wurde, indem er von den erzielten Umsatzerlösen die dazu aufgewendeten variablen Kosten abzieht. Damit hat er eine wichtige Entscheidungshilfe für die weitere Planung der Unternehmensentwicklung.

Unterstellen wir einmal, die Immergrün GmbH nehme eine Differenzierung der Teilmärkte nach der Art der Leistung vor. Dieses Vorgehen ist allgemein im Garten- und Landschaftsbau verbreitet, wenn größere Betriebe selbständige Betriebsabteilungen oder Profit-Center über Soll-Deckungsbeiträge führen.

Die teilmarktbezogene Aufgliederung von Umsätzen und variablen Kosten des Gesamtbetriebes anhand der Nachkalkulation könnte folgendes Ergebnis zeigen (in Tsd. €):

	Neubau	Pflege	sonstige Dienstleistungen	aktivierte Eigenleistungen	Σ
Umsatz	1.541	205	72	(26)	1.844
variable Kosten	1.106	100	30	26	1.262
Deckungsbeitrag	435	105	42	-	582

Da ein Soll-Deckungsbeitrag von 635 erreicht werden soll, wird der zusätzlich notwendige Deckungsbeitrag von 53 nach den jeweiligen Chancen zur Verbesserung des Deckungsbeitrags auf die Teilmärkte verteilt und damit die Zuschlagsätze für den Soll-Deckungsbeitrag auf die variablen Kosten berechnet. In unserem Fall sieht das Unternehmen nur Verbesserungsmöglichkeiten im Neubau.

	Neubau	Pflege	sonstige Dienstleistungen	aktivierte Eigenleistungen	Σ
variable Kosten	1.106	100	30	26	1.262
Soll-Deckungsbeitrag	435 + 53 = 488	105	42	-	635
Zuschlagsatz in %	44,12	105,00	140,00	-	

Kalkuliert das Unternehmen nun das Bauvorhaben Schulhof mit dem Zuschlagsatz für Neubaumaßnahmen, dann ergeben sich folgende Preisveränderungen:

	Einheitspreis bei einem Zuschlagsatz für den Deckungsbeitrag von	
	50,32 %	44,12 %
Position 100	14,37	13,78
Position 200	31,01	29,73

In dieser Möglichkeit zur Berechnung marktgerechter Preise unter der Beachtung kostenrechnerischer Ziele im Gesamtunternehmen liegt der Wert der Deckungsbeitragsrechnung.

Die vorstehenden Ausführungen setzen den Deckungsbeitrag immer in ein Verhältnis zu den variablen Kosten. Weitere Möglichkeiten für den Kalkulator bestehen darin, den Deckungsbeitrag

- nur auf die Lohnstunden zu beziehen, so dass in der Angebotskalkulation die Lohnstunde mit einem Aufschlag für den zu erwirtschaftenden Deckungsbeitrag/ Stunde (in €) versehen wird. (Das entspricht einer extrem ungleichbelastenden Kalkulation, denn alle anderen Kostenarten erhalten keinen Zuschlag.);

- als prozentualen Anteil vom Umsatz auszudrücken, was jedoch für die Angebotskalkulation umständlich ist, weil ja zunächst die variablen Kosten ermittelt werden.

2.4 Auftragskalkulation und Arbeitskalkulation

Die bisher vorgeführten Berechnungen dienten zur Kalkulation von Preisen, die in ein Angebot eingesetzt werden können; der Kalkulator befindet sich also in der Phase der Angebotsvorbereitung und -abgabe.

Sollte das Angebot für den Auftraggeber interessant sein, wird er den Unternehmer zu Auftragsverhandlungen einladen. Die Auftrags- oder Vergabegespräche liefern als Ergebnis z. B. Informationen über:

- vom Auftraggeber gedrückte Preise (außer bei öffentlichen Auftraggebern)
- die gewünschte Art der Ausführung und des Materials bei Alternativpositionen
- einige auszuführende Bedarfspositionen
- zusätzlich erforderliche Leistungen
- gegenüber dem Leistungsverzeichnis geänderte Leistungen
- Terminvorgaben zum Baustellenablauf
- Gliederung in Arbeitsabschnitte entsprechend den Leistungen der Vorunternehmer.

Mit diesen Informationen kann die Angebotskalkulation fortentwickelt werden; sie wird dann zur so genannten „Auftragskalkulation".

Nach endgültiger Auftragserteilung beginnt dann im Betrieb die Phase der Arbeitsvorbereitung.

Kostenrechnerisch kann die Auftragskalkulation (oder - wenn diese nicht durchgeführt wurde - die Angebotskalkulation) nun weiter bearbeitet werden, denn jetzt

- kann die Kolonne zusammengestellt werden, die die Baumaßnahme abwickeln wird. Dementsprechend verändert sich der Mittellohn;
- kann mit Materiallieferanten und Subunternehmern noch einmal über deren Preise verhandelt werden, weil es jetzt nicht nur um eine Anfrage, sondern um eine konkrete Bestellung geht;
- wird geklärt, ob und welche Maschinen während der Bauzeit zur Verfügung stehen oder bereitgestellt werden müssen. Das schließt Überlegungen zur Gerätemiete und zum Subunternehmereinsatz ein;
- werden die Massen des Leistungsverzeichnisses aufgrund der Erkenntnisse aus den Vergabeverhandlungen angepasst;
- können die Gemeinkosten der Baustelle nach Art und Umfang besser abgeschätzt werden.

Dadurch werden die Daten der Angebots- bzw. Auftragskalkulation mit allen Informationen aktualisiert, die sich auf die tatsächlich auszuführende Leistung zur tatsächlichen Ausführungszeit mit den tatsächlich einzusetzenden betrieblichen Ressourcen unter den nunmehr besser bekannten Baustellenrahmenbedingungen ergeben; damit entsteht die „Arbeitskalkulation".

Adressat der Arbeitskalkulation ist die Baustellenleitung. Diese erhält mit der Arbeitskalkulation alle Informationen, die sie zur Disposition von Personal, Maschinen, Material und Subunternehmern im Hinblick auf ein positives Baustellenergebnis braucht. Dabei ist von besonderer Bedeutung die Vorgabe der kalkulierten Zeiten für den Personal- und Geräteeinsatz. Arbeitskalkulationen dienen dann auch als Basis für die Nachkalkulation beim Soll-Ist-Vergleich der Kosten.

Auftrags- und Arbeitskalkulationen sind im allgemeinen Bauwesen sehr verbreitet, werden jedoch im GaLaBau nur von wenigen Betrieben systematisch durchgeführt.

2.5 Verständnisfragen und Aufgaben zum Grundwissen

Einzelkosten Lohn:

1. Wie groß ist der kalkulatorisch anzusetzende Zeitwert, wenn eine Zeitwerttabelle einen Zeitansatz von 400 min/m³ Mauerwerk angibt, die Abrechnungseinheit im Leistungsverzeichnis jedoch m² ist? Die Mauer ist 1,25 m hoch und 0,24 m dick.

2. Wie veränderte sich der Baustellenmittellohn der Beispielsberechnung, wenn die beiden Landschaftsgärtner durch „Arbeitnehmer, älter als 18 Jahre" ersetzt würden?

3. Ein Kalkulator hat für die Position „3.000 m² Betonpflasterdecke (...) herstellen" einen Zeitwert von 18 min/Leistungseinheit kalkuliert. Wie lange wird eine aus sechs Arbeitskräften bestehende Kolonne für diese Arbeit benötigen?

Einzelkosten Geräte:

4. Wie hoch sind die Gerätekosten/h des unter Punkt 2.1.1 vorgestellten Radladers bei sechsjähriger Nutzungsdauer, einem angenommenen Restwert von 6.000 € und 700 Betriebsstunden im Jahr?

5. Welche Betriebsstundenzahl müsste der unter Punkt 2.1.1 vorgestellte Radlader im Jahr erreichen, wenn die Fixkosten unter 17 €/h gedrückt werden sollen?

Einzelkosten Material:

6. Wie hoch sind die Materialeinzelkosten der Leistungseinheit folgender Position:
„50 m Mauer aus senkrecht gesetzten Betonstelen 100/20/15 cm (...), b = 15 cm, in Betonfundament B 15, 50/50 cm, herstellen, Einbindetiefe der Stelen 30 cm", wenn eine Stele 25 € und ein Kubikmeter Beton 80 € frei Baustelle kostet?

7. Welche Materialeinzelkosten entstehen bei folgender Position: „10 m³ Substratgemisch aus zu lieferndem Oberboden, gewaschenem Sand 0/2 und Hygromull (...) im Volumenverhältnis 3 : 1 : 1 herstellen"?

Die Lieferkosten frei Baustelle betragen: 15 €/m³ Oberboden, 8 €/t Sand und 15 €/Sack Hygromull à 200 l.

8. Welchen Verlustfaktor sollte der Kalkulator bei einem Hochstamm ansetzen, wenn nur ein einziger Baum zu pflanzen ist?

Fremdleistungen:

9. Warum können Subunternehmer ihre Leistungen so günstig anbieten, dass der Hauptunternehmer selbst dann noch marktgängige Preise berechnen kann, wenn er auf das Subunternehmerangebot noch weitere Kosten und den Gewinnanspruch aufschlägt?

Gemeinkosten der Baustelle:

10. Wie hoch sind die Bauzinsen für einen Auftrag über 1,3 Mio € bei einem Vorfinanzierungszeitraum von geschätzten 1,5 Monaten und einem Kalkulationszinssatz von 9 %, wenn die finanzierungswirksamen Kosten etwa 60 % der Rechnungsbeträge ausmachen?

Kalkulatorischen Kosten:

11. Wie hoch ist die Kalkulatorische Verzinsung eines Unternehmens, wenn das Eröffnungsbilanzkonto folgende Werte ausweist:

    Grundstücke: 200.000 €, Gebäude: 300.000 €, Einzelkostengeräte: 30.000 € Fahrzeuge der Verwaltung: 30.000 €, Forderungen: 50.000 €, Bankguthaben: 15.000 €, Vorräte: 4.000 €. Das Schlussbilanzkonto zeigt beim Umlaufvermögen: Forderungen: 30.000 €; Bankguthaben: 25.000 €, Vorräte: 6.000 €.

    Der Kalkulator rechnet mit einem Zinssatz von 6 %.

Kalkulation mit vorbestimmten Zuschlagsätzen:

12. Wie groß ist bei der Immergrün GmbH im Rahmen der ungleichbelastenden Kalkulation mit vorbestimmten Zuschlagsätzen mit Kalkulex der einzugebende Zuschlagsatz auf die Lohnkosten, wenn der Kalkulator für die anderen Zuschlagsätze auf Einzelkosten jeweils 15 % vorgibt?

13. Kann es bei einer ungleichbelastenden Kalkulation mit vorbestimmten Zuschlagsätzen vorkommen, dass der Zuschlagsatz auf die Lohnkosten geringer ist als die anderen, vorgegebenen Zuschlagsätze?

Kalkulation über die Endsumme:

14. Versuchen Sie, den gleichbelastenden Zuschlagsatz für die Schlüsselkosten bei der Baustelle Schulhof zu berechnen, wenn die Baustellendauer auf 19 Tage geschätzt wird.

Deckungsbeitragsrechnung:

15. Worin besteht bei den Gerätekosten der Unterschied zwischen Einzelkosten und variablen Kosten?

16. Inhaltlich liegen die Begriffe „variable Kosten" und „Einzelkosten" sowie „Fixkosten" und „Gemeinkosten" eng beieinander. Finden Sie jedoch Beispiele für

    a) variable Kosten, die nicht Einzelkosten sind, und

    b) Fixkosten, die nicht Gemeinkosten sind.

17. Wie hoch ist der auf einer Baustelle bei einem Erlös von 200.000 € erzielte Deckungsbeitrag, wenn die Lohnkosten 80.000 €, die Materialkosten 70.000 € und die anteiligen Bauleiterkosten 4.000 € betragen?

3 Expertenwissen zur Angebotskalkulation

In diesem Kapitel wird das Grundwissen zur Angebotskalkulation in einigen für den erfolgreichen Unternehmer wesentlichen Bereichen vertieft. Begonnen wird zunächst mit inhaltlichen Ergänzungen zu den im Kapitel 2 vorgestellten Kostenarten und Kalkulationsverfahren.

3.1 Ergänzende Aspekte zu den Kostenarten und Kalkulationsverfahren

3.1.1 Einzelkosten Lohn

a) Bei der Mittellohnberechnung kann die Frage auftauchen:

Wie ist vorzugehen, wenn der Baustellenleiter (Ingenieur mit Gehalt) bzw. in Kleinstbetrieben der Unternehmer selbst produktiv mitarbeitet, d. h. abrechenbare Leistungen erbringt?

In diesem Fall ist aus dem Gehalt ein durchschnittlicher Stundensatz zu berechnen und in der Tabelle zu berücksichtigen. Verdient z. B. der teilweise mitarbeitende Baustellenleiter 2.700 €/Monat und arbeitet etwa 175 Stunden, so beträgt der zu berücksichtigende Stundensatz 15,43 €/h.

Damit würde sich folgender Baustellenmittellohn errechnen.

Anzahl	Lohn-Gruppe	Bezeichnung	Baustellenlohn = Tariflohn + Zulage	Gesamt €/h
1		Baustellenleiter (Ing.)	15,43 €/h	15,43
1	2	Vorarbeiter	14,50 €/h	14,50
2	4.1	La-Gärtner nach 3 Jahren	12,50 €/h	25,00
1	4.5	Gärtner nach 3 Jahren	11,50 €/h	11,50
2	7.1	Arbeitnehmer, älter als 18 Jahre	11,00 €/h	22,00
7				88,43

Der Baustellenmittellohn bei sieben Arbeitskräften beträgt dann:

88,43 €/h : 7 AK = 12,63 €/h   bzw. 0,21 €/min

Allerdings ist nun zu beachten, inwieweit der Baustellenleiter noch bei den Gemeinkosten der Baustelle zu berücksichtigen ist. Das ist davon abhängig zu machen, wie groß die Anteile für bauleiterische und produktive Arbeit sind. Erbringt der Baustellenleiter beispielsweise in etwa 40 % seiner Arbeitszeit abrechenbare Leistungen, so sind die restlichen 60 % (hier: 2.700 x 0,6 = 1.620 €/Monat) entsprechend dem gewählten Verfahren über die Gemeinkosten der Baustelle zu verrechnen. Ähnliches gilt für den produktiv arbeitenden Unternehmer: Der *Kalkulatorische Unternehmerlohn* ist um den Anteil der Arbeitszeit zu kürzen, in der der Unternehmer selbst abrechenbare Leistungen erbringt.

b) Die Zuschlagsatzberechnung der Landesverbände ist für den einzelnen Betrieb u. a. deshalb wenig brauchbar, weil die Anzahl der Ausfalltage (6 Tage Arbeitsbefreiung für jeden Mitarbeiter, 25 Tage Schlechtwetter, 14 Tage Krankheit) relativ hoch angesetzt ist.

Berechnet man den Zuschlagsatz alternativ, indem man die Krankheitstage auf 14, die tariflichen und betrieblichen Ausfalltage auf 3 und die Schlechtwettertage auf 10 reduziert, so ergeben sich 210 Arbeitstage.

Damit können in der Gegenüberstellung der Arbeitstage folgende Zuschlagsätze und Mittellöhne errechnet werden:

Arbeitstage im Jahr	Zuschlag für lohngebundene Kosten nach Verbandsschema	Baustellenmittellohn der Beispielkolonne
185,1	83,79 %	22,37 €/h
210	73,83 %	21,16 €/h

Es zeigt sich, wie kostensenkend (1,21 €/h) sich die Erhöhung der produktiven Arbeitstage im Unternehmen bereits auf der Kostenstufe der Einzelkosten auswirkt.

c) Um einen besseren Überblick über die Höhe, Art und Zusammensetzung der lohngebundenen Kosten zu erhalten, besteht die Möglichkeit, im Rahmen der innerbetrieblichen Leistungsverrechnung eine eigene Gemeinkostenstelle „Lohngebundene Kosten" (Kontenklasse 5) einzurichten. (Näheres dazu s. Kapitel 3.3).

d) Die im Bauvertrag vereinbarten Preise gelten prinzipiell für die gesamte vom Auftraggeber in den Verdingungsunterlagen angegebene Ausführungszeit. Somit muss der Kalkulator bereits bei der Angebotsabgabe sämtliche während der Bauzeit möglicherweise auftretenden Kostenerhöhungen berücksichtigen.

Dies kann bei länger andauernden Baumaßnahmen und besonders auch bei mehrjähriger Vertragsdauer, wie sie beispielsweise bei gärtnerischen Pflegearbeiten sinnvoll und üblich ist, dazu führen, dass der Einfluss künftiger Kostenerhöhungen nicht ohne großes Risiko abzuschätzen ist.

§ 9 Nr. 2 VOB/A fordert jedoch: *„Dem Auftragnehmer darf kein ungewöhnliches Wagnis aufgebürdet werden für Umstände und Ereignisse, auf die er keinen Einfluss hat und deren Einwirkung auf die Preise und Fristen er nicht im voraus schätzen kann."*

In solchen Fällen lässt die VOB/A die Möglichkeit zu, Modalitäten für Preisänderungen schon bei Vertragsabschluss zu vereinbaren. § 15 VOB/A besagt: *„Sind wesentliche Änderungen der Preisermittlungsgrundlagen zu erwarten, deren Eintritt oder Ausmaß ungewiss ist, so kann eine angemessene Änderung der Vergütung in den Verdingungsunterlagen vorgesehen werden. Die Einzelheiten der Preisänderungen sind festzulegen."*

Das geschieht durch die vertragliche Vereinbarung von Steuer-, Material- und Lohngleitklauseln.

Zur Anwendung bei öffentlichen Aufträgen gelten die vom Bundesministerium für Wirtschaft und Finanzen bekannt gemachten „Grundsätze zur Anwendung von Preisvorbehalten bei öffentlichen Aufträgen" (Bundesanzeiger vom 10.5.1972). In ihnen ist u. a. festgelegt, dass

- der Vereinbarung von festen Preisen ohne Preisvorbehalt der Vorzug zu geben ist
- Preisvorbehalte nur vereinbart werden dürfen, wenn der Zeitraum zwischen Angebotsabgabe und vorgesehenem Fertigstellungstermin mindestens zehn Monate beträgt
- in Fällen mit besonders hohem Wagnis dieser Mindestzeitraum sechs Monate beträgt
- die Preisgleitklausel sich nur auf den Teil der Leistung beziehen darf, der durch die Änderung der Kostenfaktoren betroffen ist
- Preisgleitklauseln erst wirksam werden dürfen, wenn ein bestimmter Mindestbetrag überschritten wird (Bagatellklausel)
- der Auftragnehmer in angemessener Höhe an den Kostensteigerungen zu beteiligen ist (Selbstbeteiligungsklausel)

Für die Kostenart Lohn werden in der Vergabepraxis üblicherweise die Änderungen bei Baustellenlöhnen, Gehältern und lohngebundenen Kosten durch Angabe eines Änderungssatzes berücksichtigt. Die Formel für den Änderungssatz lautet:

Dieser Änderungssatz bezog sich früher auf den maßgebenden Lohn in Pfennig und wurde daher „Pfennigklausel" genannt. Der Satz gibt an, um wie viel ‰ sich die Einheitspreise derjenigen Leistungen erhöhen sollen, die nach Wirksamwerden einer Erhöhung des maßgebenden Lohnes um einen Cent noch zu erbringen sind. Allerdings wird eine Kostenerhöhung nur dann zum Tragen kommen, soweit die sich ergebende Kostenmehrbelastung für den Auftragnehmer 0,5 % der Abrechnungssumme überschreitet (Bagatellklausel).

Dazu ein Rechenbeispiel (angelehnt an die Kalkulation mit vorbestimmten Zuschlagsätzen, Schulhof, s. Punkt 2.2.2):

Die Angebotssumme beträgt: 48.651 €

Der Lohnkostenanteil ist zu berechnen:

Lohn:
$(1.300 \times 4 \text{ min} + 1.000 \times 30 \text{ min}) \times 0{,}34 \text{ €/min} = 11.968 \text{ €}$

Bedienerkosten:
$1.300 \times 4 \text{ min} \times (22{,}10 + 1{,}11)/60 \text{ €/min} = 2.012 \text{ €}$

13.980 €

Damit beträgt der Lohnkostenanteil:
$13.980/48.651 = 28{,}735 \% = 287{,}35\ ‰$

Der zum Zeitpunkt der Angebotsabgabe maßgebende Ecklohn betrage: 10,92 €/h

Als Änderungssatz ergibt sich nach der oben genannten Formel:

$$\frac{287{,}35}{1092} = 0{,}26\ ‰$$

Das bedeutet, dass sich bei der Erhöhung des Ecklohnes um einen Cent die Einheitspreise der noch nicht ausgeführten Leistungen um 0,26 ‰ erhöhen werden. Dieser Satz wird allerdings bei Ausschreibungen regelmäßig dem Wettbewerb unterstellt, und die Unternehmen können günstigere Änderungssätze anbieten; diese Konditionen sind vom Auftraggeber bei der Wertung der Angebote zu berücksichtigen, wenn mit einer längeren Vertragsdauer zu rechnen ist.

Erhöht sich beispielsweise der Ecklohn im Verlauf der Baustelle um 4 % = 0,44 €/h auf 11,36 €/h und sind die Arbeiten der Position 200 noch auszuführen, ergäbe sich folgender Ausgleichsbetrag:

Prozentuale Änderung:
44 ct × 0,26 ‰ = 11,44 ‰ = 1,144 %

Erhöhung des Einheitspreises:
27,63 × 1,01144 = 27,95 €/m²

Mehrbetrag:
(27,95 €/m² − 27,63 €/m²) × 1.000 m² = 320 €

$$\frac{\text{Anteil der Personalkosten einschließlich lohngebundener Kosten der Angebotssumme [‰]}}{\text{maßgebender Lohn [ct]}}$$

Wenn damit ein vertraglich vereinbarter Bagatellbetrag überschritten wird, ist noch der Selbstbeteiligungsbetrag des Auftragnehmers (z. B. 0,5 % der Abrechnungssumme) abzuziehen:

48.310 € (angenommene Abrechnungssumme) x 0,005 = 241,55 €

Abzurechnender Mehrbetrag: 320 € - 241,55 € = 78,45 €

Kalkulatorisch bedeutsam ist die Situation, wenn durch die Ecklohnerhöhung die Bagatellgrenze nicht überschritten wird und der Auftragnehmer auf den Mehrkosten „sitzen bleibt". Wenn das bei Angebotsabgabe bereits erkennbar wird, sind die erwarteten Mehrkosten bereits bei der Angebotskalkulation einzurechnen (etwa durch eine Erhöhung des Minutenlohnes).

Es ist übrigens strittig, ob eine Bagatellklausel nach dem AGB-Gesetz überhaupt wirksam ist. So hat das LG München entschieden, dass diese Bagatellklausel gegen § 9 AGB-Gesetz verstößt und deshalb unwirksam ist, weil die Höhe des Selbsteinbehaltes für den Auftragnehmer bei Vertragsabschluss nicht kalkulierbar sei, da zu diesem Zeitpunkt nicht notwendigerweise die Abrechnungssumme feststeht (Urteil vom 29.10.1996, AZ.: 11 O 8041/96).

Bei mehrjährigen Verträgen werden die Änderungen jedes Jahr gegenüber dem maßgebenden Ecklohn addiert. Gäbe es beispielsweise im folgenden Jahr eine Erhöhung des Ecklohnes um 0,30 €/h, dann berechnete sich für das Jahr folgende Steigerung der Einheitspreise:

(44 ct + 30 ct) x 0,26 ‰ = 19,24 ‰ = 1,92 %

3.1.2 Einzelkosten Geräte

a) Von erheblicher Bedeutung bei der Entscheidung für die Anschaffung eines Einzelkostengerätes ist es, ob eine Betriebsstundenzahl erreicht wird, die den Stundensatz des Gerätes auf ein marktfähiges Maß begrenzt; andernfalls wird man auf Mietgeräte oder Subunternehmer zurückgreifen müssen.

Die nebenstehende Tabelle zeigt die Fixkosten/h für den unter Punkt 2.2.1.2 berechneten Radlader bei alternativem Ansatz unterschiedlicher Betriebsstunden und damit veränderten Restwerten:

Betriebs stunden/h	Geschätzter Restwert in €	Fixkosten	Fixkosten/h
400	10.000	15.475	38,69
850	4.000	16.450	19,35
1100	2.000	16.775	15,25

Bei Ansatz der steuerlichen Werte (Anschaffungskosten: 70.000 €, Nutzungsdauer: 4 Jahre) ergeben sich Fixkosten von 26.850 €/Jahr. Damit lässt sich die starke Verringerung des Stundensatzes mit zunehmender Betriebsstundenzahl folgendermaßen darstellen:

Betriebsstunden/J	400	500	600	700	800	900	1000	1100	1200
Fixkosten/h	67,13	53,70	44,75	38,36	33,56	29,83	26,85	24,41	22,38

Im Tiefbau gelten 1.000 Betriebsstunden für Erdbaumaschinen als guter Durchschnittswert; im GaLaBau werden auskömmliche Betriebsstundenzahlen allerdings häufig nicht erreicht.

b) Die Berechnungsschritte für Zeitwerte der Geräteleistung hängen naturgemäß von der Art des Gerätes und der zu erbringenden Leistung ab (Ladeleistung einer Erdbaumaschine, Verdichtungsleistung einer Walze, Schnittleistung eines Großflächenmähers usw.).

Die Leistungsberechnung wird aber in der Regel in vier Phasen vollzogen, deren wichtigste Parameter verallgemeinernd nun kurz angesprochen werden. Für detaillierte Berechnungen sei beispielsweise auf MÜLLER 2000, FROHMANN 1986, BAUER 1994, EYMER 1995 verwiesen; dort finden sich Diagramme und zusammenfassende Tabellen zu den folgenden Parametern der Geräteleistung.

■ Berechnung der theoretischen Leistung

Die theoretische Leistung ergibt sich aus den konstruktiven Möglichkeiten einer Maschine und den damit erzielbaren Zeiten für die Teilschritte der Leistung. Bei taktweise arbeitenden Geräten wird berechnet, wie viel Zeit für einen Arbeitstakt benötigt wird. Diese Zeit setzt sich beispielsweise bei einem Bagger beim Laden aus den Teilzeiten Rückschwenken, Senken des Auslegers, Füllen des Löffels, Heben des Auslegers, Schwenken und Entleeren zusammen. Teilt man eine Stunde durch diese so genannte Spielzeit, so erhält man die Spielzahl. Diese Spielzahl ergibt - multipliziert mit der Größe des Arbeitsgerätes - die theoretische Leistung pro Stunde. Bei permanent arbeitenden Geräten wird aus der Arbeitsgeschwindigkeit eine Flächenleistung (z. B. bei Mähgeräten) oder eine Streckenleistung (z. B. bei einer Grabenfräse) bestimmt.

■ Berechnung der Grundleistung

In diesem Schritt wird der Einfluss des zu bearbeitenden Materials auf die theoretische Leistung berücksichtigt. Das kann die Lösbarkeit oder Bearbeitbarkeit von Boden, die Höhe des zu mähenden Grases, die Güte abzubrechenden Betons usw. sein.

■ Berechnung der technischen Leistung

Nun wird die Grundleistung den Bedingungen des Einzelfalles angepasst. Beim Bagger werden jetzt der tatsächliche Schwenkwinkel, die tatsächliche Grabentiefe, die Entladeart (auf kleines Fahrzeug oder großen Haufen) und alle weiteren Bedingungen berücksichtigt, die die Leistung des Gerätes am konkreten Einsatzort beeinflussen.

■ Berechnung der Nutzleistung

Die technische Leistung zeigt die unter optimalen Bedingungen bei ununterbrochener Arbeit erzielbare

Leistung. Dieser Wert ist jedoch durch Abminderungsfaktoren auf die realen Baustellenbedingungen hin zu modifizieren. Solche Abminderungsfaktoren können sein:

- Zeiten für Pausen und unvorhergesehene Arbeitsunterbrechungen
- Witterungseinflüsse
- Qualität der Baustellenorganisation
- Zusammenspiel mit anderen Geräten in Maschinenketten
- Qualifikation und Motivation des Bedieners
- Alter und Zustand des Gerätes.

MÜLLER (2000, S. 97 f) nennt für verschiedene im GaLaBau gängige Maschinen Beispiele für die Größe der Abminderungsfaktoren des Wirkungsgrades. Steht somit die Nutzleistung (also die Leistung pro Zeiteinheit) fest, so kann daraus der Zeitwert (also der Zeitbedarf für eine Leistungseinheit) durch Bildung des Kehrwertes berechnet und in der Angebotskalkulation verwendet werden.

3.1.3 Einzelkosten Material

a) Die Tatsache, dass Verbrauchsstoffe mehrfach verwendet werden können, lässt sich kalkulatorisch bei den Einzelkosten in zweifacher Weise berücksichtigen (wenn diese Stoffe also nicht bei den Gemeinkosten der Baustelle verrechnet wurden):

- Man verändert den Preis der Liefereinheit, indem man ihn durch die Anzahl der vermuteten Nutzungen dividiert. Kostet etwa das Schalholz 30 €/m², und es wird geschätzt, dass es dreimal zu verwenden sein wird, dann reduziert sich die Kostenbelastung bei diesem Einsatz auf 30/3 = 10 €/m². In diesem Fall wird dann der volle Mengenfaktor für die Leistungseinheit angesetzt. Es wird also für 1 m² Schalung auch 1 m² Schalholz benötigt.

- Die Alternative besteht darin, den Preis der Liefereinheit unverändert zu lassen (30 €/m²), dafür aber die Mehrfachnutzung im Mengenfaktor auszudrücken. Dieser wird dann auf 1/3 = 0,33 reduziert.

Die Ergebnisse sind rechnerisch gleich, allerdings hat das erste Vorgehen den Vorteil, dass nach der Kalkulation in der vom Programm erstellten Materialbedarfliste die tatsächlich benötigte Menge an Schalholz ablesbar ist.

b) Bei Böden ist kalkulatorisch darauf zu achten, dass sie im Bauverlauf unterschiedliche Lagerungszustände einnehmen, die dann jeweils zu veränderten Volumina führen.

Gewachsener Boden erfährt beim Abtrag eine „anfängliche Auflockerung", die etwa auch bei der Abrechnung auf dem Transportfahrzeug zu berücksichtigen ist. Nach dem Einbau setzt sich der Boden wieder, es verbleibt aber eine geringe „bleibende Auflockerung". Wird der Boden jedoch beim Einbau verdichtet, so ist das Volumen geringer als an der Entnahmestelle; die bleibende Auflockerung hat einen negativen Wert. Anhaltspunkte dazu zeigt Tabelle 3.1.

c) Soll im Bauvertrag eine *Materialpreisgleitklausel* vereinbart werden, so sind zum Zeitpunkt des Vertragsabschlusses die Einkaufspreise frei Baustelle der wichtigsten Materialien als maßgebende Materialpreise zu fixieren. Analog zu den oben genannten Bestimmungen zur Lohngleitklausel ist auch bei Materialpreiserhöhungen eine Selbstbeteiligung vorgesehen. Unklar ist, ob im GaLaBau auch eine Erhöhung der Frachtkosten anrechnungsfähig ist. Nach DREES/PAUL (1998, S. 233 f) sind beim Hochbau die Frachtkosten von der Gleitung ausgeschlossen, während sie beim Straßen- und Wasserbau berücksichtigungsfähig sind. Materialpreiserhöhungen bei Stoffen, die der Auftragnehmer im eigenen Betrieb herstellt oder gewinnt (z. B. Pflanzen) können nicht weitergegeben werden.

Tab. 3.1: Volumenänderung durch Auflockerung (nach FROHMANN 1968, S. 91)

Boden-, Felsart	Anfängliche Auflockerung Volumen - %	Bleibende Auflockerung ohne Verdichtung Volumen - %	Bleibende Auflockerung mit Verdichtung Volumen - %
Sand	15-25	1-2	-5 bis -15
Kiessand	20-25	1-2	-5 bis -15
Kies	25-30	1-2	0 bis -8
Steinige B. mit Feinkorn	20-25	2-3	0 bis -15
Grobschluff	5-20	3-5	-5 bis -25
Schluff	15-25	4-6	-5 bis -15
Ton	20-30	5-8	2 bis -10
Kalkstein, Granit, Basalt	35-60		10 bis -35
Sandstein, Schiefer	30-55		10 bis -30

3.1.4 Einzelkosten Fremdleistungen

a) Anhand der Fremdleistungen lässt sich noch einmal der Vorteil der Kalkulation über die Endsumme ansprechen: Häufig treffen beim Subunternehmereinsatz die reinen Formen „Komplettleistung" oder „nur Lohn- bzw. Geräteeinsatz" nicht zu; vielmehr nimmt der Subunternehmer – was vorher vertraglich zu regeln ist – auch Teile der Gemeinkosten der Baustelle in Anspruch. So könnte etwa der Pflaster-Subunternehmer mit eigenen Gemeinkostengeräten (Radlader, Rüttelplatte, Schneidetisch) auf der Baustelle erscheinen oder aber auf diese Geräte des Hauptunternehmers zurückgreifen wollen und auch die Nutzung der Sanitär-Einrichtungen, die exakte Absteckung durch den Baustellenleiter des Hauptunternehmers usw. verlangen.

Bei der Kalkulation mit vorbestimmten Zuschlagsätzen wird einfach unbeirrt mit dem durchschnittlichen Zuschlagsatz für Gemeinkosten der Baustelle kalkuliert, während bei der Kalkulation über die Endsumme die tatsächlich auch für den Subunternehmereinsatz erforderlichen Gemeinkosten der Baustelle aufgelistet und dann im Rahmen der Schlüsselkosten umgelegt werden können. Dabei kann auch berücksichtigt werden, wenn der Hauptunternehmer dem Subunternehmer die zur Verfügung gestellten Einrichtungen und Geräte vereinbarungsgemäß in Rechnung stellen wird; diese Kosten sind dann aus der Liste der Gemeinkosten der Baustelle zu streichen.

b) Der Subunternehmereinsatz hat für das Unternehmen neben einigen marktbezogenen auch kostenrechnerische Vorteile:

- Subunternehmerkosten sind variabel, d. h., sie belasten das Unternehmen im Falle nachlassender Beschäftigung oder beim Ausbleiben des Auftrages nicht.

- Das Unternehmen kann mit seinen eigenen Beschäftigten dank des Subunternehmereinsatzes einen deutlich höheren Umsatz erwirtschaften und damit die Allgemeinen Geschäftskosten auf eine breitere Kostenbasis verteilen. Dadurch kann das Preisniveau des Betriebes insgesamt sinken.

c) Kostenrechnerische Nachteile entstehen beim Subunternehmereinsatz, wenn der Subunternehmer nicht die erwartete Fachkunde, Leistungsfähigkeit und Zuverlässigkeit zeigt:

- Nimmt der Subunternehmer die Arbeit zum vereinbarten Zeitpunkt nicht auf oder unterbricht er seine Arbeit willkürlich, kann es zu teuren Verzögerungen im Bauablauf kommen. Wird der Subunternehmer-Vertrag gekündigt, so ist unter Zeitdruck ein dann womöglich teurerer Subunternehmer als Ersatz zu suchen. Die entstehenden Mehrkosten sind oft beim säumigen Subunternehmer nicht einzutreiben.

- Gelegentlich kommen Subunternehmer ihren Gewährleistungsverpflichtungen nicht nach. Das kann teuer werden, wenn die vereinbarte Sicherheitsleistung zur Regulierung der Gewährleistungsansprüche nicht ausreicht, denn der Hauptunternehmer ist dem Auftraggeber gegenüber zur Gewährleistung voll verpflichtet.

3.1.5 Kalkulatorische Kosten

a) Höhe des Kalkulatorischen Unternehmerlohnes

Wenn ein der Betriebsgröße angemessenes Geschäftsführergehalt als Anhaltspunkt für die Höhe des Kalkulatorischen Unternehmerlohnes herangezogen werden soll, stellt sich die Frage nach dessen Höhe. Bei einem BGL-Betriebsvergleich aus dem Jahr 1997 (unveröffentlicht) ergaben sich in etwa folgende Jahreswerte als Größenordnung:

bis 10 AK	51.000 €
bis 20 AK	53.000 €
bis 30 AK	75.000 €

Im produzierenden Gartenbau wird die Berechnung nach folgender Formel vollzogen (Zirka-Werte): 28.000 € (Grundlohn) + 130 € je 5.000 € Umsatz.

Damit ergaben sich bei einem Betriebsvergleich des Verbandes Garten-, Landschafts- und Sportplatzbau Rheinland e.V. für das Jahr 1998 folgende Durchschnittswerte (VGLR 1999, S. 32 ff):

bis 15 AK	41.000 €
bis 30 AK	68.000 €
über 30 AK	183.000 €

b) Berücksichtigung des Fremdkapitals bei der Kalkulatorischen Verzinsung

Das unter Punkt 2.2.1 vorgestellte Schema zielt auf die Berechnung des betriebsnotwendigen Kapitals. Bei den Wertansätzen für die einzelnen Vermögensgegenstände sind für kalkulatorische Zwecke allerdings nicht einfach nur die entsprechenden Bilanzpositionen heranzuziehen, denn diese enthalten auch für die betriebliche Tätigkeit nicht notwendige Vermögensteile und sind nach dem Steuerrecht zusammengestellt und bewertet worden; diese Bewertungen sind jedoch – wie z. B. bei den Restbuchwerten der Vermögensgegenstände des abnutzbaren Anlagevermögens – kalkulatorisch nicht sinnvoll zu verwenden. Deshalb ist jede Bilanzposition auf Betriebsnotwendigkeit und auf die Bewertung zu überprüfen, bevor sie dem betriebsnotwendigen Kapital zugeordnet wird.

Von dem derart berechneten Betrag für die Kalkulatorische Verzinsung sind die tatsächlich gezahlten Zinsen für Fremdkapital abzuziehen, weil diese Zinsen als Betriebsausgabe Teil der Allgemeinen Geschäftskosten sind. (Dabei ist - wie auch in dem Schema - stets die besondere Behandlung der Geräteverzinsung zu beachten.) Hat das Unternehmen einen sehr großen Anteil an Fremdkapital, wird man den Kalkulationszinssatz von den 6 % (für die alternative Anlage des Eigenkapitals) in Richtung auf den Marktzins für Fremdkapital verändern müssen, damit eine Verzinsung des Eigenkapital verbleibt. Hat beispielsweise ein Unternehmen ein betriebsnotwendiges Kapital von 500.000 € und Darlehen in Höhe von 300.000 €, für die es 10 % Zinsen bezahlt, dann würde die Kalkulatorische Verzinsung von 500.000 x 0,06 = 30.000 € genau den tatsächlich zu zahlenden Zinsen von 300.000 € x 0,10 = 30.000 € entsprechen; das eingesetzte Eigenkapital bliebe dann ohne kalkulatorische Verzinsung. In der Betriebswirtschaftslehre wird deshalb ein gemischter Zinssatz - hier etwa 8 % - vorgeschlagen.

c) Zur Vermeidung von Doppelerfassungen

Im Hinblick auf die bereits erwähnte Notwendigkeit, die Kalkulatorischen Kosten, bei denen ja sehr weite Ansatzspielräume bestehen, nicht zu sehr aufzublähen, ist besonders darauf zu achten, dass Doppelerfassungen vermieden werden. So sollten beispielsweise

- Wagnisse nur für Risiken angesetzt werden, die nicht durch Versicherungen abgedeckt sind, denn deren Prämien sind als Betriebsausgaben Teil der Allgemeinen Geschäftskosten oder der Geräte-Verrechnungssätze
- Aufwendungen des Betriebes in der Gewinn- und Verlustrechnung für Instandhaltungen am gepachtetem Gelände oder Gebäude, die normalerweise Sache des Verpächters sind, von der Kalkulatorischen Pacht abgezogen werden
- Alle Teile von Abschreibungen und Verzinsungen, die in den verschiedenen Verrechnungssätzen für

Geräte enthalten sind und deshalb über die kalkulierten Einzelkosten bzw. Gemeinkosten der Baustelle bereits erfasst sind und daher über die Preise erwirtschaftet werden, nicht nochmals als Kalkulatorische Kosten den Allgemeinen Geschäftskosten zugerechnet werden.

3.1.6 Zur Berechnung der Zuschlagsätze in der Vollkostenrechnung

Eine wesentliche Voraussetzung zur Berechnung der Zuschlagsätze für die Angebotskalkulation besteht darin festzustellen, welche Kosten im Unternehmen überhaupt anfallen und wie diese Kosten den Kostenarten zuzuordnen sind. Nur wenn der Kalkulator weiß, welche Kosten im Unternehmen Einzelkosten und welche Kosten Gemeinkosten sind, ist er überhaupt in der Lage, die Zuschlagsätze für die Gemeinkosten auf die Einzelkosten zu bestimmen.

Informationen darüber können aus der Gewinn- und Verlustrechnung des Vorjahres, aus der Betriebswirtschaftlichen Auswertung (BWA) oder ggf. im Rahmen einer systematisch fortgeführten Plankostenrechnung gewonnen werden.

Eine solche Kostenzuordnung sei am Beispiel der (stark zusammengefassten) Gewinn- und Verlustrechnung des Unternehmens GaLaBau Immergrün GmbH erläutert. Der Betrieb hat 24 Mitarbeiter, davon vier in der Verwaltung. Die Zahlen entsprechen nach ihrer Größenordnung in etwa einem bundesweiten Betriebsvergleich des BGL 1997.

In der letzten Spalte ist die Zuordnung in die Gruppen: U = Umsatz, AGK = Allgemeine Geschäftskosten, KK = Kalkulatorische Kosten, GB = Gemeinkosten der Baustelle, EL = Einzelkosten Lohn, EG = Einzelkosten Geräte, EM = Einzelkosten Material, EF = Einzelkosten Fremdleistung angegeben.

Tab. 3.2: Betriebliche Kostenzuordnung bei der Vollkostenrechnung

Gewinn- und Verlustrechnung 2001   **GaLaBau Immergrün GmbH**

Nr.	Kto	Bezeichnung	Ausgewiesener Wert in Tsd. €	Kalkulatorische Aufgliederung	Kostenzuordnung
1.		Umsatzerlöse			
	8450	Umsatzerlöse Neubau	1.490		U
	8460	Umsatzerlöse Pflege	205		U
	8490	Erlöse sonstige Dienstleistungen	72		U
2.		Bestandsveränderungen unfertige Leistungen			
	8970	Bestandsveränderungen unfertige Leistungen	51		U
		Hier handelt es sich um die Leistungsabgrenzung der Baustellen zum Jahresende. Der Wert der erbrachten Leistung ist kostenrechnerisch den Erlösen zuzurechnen, da auch die Kosten verbucht wurden.			

Nr.	Kto	Bezeichnung	Ausgewiesener Wert in Tsd. €	Kalkulatorische Aufgliederung	Kostenzuordnung
3.		Andere aktivierte Eigenleistungen			
	8990	Aktivierte Eigenleistungen	26		U
		Hierbei kann es sich beispielsweise um die selbst durchgeführte Pflasterung des Betriebshofes handeln. Diese Maßnahme ist kostenrechnerisch wiederum den Erlösen zuzuordnen, weil auch die Herstellkosten gewinnmindernd verbucht wurden.			
4.		Sonstige betriebliche Erträge			
	8820	Erlöse Anlagenverkauf	15		KK
		Beim Verkauf von Anlagevermögen (z. B. Maschinen) entstehen von Jahr zu Jahr ganz unterschiedliche Beträge, teils als Buchgewinn oder als Buchverlust. Die Zuordnung erfolgt deshalb zum Kalkulatorischen Wagnis.			
5.		Materialaufwand			
	4010	Pflanzen	62		
		Der Pflanzenaufwand ist zu differenzieren in - Einzelkosten (Pflanzen für abrechenbare Leistungen) - Pflanzen, die im Rahmen von Gewährleistungen beschafft werden mussten. Diese sind dem Gewährleistungswagnis zuzuordnen.		60 2	EM KK
	4040	Baustoffe	384		
		Die Baustoffe wurden für unterschiedliche Zwecke verwendet: - bei abrechenbaren Leistungen - bei Arbeiten im Rahmen der Baustelleneinrichtung (z. B. Lagerplatz), die Nebenleistung waren. Das erfordert die Zuordnung zu den Gemeinkosten der Baustelle - bei Gewährleistungsarbeiten. Hier ist daher die Zuordnung zum Gewährleistungswagnis vorzunehmen.		364 10 10	EM GB KK
	4410	Fremdleistungen	165		EF
6.		Personalaufwand			
	4111	Löhne gewerblicher Arbeitnehmer der Baustelle	404		
		Diese Löhne teilen sich nach den Tagesberichten auf unterschiedliche Zeiten auf, die kalkulatorisch entsprechend zuzuordnen sind: - Lohnaufwand bei abrechenbaren Leistungen - bei Arbeiten im Rahmen von Gemeinkosten der Baustelle - bei Gewährleistungsarbeiten - für unproduktive Zeiten (Urlaub, Feiertage, Krankheit, Wegezeiten) - Lohn des Maschinenbedieners ist im Verrechnungssatz der Einzelkostengeräte enthalten, daher hier auch die Zuordnung zu den Geräten		287 18 2 67 30	EL GB KK EL EG
	4113	Gehalt Baustellenleiter incl. Nebenkosten	50		GB
	4130	Gesetzliche tarifliche Aufwendungen für gewerbliche Arbeitnehmer	152		
		Auch diese Aufwendungen sind entsprechend der Lohnzuordnung bei 4111 zu verteilen: - bei abrechenbaren Leistungen - bei Arbeiten im Rahmen von Gemeinkosten der Baustelle - bei Gewährleistungsarbeiten - bei unproduktiven Zeiten - beim Maschinenbediener		114 7 1 20 10	EL GB KK EL EG
	4122	Gehälter Nichtbaustelle incl. Sozialaufwand	64		AGK
	4127	Gehalt Geschäftsführer incl. Sozialaufwand	62		AGK
7.		Abschreibungen			
	4836	AfA Einzelkostengeräte und LKW	64		
		Hier wird nicht die steuerliche, sondern die Kalkulatorische Abschreibung angesetzt.		50	EG
	4837	AfA PKW, Transporter, Gemeinkostengeräte	18		
		Hier wird ebenfalls der kalkulatorische Wert angesetzt.		15	GB

Nr.	Kto	Bezeichnung	Ausgewiesener Wert in Tsd. €	Kalkulatorische Aufgliederung	Kostenzuordnung
8.		Sonstige betriebliche Aufwendungen			
	4220	Pacht	43		AGK
	4280	Sonstige Raumkosten	7		AGK
	4360	Betriebliche Versicherungen	23		AGK
	4420	Kosten Einzelkostengeräte und LKW	73		EG
	4460	Leasingkosten LKW	18		EG
	4425	Kosten Gemeinkostengeräte, Transporter	24		GB
	4484	Kippgebühren	13		GB
	4611	Werbung	11		AGK
	4910	Sachkosten der Verwaltung	15		AGK
	4951	Steuerberatungskosten	10		AGK
	4953	Rechtsberatungskosten	5		AGK
11.		Sonstige Zinsen			
	2655	Zinsen Festgelder	3		KK
		Zinsen werden bei der Kalkulatorischen Verzinsung gerechnet.			
13.		Zinsen und ähnliche Aufwendungen			
	2120	Zinsen für Gerätefinanzierung	8		
		Es handelt sich um Zinsen für ein Einzelkostengerät; es wird hier die Kalkulatorische Verzinsung aller Einzelkostengeräte angesetzt.		25	EG
14.		Ergebnis der gewöhnlichen Geschäftstätigkeit	187		
18.		Abzugsfähige Steuern vom Einkommen und Ertrag			
	4320	Gewerbesteuer	20		AGK
19.		Sonstige Steuern			
	4511	Kfz-Steuern PKW und Transporter	6		GB
	4512	Kfz-Steuern LKW	8		EG
20.		Jahresüberschuss	153		

Bevor es an die Zusammenfassung der Kosten in den Gruppen geht, sind zunächst die Kalkulatorischen Kosten zu prüfen:

Kalkulatorische Verzinsung:
(mit angenommenen Beträgen)

nicht abnutzbares Anlagevermögen:	nicht vorhanden
abnutzbares Anlagevermögen:	170
(Darin sind nicht die Einzelkostengeräte enthalten, denn deren Verzinsung ist Teil des Verrechnungssatzes.)	
betriebsnotwendiges Anlagevermögen	170
betriebsnotwendiges Umlaufvermögen	210
betriebsnotwendiges Vermögen	380
Abzugskapital	nicht vorhanden
betriebsnotwendiges Kapital	380

Kalkulatorische Zinsen bei einem Zinssatz von 6 %:
380 x 0,06 = 23

Kalkulatorische Pacht:
nicht ansetzbar, denn es wird tatsächlich Pacht bezahlt.

Kalkulatorischer Unternehmerlohn:
nicht ansetzbar, denn das Geschäftsführergehalt ist bereits Betriebsausgabe.

Kalkulatorische Abschreibungen:
nicht gesondert ansetzbar, weil sie als Teil des Verrechnungssatzes bei den Einzelkostengeräten erfasst oder den Gemeinkosten der Baustelle zugeordnet sind.

Kalkulatorische Wagnisse:
nicht die in der obigen Gewinn- und Verlustrechnung ausgewiesenen Beträge werden herangezogen, sondern langjährige Durchschnittswerte:

Gewährleistungswagnis: 40
Forderungswagnis: 25
Anlagewagnis: 10

Summe der Kalkulatorischen Kosten:
23 + 40 + 25 + 10 = 98.

Dieser Betrag ist den Allgemeinen Geschäftskosten zuzurechnen.

Zusammenfassung der Kosten zu den Kostenarten:

Einzelkosten Lohn:	287 + 67 + 114 + 20 =	488
Einzelkosten Geräte:	30 + 10 + 50 + 73 + 18 + 25 + 8 =	214
Einzelkosten Material:	60 + 364 =	424
Einzelkosten Fremdleistungen:		165
Summe der Einzelkosten:		1.291
Gemeinkosten der Baustelle:	10 + 18 + 50 + 7 + 15 + 24 + 13 + 6 =	143
Herstellkosten:		1.434
Allgemeine Geschäftskosten:	64 + 62 + 43 + 7 + 23 + 11 + 15 + 10 + 5 + 20 + 98 =	358
Selbstkosten:		1.792
Erlöse:	1.490 + 205 + 72 + 51 + 26 =	1.844
Gewinn unter Berücksichtigung Kalkulatorischer Kosten:		52
Gewünschter Gewinn:		105

Nachdem die Positionen der Gewinn- und Verlustrechnung den Kostenarten auf diese Weise zugeordnet und die Summen gebildet wurden, kann der Kalkulator sich mit diesem Zahlenwerk an die unter Punkt 2.2.2 geschilderte Berechnung der Zuschlagsätze machen.

Einige weitere Hinweise:

- Die oben vorgenommene Aufteilung einiger Konten in unterschiedliche Kostenarten (wie z. B. bei den Lohnkosten) kann sich der Kalkulator erleichtern, indem er eigene Konten mit den Bezeichnungen „Gemeinkosten der Baustelle", „Gewährleistungsarbeiten", „Wegezeiten" usw. einrichtet und auf diesen die Angaben aus den Tagesberichten laufend verbucht.

- Auch die Zuordnung der Kosten zu den Kostenarten muss bereits die Weiterverwendung der Daten im Kalkulationsprogramm berücksichtigen.

    Beispiele:
    - Die oben vorgenommene Zuordnung der Lohnkosten des Maschinenbedieners zu den Einzelkosten Geräte ist nur richtig, wenn das verwendete Kalkulationsprogramm den Zuschlagsatz für Geräte auf die Gerätekosten einschließlich des Bedieners aufschlägt (wie bei Kalkulex). Bezieht das Programm den Zuschlagsatz für Geräte nur auf die Gerätekosten und schlägt auf den Bediener den Zuschlagsatz für den Lohn auf (wie bei BusinessV6), dann müssen in der obigen Zusammenstellung die Bedienerkosten auch den Einzelkosten Lohn zugeordnet werden.
    - Das oben aufgeführte nicht abnutzbare Anlagevermögen beinhaltet auch den Restbuchwert der Gemeinkostengeräte. Dessen Verzinsung ist allerdings nur bei den Kalkulatorischen Kosten zu berücksichtigen, soweit sie nicht – etwa bei der Kalkulation über die Endsumme – in den Verrechnungssätzen der Gemeinkostengeräte, die bei der Abschätzung der Gemeinkosten der Baustelle verwendet werden, enthalten sind. (Diese Effekte wurden in den Beispielen zur Zuschlagsberechnung vernachlässigt, um die Berechnung nicht zu kompliziert zu gestalten.)

- Allgemein sollte die Zuschlagsatzberechnung nur in Zeitabschnitten von etwa einem Jahr durchgeführt werden und die Zuschläge dann unverändert verwendet werden. Allerdings sollte bei kostenträchtigen Veränderungen im Unternehmen im Jahresverlauf wie beispielsweise die Einstellung eines zusätzlichen Bauleiters, der mit PKW und sonstiger Ausstattung vielleicht 60.000 € kostet, eine Neuberechnung durchgeführt werden. Das würde beispielsweise bei der gleichbelastenden Kalkulation mit vorbestimmten Zuschlagsätzen mit Kalkulex eine Erhöhung des Zuschlagsatzes für Allgemeine Geschäftskosten sowie Wagnis und Gewinn auf die Herstellkosten von 32,29 % auf

$$\frac{(358 + 60 + 105) \times 100}{1.434} = 36{,}47\ \% \text{ bewirken.}$$

Leichte allgemeine Preis- oder Tariferhöhungen wirken sich nicht so stark auf die Zuschlagsätze aus, weil in der Regel sowohl die Einzelkosten als auch die Gemeinkosten in der gleichen Richtung davon betroffen sind.

3.1.7 Deckungsbeitragsrechnung

a) Berechnung des Zuschlagsatzes

Zur Berechnung des Zuschlagsatzes für den Soll-Deckungsbeitrag auf die variablen Kosten kann wiederum auf die bekannte Gewinn- und Verlustrechnung zurückgegriffen werden. Die Kostenzuordnung in der rechten Spalte erfolgt nunmehr in: U = Umsatz, KK = Kalkulatorische Kosten, Kv = variable Kosten und Kf = Fixkosten.

Tab. 3.3: Betriebliche Kostenzuordnung in der Deckungsbeitragsrechnung

Gewinn- und Verlustrechnung 2001 **GaLaBau Immergrün GmbH**

Nr.	Kto	Bezeichnung	Ausgewiesener Wert in Tsd. €	Kalkulatorische Aufgliederung	Kostenzuordnung
1.		Umsatzerlöse			
	8450	Umsatzerlöse Neubau	1.490		U
	8460	Umsatzerlöse Pflege	205		U
	8490	Erlöse sonstige Dienstleistungen	72		U
2.		Bestandsveränderungen unfertige Leistungen			
	8970	Bestandsveränderungen unfertige Leistungen	51		U
3.		Andere aktivierte Eigenleistungen			
	8990	Aktivierte Eigenleistungen	26		U
4.		Sonstige betriebliche Erträge			
	8820	Erlöse Anlagenverkauf	15		KK
5.		Materialaufwand			
	4010	Pflanzen	62		
		Der Pflanzenaufwand ist zu differenzieren in - Einzelkosten (Pflanzen für abrechenbare Leistungen) - Pflanzen, die im Rahmen von Gewährleistungen beschafft werden mussten. Diese sind dem Gewährleistungswagnis zuzuordnen.		60 2	Kv KK
	4040	Baustoffe	384		
		Die Baustoffe wurden für unterschiedliche Zwecke verwendet: - bei abrechenbaren Leistungen - bei Arbeiten im Rahmen der Baustelleneinrichtung (z. B. Lagerplatz), die Nebenleistung waren - bei Gewährleistungsarbeiten. Hier ist daher die Zuordnung zum Gewährleistungswagnis vorzunehmen.		364 10 10	Kv Kv KK
	4410	Fremdleistungen	165		Kv
6.		Personalaufwand			
	4111	Löhne gewerblicher Arbeitnehmer der Baustelle	404		
		Diese Löhne teilen sich nach den Tagesberichten auf unterschiedliche Zeiten auf, die kalkulatorisch entsprechend zuzuordnen sind: - Lohnaufwand bei abrechenbaren Leistungen - bei Arbeiten im Rahmen von Gemeinkosten der Baustelle - bei Gewährleistungsarbeiten - für unproduktive Zeiten (Urlaub, Feiertage, Krankheit, Wegezeiten) - Lohn des Maschinenbedieners		287 18 2 67 30	Kv Kv KK Kv Kv
	4113	Gehalt Baustellenleiter incl. Nebenkosten	50		Kf
	4130	Gesetzliche tarifliche Aufwendungen für gewerbliche Arbeitnehmer	152		
		Auch diese Aufwendungen sind entsprechend der Lohnzuordnung bei 4111 zu verteilen: - bei abrechenbaren Leistungen - bei Arbeiten im Rahmen von Gemeinkosten der Baustelle - bei Gewährleistungsarbeiten - bei unproduktiven Zeiten - beim Maschinenbediener		114 7 1 20 10	Kv Kv KK Kv Kv

Expertenwissen zur Angebotskalkulation

Nr.	Kto	Bezeichnung	Ausgewiesener Wert in Tsd. €	Kalkulatorische Aufgliederung	Kostenzuordnung
	4122	Gehälter Nichtbaustelle incl. Sozialaufwand	64		Kf
	4127	Gehalt Geschäftsführer incl. Sozialaufwand	62		Kf
7.		Abschreibungen			
	4836	AfA Einzelkostengeräte und LKW	64		
		Hier wird nicht die steuerliche, sondern die Kalkulatorische Abschreibung angesetzt.		50	KK
	4837	AfA PKW, Transporter, Gemeinkostengeräte	18		
		Hier wird ebenfalls der kalkulatorische Wert angesetzt.		15	KK
8.		Sonstige betriebliche Aufwendungen			
	4220	Pacht	43		Kf
	4280	Sonstige Raumkosten	7		Kf
	4360	Betriebliche Versicherungen	23		Kf
	4420	Kosten Einzelkostengeräte und LKW	73		Kv
	4460	Leasingkosten LKW	18		Kf
	4425	Kosten Gemeinkostengeräte, Transporter	24		Kv
	4484	Kippgebühren	13		Kv
	4611	Werbung	11		Kf
	4910	Sachkosten der Verwaltung	15		Kf
	4951	Steuerberatungskosten	10		Kf
	4953	Rechtsberatungskosten	5		Kf
11.		Sonstige Zinsen			
	2655	Zinsen Festgelder	3		KK
		Zinsen werden bei der Kalkulatorischen Verzinsung gerechnet.			
13.		Zinsen und ähnliche Aufwendungen			
	2120	Zinsen für Gerätefinanzierung	8		
		Es handelt sich um Zinsen für ein Einzelkostengerät; es wird hier die Kalkulatorische Verzinsung aller Einzelkostengeräte angesetzt.		25	KK
14.		Ergebnis der gewöhnlichen Geschäftstätigkeit	187		
18.		Abzugsfähige Steuern vom Einkommen und Ertrag			
	4320	Gewerbesteuer	20		Kf
19.		Sonstige Steuern			
	4511	Kfz-Steuern PKW und Transporter	6		Kf
	4512	Kfz-Steuern LKW	8		Kf
20.		Jahresüberschuss	153		

Prüfung der Kalkulatorischen Kosten:

Kalkulatorische Verzinsung:
(mit angenommenen Beträgen)

nicht abnutzbares Anlagevermögen:	nicht vorhanden
abnutzbares Anlagevermögen (ohne Einzelkostengeräte):	170
betriebsnotwendiges Anlagevermögen	170
betriebsnotwendiges Umlaufvermögen	210
betriebsnotwendiges Vermögen	380
Abzugskapital	nicht vorhanden
betriebsnotwendiges Kapital	380

Kalkulatorische Zinsen bei einem Zinssatz von 6 %:
380 x 0,06 = 23

zuzüglich Kalkulatorische Zinsen für die Einzelkostengeräte: 25

Kalkulatorische Pacht:
nicht ansetzbar, denn es wird tatsächlich Pacht bezahlt.

Kalkulatorischer Unternehmerlohn:
nicht ansetzbar, denn das Geschäftsführergehalt ist bereits Betriebsausgabe.

Kalkulatorische Abschreibungen:
50 + 15 = 65

Kalkulatorische Wagnisse:
nicht die in der obigen Gewinn- und Verlustrechnung ausgewiesenen Beträge werden herangezogen, sondern langjährige Durchschnittswerte:

Gewährleistungswagnis: 40
Forderungswagnis: 25
Anlagewagnis: 10

Summe der Kalkulatorischen Kosten:
23 + 25 + 65 + 40 + 25 + 10 = 188.

Dieser Betrag ist den Fixkosten zuzurechnen.

Summenbildung entsprechend der Deckungsbeitragsrechnung:

Umsatz:	1.490 + 205 + 72 + 51 + 26 =	1.844
variable Kosten:	60 + 364 + 10 + 165 + 287 + 18 + 67 + 30 + 114 + 7 + 20 + 10 + 73 + 24 + 13 =	1.262
Deckungsbeitrag:		582
Fixkosten:	188 (= KK) + 50 + 64 + 62 + 43 + 7 + 23 + 18 + 11 + 15 + 10 + 5 + 20 + 6 + 8 =	530
Gewinn bei Ansatz Kalkulatorischer Kosten:		52
Gewünschter Gewinn:		105

Da der erreichte Gewinn um 105 − 52 = 53 zu gering ausgefallen ist, muss künftig ein Soll-Deckungsbeitrag von 582 + 53 = 635 erwirtschaftet werden. Damit berechnet sich ein Zuschlagsatz für den Soll-Deckungsbeitrag auf die variablen Kosten - wie unter Punkt 2.3.2 bereits gezeigt wurde - von

$$Z = \frac{635 \times 100}{1.262} = 50{,}32\,\%$$

Bei Verwendung dieses Zuschlagsatzes werden alle Kosten mit einem einheitlichen Prozentsatz für Soll-Deckungsbeiträge belastet.

Das Übungsprogramm Kalkulex bietet aber zusätzlich die Möglichkeit, die Soll-Deckungsbeiträge ausschließlich auf die variablen Lohnkosten zu beziehen. Als Begründung für dieses Vorgehen wird angeführt, dass Deckungsbeiträge grundsätzlich durch den Einsatz der menschlichen Arbeitskraft erwirtschaftet werden und deshalb der Zuschlag für den Deckungsbeitrag auch nur auf die Lohnkosten bezogen werden sollte. Dabei sind jedoch die Hinweise beim Start des Arbeitsblattes zu beachten (s. Abb. 3.1), die aus folgenden Gründen notwendig sind:

- Zu den variablen Lohnkosten zählen auch die Lohnkosten der Bediener der Einzelkostengeräte. Diese Zuordnung unterscheidet sich von den anderen Verfahren in Kalkulex, weil dort die Lohnkosten der Bediener als Teil der Gerätekosten behandelt wurden. Als Konsequenz daraus ist auf dem Arbeitsblatt der Lohn für den Bediener in einer weiteren Lohnzeile einzugeben, während der Minutensatz für die Einzelkostengeräte nun den Bediener nicht mehr enthält. Dadurch wird der Soll-Deckungsbeitrag auf alle variablen Lohnkosten aufgeschlagen.

Für den Radlader ergibt sich damit folgender Verrechnungssatz:

Reparaturkosten: 3,35 €/h
Kraftstoffkosten: 5,95 €/h
Schmierstoffkosten: 0,60 €/h
9,90 €/h = 0,17 €/min

- Der Zuschlagsatz für den Soll-Deckungsbeitrag soll auf die Summe aller variablen Lohnkosten berechnet werden und nicht etwa nur auf die variablen Lohneinzelkosten. Das ist erforderlich, weil das Programm diesen Zuschlagsatz auch wieder auf die variablen Lohneinzelkosten und auf die variablen Lohnkosten, die im Rahmen der Gemeinkosten der Baustelle anfallen, aufschlägt.

variable Lohneinzelkosten
= variable Lohnkosten
bei abrechenbaren
Leistungen

variable Lohngemeinkosten
= variable Lohnkosten
bei den Gemeinkosten
der Baustelle

→ Soll-Deckungsbeitrag auf die variablen Lohnkosten

Wichtiger Hinweis

⚠ Die Kalkulation geht hier davon aus, dass
- die Bediener der Einzelkostengeräte bei den Lohnkosten erfasst werden,
- bei der betrieblichen Zuschlagsatzberechnung das Verhältnis der Deckungsbeiträge zu den Lohnkosten der gewerblichen Arbeitnehmer (ohne Unterscheidung zwischen Einzelkosten und Gemeinkosten der Baustelle) berechnet wird.

Andere Eingaben führen zu einem fehlerhaften Ergebnis.

Daher müssen Sie auf jeden Fall über den Taschenrechner Ihre Gemeinkosten der Baustelle berechnen lassen!

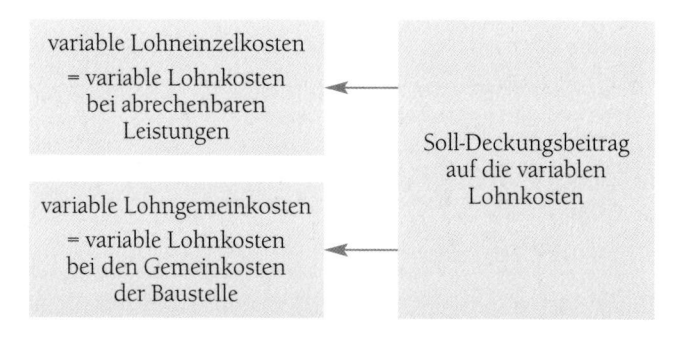

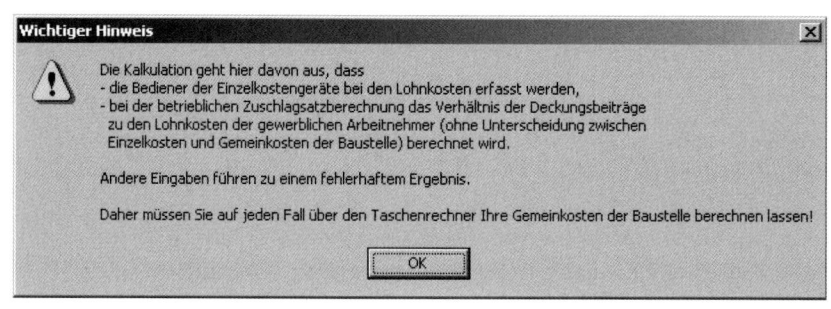

[OK]

Abb. 3.1: Kalkulex bei Deckungsbeitrag auf variable Lohnkosten

Expertenwissen zur Angebotskalkulation

Darum sind auch über den Taschenrechner die variablen Lohnkosten innerhalb der Gemeinkosten der Baustelle möglichst genau zu ermitteln. Der vom Programm intern berechnete Zuschlagsatz für die Schlüsselkosten legt dann die variablen Lohngemeinkosten zusammen mit den anderen Gemeinkosten der Baustelle und dem Deckungsbeitrag auf die variablen Lohneinzelkosten um.

Nach diesen Hinweisen ist der Zuschlagsatz für den Soll-Deckungsbeitrag auf die variablen Lohnkosten mit den Daten der Gewinn- und Verlustrechnung zu ermitteln:

variable Lohnkosten:
287 + 18 + 67 + 30 + 114 + 7 + 20 + 10 = 553

$$Z = \frac{635 \times 100}{553} = 115\,\%$$

Die variablen Gemeinkosten der Baustelle beim Bauvorhaben Schulhof werden im Taschenrechner von Kalkulex wie folgt berechnet:

1. Bauzeitunabhängige Pauschalen:

   Baustelleneinrichtung:
   8 h x 22 €/h = 176 € Lohn   + 124 €

   Vermessung
   16 h x 22 €/h = 352 € Lohn   + 48 €

   Entsorgung
   2 h x 22 €/h = 44 € Lohn   + 56

2. Bauzeitabhängige Gemeinkosten der Baustelle mit Lohnanteil:

   Transporte 34 h x 22 €/h = 748 € Lohn   + 272 €

3. Gemeinkosten der Baustelle ohne Lohnanteil:

17 Tage Service-Radlader	x 32 € =	+ 544 €
17 Tage Rüttelplatte	x 9 € =	+ 153 €
17 Tage Wasser, Energie...	x 5 € =	+ 85 €
17 Tage Werkzeuge, Kleingerät	x 10 € =	+ 170 €
	1.320 € Lohn	1.452 €

Die Berechnung des Zuschlagsatzes für die Schlüsselkosten verläuft in den folgenden Schritten:

variable Lohneinzelkosten:	13.996
variable Lohngemeinkosten:	1.320
variable Lohnkosten	15.316
Soll-Deckungsbeitrag (115 %)	17.613,40

Schlüsselkosten:
1.452 + 1.320 + 17.613,40 = 20.385,40

$$Z = \frac{20.385,40 \times 100}{13.996} = 145,65\,\%$$

Die von Kalkulex berechneten Einheitspreise (Kalkulationsblatt 6) weisen somit nur noch diesen Zuschlag als Zuschlagsfaktor 2,4565 bei der Kostenart Lohn auf.

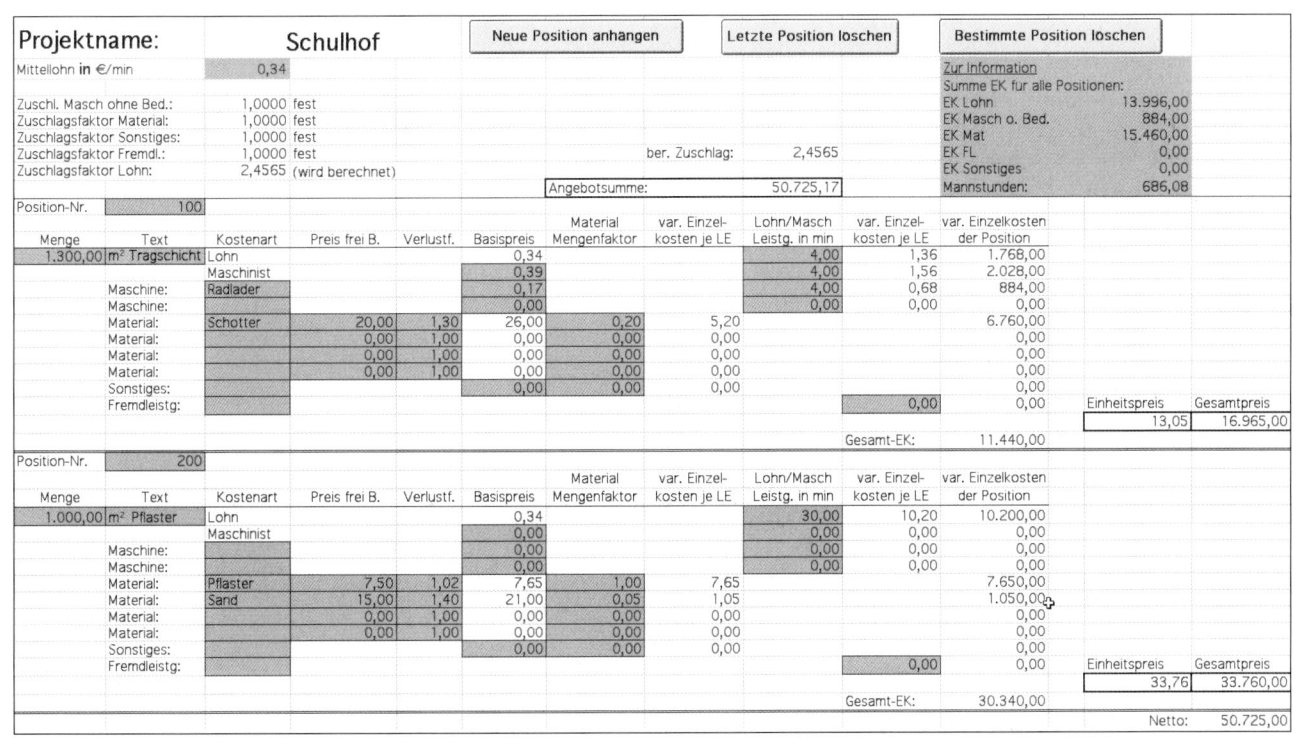

Kalkulationsblatt 6: Deckungsbeiträge auf variable Lohnkosten

b) Zur Abgrenzung der Kostenarten in der Deckungsbeitragsrechnung

Bei der Verwendung der Begriffe „Fixkosten" und „variable Kosten" und der entsprechenden Abgrenzung ist immer die Betrachtungsebene zu beachten, auf der sich die Unterscheidung vollzieht. Das soll am Beispiel eines Baggers verdeutlicht werden:

- Bezogen auf die Leistungseinheit (z. B. m³ Grabenaushub) sind die Transportkosten des Baggers (An- und Abtransport zur Baustelle) Fixkosten, denn sie ändern sich nicht, ob 1 m³ oder 1.000 m³ Grabenaushub zu bewältigen sind. Die Verrechnungssätze des Baggers sind die variablen Kosten.

- Bezogen auf die Baustelle sind die im Verrechnungssatz berechneten Kosten für Abschreibung, Versicherung, Verzinsung die Fixkosten, denn sie ändern sich nicht, ob er auf dieser Baustelle zum Einsatz kommt oder nicht. Die variablen sind dann die bei der Leistungserbringung tatsächlich auftretenden Kosten.

- Bezogen auf den Gesamtbetrieb sind alle Baggerkosten variabel, denn das Gerät kann jederzeit verkauft werden.

- Bezogen auf einen längeren Zeitraum gibt es im Gesamtbetrieb überhaupt keine Fixkosten, denn alle Fixkosten verursachenden Parameter können langfristig verändert werden (Standort, Rechtsform, Organisation, Größe usw.).

Bei der Kalkulation eines Bauvorhabens ist naturgemäß die Abgrenzung auf Baustellenebene vorzunehmen.

c) Zur Leistungsabhängigkeit der Stückkosten

Definitionsgemäß sind Fixkosten unabhängig von der Leistungsmenge. Allerdings sind die Auswirkungen der Leistungsmenge auf die Kosten pro Leistungseinheit (Stückkosten) eine Betrachtung wert.

Zur Verdeutlichung dient der Einfachheit halber ein Betrieb, der nur eine Leistungsart erbringt (z. B. Betonpflasterverlegung). Die variablen Kosten für 1 m² Pflasterfläche betragen 16 €, die betrieblichen Fixkosten 100.000 €. Abbildung 3.2 zeigt die Gesamtkosten in Abhängigkeit von der Jahresmenge des verlegten Pflasters.

Interessanter ist der Verlauf der Stückkosten pro m² Pflaster in Abbildung 3.3.

Es zeigt sich, dass bei unveränderten Fixkosten die Stückkosten mit zunehmender Leistungsmenge sinken, weil die Fixkosten auf mehr Leistungseinheiten verteilt werden.

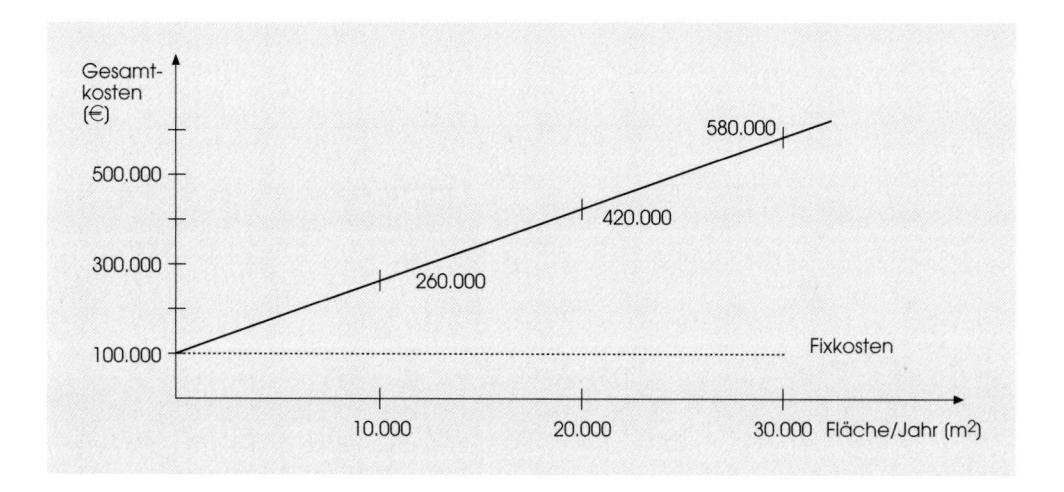

Abb. 3.2:
Gesamtkostenkurve

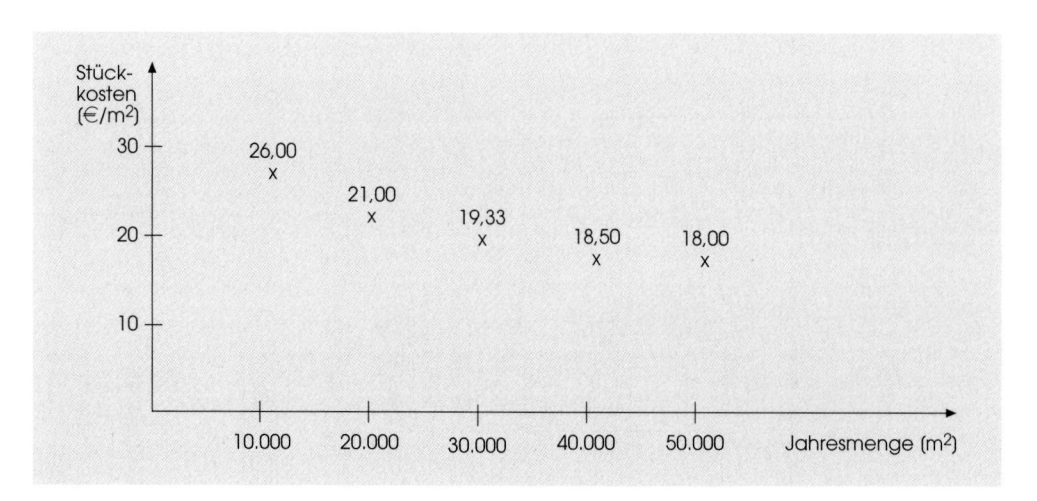

Abb. 3.3:
Stückkostenkurve

Bei steigender Leistungsmenge kann es jedoch sein, dass zusätzliche Fixkosten entstehen. Wird beispielsweise ab einer Leistungsmenge über 30.000 m² ein Bauleiter mit Gehaltskosten von 50.000 € benötigt, dann entsteht in der Kostenkurve ein Sprung (Abb. 3.4); man spricht deshalb von „sprungfixen Kosten".

Die Stückkosten steigen deshalb an dieser Stelle (Abb. 3.5) und fallen erst bei einer Menge zwischen 40.000 m² und 50.000 m² wieder unter den Wert von 19,33 €/m².

Die betriebswirtschaftlichen Konsequenzen daraus lauten:

- Es ist wichtig, die Leistungsmenge an die Grenze der mit bestimmten Fixkosten bereitgestellten Kapazität zu bringen.
- Sind sprungfixe Kosten notwendig, so ist dafür zu sorgen, dass die Leistungsmenge sich nicht nur geringfügig, sondern deutlich erhöht, um wieder auf das vorherige Stückkostenniveau zu gelangen.

d) Gestufte Deckungsbeitragsrechnung

Die von der Immergrün GmbH unter Punkt 2.3.2 vorgenommene Verteilung des Deckungsbeitrages auf die verschiedenen Bereiche bewirkt, dass alle Bereiche mit ihrem erzielten Deckungsbeitrag zum Gesamt-Deckungsbeitrag und damit zur Deckung aller Fixkosten beitragen:

Fixkosten	530
Gewinn	105
Soll-Deckungsbeitrag	635

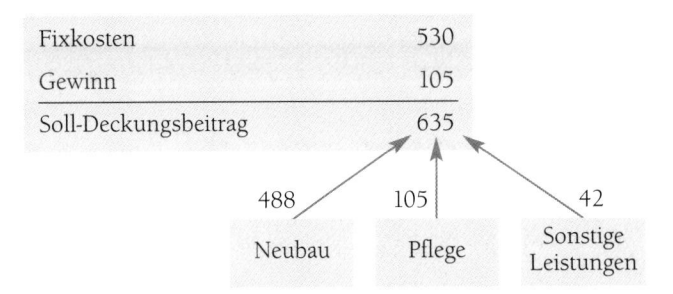

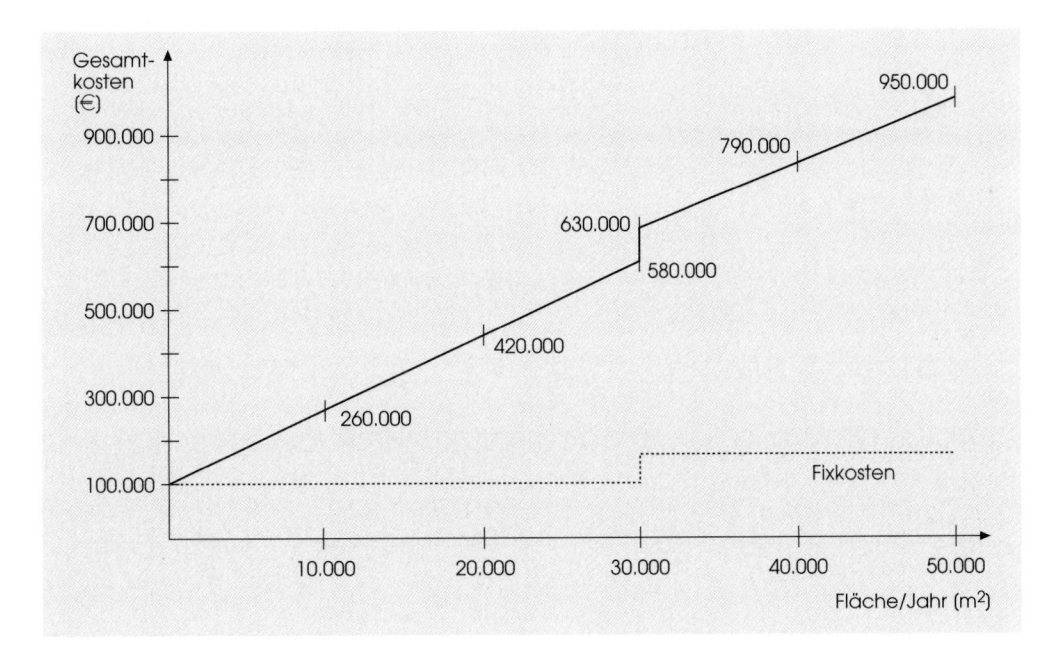

488	105	42
Neubau	Pflege	Sonstige Leistungen

Abb. 3.4:
Kostenverlauf mit sprungfixen Kosten

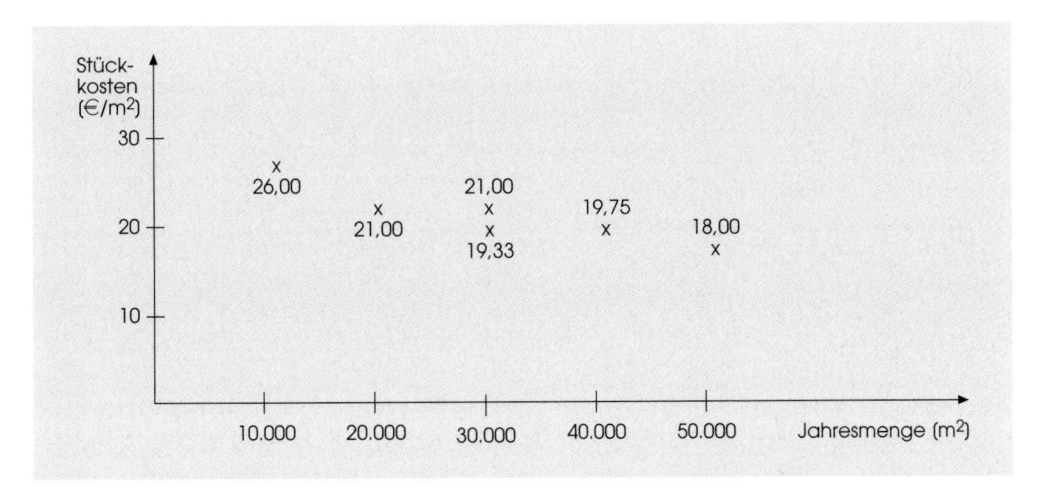

Abb. 3.5:
Stückkostenverlauf bei sprungfixen Kosten

So muss z. B. die Pflegeabteilung die Fixkosten eines großen Baggers mittragen, den aber ausschließlich die Neubauabteilung benötigt. Um die daraus entstehenden Konflikte zu vermeiden, kann der Kalkulator Fixkosten, die ausschließlich in einzelnen Bereichen entstehen, diesen auch ausschließlich zuordnen. Damit wird entsprechend der notwendige Deckungsbeitrag für das Gesamtunternehmen geringer. Die folgende Grafik unterstellt eine Verteilung eines Teiles der Fixkosten von 530 auf die einzelnen Bereiche und zeigt die Folgen für die Deckungsbeitragsrechnung:

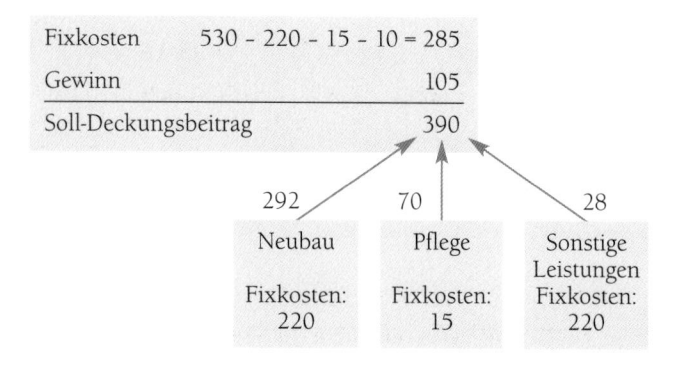

```
Fixkosten        530 - 220 - 15 - 10 = 285
Gewinn                             105
Soll-Deckungsbeitrag               390
                        ↑   ↑   ↑
                    292/   70|   \28
                  ┌──────┐ ┌──────┐ ┌──────┐
                  │Neubau│ │Pflege│ │Sonstige
                  │      │ │      │ │Leistungen
                  │Fix-  │ │Fix-  │ │Fix-
                  │kosten:│ │kosten:│ │kosten:
                  │ 220  │ │  15  │ │ 220
                  └──────┘ └──────┘ └──────┘
```

Der neue Soll-Deckungsbeitrag des Gesamtbetriebes von 390 kann nun beispielsweise im Verhältnis der letztjährig erzielten Deckungsbeiträge verteilt werden (Neubau: 435 von 582 = 74,74 %; 74,74 % von 390 = 292, usw.). Der Kalkulator in der Neubauabteilung kann damit seinen Zuschlagsatz für den Soll-Deckungsbeitrag auf die variablen Kosten berechnen:

$$Z = \frac{(220 + 292) \times 100}{1.106} = 46,29 \%$$

Für die anderen Abteilungen sind ebenfalls eigene Zuschlagsätze zu berechnen.

Bei dieser kostenrechnerischen Regelung bleibt die Verantwortung für die eigenen Fixkosten in den jeweiligen Bereichen. Jeder Bereich muss mit den erzielten Umsätzen zunächst die eigenen Fixkosten decken, ehe der restliche Deckungsbeitrag in einer weiteren Stufe an den Gesamtbetrieb weitergeleitet werden kann. Man spricht deshalb von einer „gestuften" oder „mehrstufigen" Deckungsbeitragsrechnung.

e) Verbesserung des Deckungsbeitrages und des Gewinns

Das Unternehmen oder jeder Bereich ist bestrebt, einen hohen Deckungsbeitrag zu erwirtschaften. Die Verbesserung des Deckungsbeitrages ist nach der Gleichung Deckungsbeitrag = Umsatz - variable Kosten tendenziell möglich durch

- ■ Erhöhung der Umsatzerlöse bei gleich bleibenden variablen Kosten

    Diese ist erreichbar, indem Preiserhöhungen durchgesetzt werden oder auf Teilmärkte ausgewichen wird, die bessere Preise akzeptieren. Außerdem können die Rechte, welche dem Auftragnehmer nach der VOB/B im Rahmen des Nachtragsmanagements zustehen, konsequenter genutzt werden (s. Punkt 3.2). Damit können häufig zusätzliche Vergütungen ohne Mehrleistungen abgerechnet werden.

- ■ Verringerung der variablen Kosten bei unveränderten Umsätzen

    Wege dazu sind:

    - kostengünstigerer Einkauf von Material, Geräten und Fremdleistungen
    - Suche nach leistungsfähigem, aber kostengünstigem Personal
    - kostengünstigere Entsorgung (z. B. Trennung von Stoffarten)
    - Verbesserung der Arbeits- und Maschinenproduktivität (Motivation der Mitarbeiter, Arbeitsvorbereitung, verbesserte Ablauforganisation, Bereitstellung von Hilfsmitteln, leistungsfähige Geräte usw.).

Wenn die Möglichkeiten zur Verbesserung des Deckungsbeitrages ausgeschöpft sind, wird der Unternehmer nach der Gleichung Gewinn = Deckungsbeitrag - Fixkosten den Gewinn steigern können, indem er die Fixkosten reduziert. Als Maßnahmen sind beispielsweise zu nennen:

- Maschinen fallweise mieten statt zu kaufen
- Kundendienst einschalten statt Werkstatt vorhalten
- Nichtproduktive Arbeitskräfte (Gehaltsempfänger) auf Einsparpotenzial prüfen
- Outsourcing von Teilen der Buchhaltung, Vermessung, Abrechnung
- Überprüfung aller Allgemeinen Geschäftskosten auf Notwendigkeit und Reduktionsmöglichkeit.

f) Vorbehalte gegen die Deckungsbeitragsrechnung

Gegen die Deckungsbeitragsrechnung werden häufig folgende Einwände erhoben:

- ■ Die Deckungsbeitragsrechnung kennt die Kostenstufe der Selbstkosten nicht. Vielmehr werden bei der Nachkalkulation der Baustelle nur die variablen Kosten erfasst und vom Umsatz zur Ermittlung des Deckungsbeitrages abgezogen. Somit ist auf jeder Baustelle ein Deckungsbeitrag vorhanden, denn dass eine Baumaßnahme nur die variablen Kosten erwirtschaftet, ist unwahrscheinlich. Dieser stets ausgewiesene Deckungsbeitrag birgt psychologisch die Gefahr der Selbstberuhigung in sich und schwächt das Kostenbewusstsein. Der Unternehmer sammelt das ganze Jahr über Deckungsbeiträge auf den Baustellen und stellt zum Jahresende fest, ob die Summe ausreicht, um die Fixkosten zu übertreffen. Diese Erkenntnis wird somit erst sehr spät geliefert - eventuell zu spät um gegenzusteuern.

Abgesehen davon, dass der Unternehmer bereits vorher positive oder negative Signale durch die Beobachtung seiner Liquidität erhält, sollte er deshalb die Möglichkeiten des laufenden Soll-Ist-Vergleichs des Deckungsbeitrages nutzen (s. u.).

- Die Deckungsbeitragsrechnung kann den Unternehmer im Einzelfall dazu verführen, bei Auftragsverhandlungen Preisflexibilität nach unten bis auf die Höhe der variablen Kosten zu zeigen. Dies hat negative Auswirkungen auf das Preisniveau der Branche und gefährdet mittelfristig die Existenz des Unternehmens. In der Tat ist zu beobachten, wie Unternehmen, die das ganze Jahr über erfolgreich und ausreichend Deckungsbeiträge sammeln konnten, zum Jahresende Angebote nur unwesentlich über den variablen Kosten anbieten, weil sie wissen, dass jeder über die variablen Kosten hinaus erwirtschaftete Euro ihren Deckungsbeitrag weiter verbessert. Aber JEBE schrieb schon 1974 (S. 109): *„Die Deckungsbeitragsrechnung kann auch nur von verantwortungsbewußten Unternehmern angewandt werden, die über die internen Voraussetzungen verfügen, die sie die Konsequenzen erkennen lassen."* GaLa Bau-Unternehmer, die sich heute der Deckungsbeitragsrechnung bedienen, werden über diese Kenntnisse und Voraussetzungen verfügen; die permanente Existenz von Dumping-Angeboten auf dem Markt für Bau- und Pflegeleistungen ist jedenfalls nicht einem bestimmten Kalkulationsverfahren anzulasten.

- Die Deckungsbeitragsrechnung stellt häufig die Reduktion von Fixkosten in den Mittelpunkt der Überlegungen. Hier ist jedoch anzumerken, dass der Fixkostenblock viele Aufwendungen enthält, die das Erscheinungsbild des Unternehmens am Markt betreffen (*corporate identity*): Werbemaßnahmen, vorzeigbares Betriebsgelände, seriöser Bauleiter oder Kundenberater, einheitlicher Auftritt usw. Die Reduzierung dieser Bereiche kann zu Problemen in der Marktakzeptanz führen.

g) Kontrolle der erreichten Deckungsbeiträge

Zur Klärung der Frage, ob die bei den Bauvorhaben erzielten Deckungsbeiträge zur Deckung der Fixkosten im Jahresverlauf ausreichen werden und ob auch noch der notwendige Gewinn erwirtschaftet wird, bieten sich zwei Methoden an:

- Vergleich der kumulierten Werte der Deckungsbeiträge und der Fixkosten

  Dazu werden die für das Jahr geplanten Fixkosten rechnerisch auf die Monate gleichmäßig verteilt. Zum Monatsende wird dann jeweils verglichen, ob die bis dahin auf den Baustellen zusammengetragenen Deckungsbeiträge die kumulierten Fixkosten übertreffen.

  Beispiel Immergrün GmbH:

  Fixkosten/Jahr: 530.000 €
  Fixkosten/Monat: 530.000/12 ≈ 45.000 €

  Damit müsste der Deckungsbeitrag zum Ende Januar mindestens 45.000 €, zum Ende mindestens 90.000 €, zum Ende März mindestens 135.000 € usw. betragen. Diese Kontrollmethode setzt – was eigentlich generell selbstverständlich sein sollte – sehr zeitnahe Abrechnungen und Zahlungseingänge voraus.

- Soll-Ist-Vergleich der Deckungsbeiträge

  Hier wird baustellenbezogen im Rahmen der Nachkalkulation nicht nur festgestellt, wie hoch der erzielte Deckungsbeitrag ist (Ist-Deckungsbeitrag), sondern auch, wie hoch er bei den entstandenen variablen Kosten hätte sein sollen (Soll-Deckungsbeitrag).

  Beispiel: Nehmen wir an, die Immergrün GmbH habe den Auftrag für den Schulhof erhalten und ausgeführt. Die Nachkalkulation ergibt folgende Werte (s. Punkt 4.1.1):

  Ist-Werte: Umsatzerlös: 51.414 €
  variable Kosten: 33.653 €, d. h.
  Deckungsbeitrag: 17.761 €

  Mit dem Zuschlagsatz von 50,32 % auf die variablen Kosten hätte aber ein Soll-Deckungsbeitrag von 33.653 € x 0,5032 = 16.934 € erwirtschaftet werden müssen. Damit ist auf dieser Baustelle ein um 17.761 € – 16.934 € = 827 € höherer Deckungsbeitrag gegenüber dem geplanten Wert gegeben. Auf diese Weise verfügt der Betrieb über eine laufende Kontrollmöglichkeit darüber, ob die erreichten Deckungsbeiträge im Rahmen liegen.

h) Deckungsbeitragsrechnung mit Branchenprogrammen

Einige EDV-Programme mit der Vollkostenrechnung bieten die Option einer Deckungsbeitragsrechnung im Wege der Nachkalkulation. Die Berechnungsschritte sind in der Regel folgende:

> Umsatzerlöse
> (gemäß Abrechnung)
>
> - Einzelkosten
> (als variable Einzelkosten; Summe aus Tagesberichten)
>
> - variable Gemeinkosten
> (Diese werden meist als prozentualer Zuschlag auf die Lohnkosten aufgeschlagen. Dieser Prozentsatz ist im Kalkulationsansatz einzugeben (s. Abb. 2.3).
>
> = Deckungsbeitrag
>
> - Fixkosten
> (Die Fixkosten werden als prozentualer Anteil am Umsatz berechnet. Dieser Prozentsatz ist ebenfalls einzugeben.)
>
> = Gewinn

Diese Option hat ihren Schwachpunkt bei den variablen Gemeinkosten. Diese werden nicht in ihrer tatsächlichen Höhe, sondern als vorgegebener betrieblicher Zuschlagssatz auf die Lohnkosten eingerechnet; damit stimmen die für das Ergebnis wichtigen variablen Kosten einer bestimmten Baumaßnahme nur überschlägig.

3.1.8 Retrograde Kalkulation

Mit den bisher in diesem Buch vorgeführten Methoden wurden Kalkulationspreise in der Weise gebildet, dass auf die Einzelkosten (bzw. variablen Kosten) die Gemeinkosten (bzw. Deckungsbeiträge) aufgeschlagen wurden - es wurde somit „vorwärts gerechnet".

Häufig stellt der Unternehmer jedoch fest, dass sein Kalkulationspreis für den Markt zu hoch ist. Er wird sich dann fragen, unter welchen Bedingungen er diesen Marktpreis ebenfalls anbieten könnte. In diesem Fall wird somit der Marktpreis als gegeben angenommen, und man überlegt, wie groß die eigenen Kosten sein dürfen, damit dieser Marktpreis erreicht wird. Es wird also „rückwärts gerechnet" - daher trägt dieses Vorgehen die Bezeichnung „Retrograde Kalkulation". Ein anderer Begriff ist *„Zielkostenrechnung"*, weil die Kalkulation mit dem Ziel eines bestimmten Marktpreises gestaltet wird.

Am besten lassen sich die Möglichkeiten am Beispiel erläutern: Die Kalkulation mit vorbestimmten Zuschlagsätzen der Position 200 mit BusinessV6 ergab einen Kalkulationspreis von 28,96 €/m². Vermutet der Unternehmer einen Marktpreis von nur 23 €/m², so kann er folgende Überlegungen anstellen:

- Bei den Materialeinzelkosten ist eine Reduzierung - optimal ausgehandelte Lieferantenpreise vorausgesetzt - nicht möglich, denn es soll nicht gepfuscht werden.

- Somit bleiben als Ansatzpunkte bei den Einzelkosten nur die Lohneinzelkosten. Wie groß dürfen die Lohneinzelkosten sein, damit der Marktpreis erreicht wird?

Marktpreis	23,00 €/m²
retrograde Selbstkosten: 23,00 / (1 + 0,0586) Gewinn aus Marktpreis herausgerechnet	21,73 €/m²
retrograde Herstellkosten: 21,73 / (1 + 0,2497) Allgemeine Geschäftskosten aus Selbstkosten herausgerechnet	17,39 €/m²
abzügliche Materialeinzelkosten	- 8,70 €/m²
= retrograde Lohnherstellkosten	8,69 €/m²
retrograde Lohneinzelkosten: 8,69 / (1 + 0,293) Gemeinkosten der Baustelle aus Lohnherstellkosten herausgerechnet	6,72 €/m²

Diese Lohneinzelkosten von 6,72 €/m² werden durch die Faktoren „Zeitwert" und „Kosten/Zeiteinheit" bestimmt.

- Bei einem unveränderten Kalkulationslohn von 0,34 €/min sind diese Lohneinzelkosten nur zu erreichen, wenn die Leistung in 6,72 €/m² / 0,34 €/min = 20 min/m² erbracht wird. Das wäre gegenüber dem kalkulierten Zeitwert von 30 min/m² eine Reduzierung (d. h. notwendige Beschleunigung der Arbeit) um ein Drittel.

- Gelänge es, durch eine andere personelle Zusammensetzung der Kolonne den Kalkulationslohn um 15 % auf 0,29 €/min zu senken, dann wäre ein m² Pflasterfläche immer noch in 6,72 €/m² / 0,29 €/min = 23 min/m² herzustellen.

- Wenn die Arbeit nicht schneller als in 30 min/m² zu erledigen ist, ergäbe sich rechnerisch ein Kalkulationslohn von 6,72 €/m² / 30 min/m² = 0,22 €/min.

- Zwischen diesen Eckpunkten - minimaler Kalkulationslohn (0,22 €/min) und minimaler Zeitwert (20 min/m²) - sind viele Kombinationen möglich, die zu den tragbaren Lohneinzelkosten von 6,72 €/m² führen.

■ Wenn der Kalkulator alle zulässigen Kombinationen von Zeitwert und Kalkulationslohn für unrealistisch hält, bleibt ihm nur die Möglichkeit, Veränderungen an den Zuschlagssätzen vorzunehmen, obwohl willkürliche Manipulationen an den Zuschlagssätzen in der Vollkostenrechnung im Hinblick auf die Deckung aller betrieblichen Kosten immer problematisch sind. Verzichtet er beispielsweise auf den Gewinnzuschlag und reduziert den Zuschlagssatz für Allgemeine Geschäftskosten auf 15 %, dann verbleiben folgende Lohneinzelkosten:

Marktpreis	23,00 €/m²
retrograde Herstellkosten: 23,00 / (1 + 0,15) Allgemeine Geschäftskosten aus Marktpreis herausgerechnet	20,00 €/m²
abzügliche Materialeinzelkosten	- 8,70 €/m²
= retrograde Lohnherstellkosten	11,30 €/m²
retrograde Lohneinzelkosten: 11,30 / (1 + 0,293) Gemeinkosten der Baustelle aus Lohnherstellkosten herausgerechnet	8,74 €/m²

Diese Lohneinzelkosten werden bei einem Kalkulationslohn von 0,34 €/min in 26 min/m² erreicht; soll es bei einem Zeitwert von 30 min/m² bleiben, so darf der Kalkulationslohn nur 0,29 €/min betragen.

Eine Alternative bestünde darin, einen Subunternehmer zu finden, der die Lohnarbeit in Höhe der retrograden Lohneinzelkosten übernimmt (s. Punkt 3.2.13).

Diese Erläuterungen zeigen die Ansatzpunkte für eine retrograde Kalkulation. In der Praxis läuft sie so ab, dass der Kalkulator im Kalkulationsprogramm so lange verschiedene Möglichkeiten „durchspielt", bis er auf eine realistische Kombination von Zuschlagssätzen, Kalkulationslohn und Zeitwerten gelangt, die zu dem Marktpreis führt.

Die Dynamischen Baudaten stellen im Programmteil „DBD-Kalkulationsansätze für STLB-Bau" eine Microsoft-Excel-Vorlage für die Kalkulation zur Verfügung, bei der unter dem - unglücklich gewählten - Begriff *„Endsummenkalkulation"* diese retrograden Berechnungen unterstützt werden.

3.2 Besondere Kalkulationsanlässe (Schwierige Fälle)

Die bisher in diesem Buch vorgetragenen Überlegungen gingen von der Standardsituation aus, dass ein Kalkulator einen Kalkulationspreis als Einheitspreis für eine Normalposition berechnet. Darüber hinaus gibt es jedoch in der Baupraxis häufig Anlässe, die eine differenziertere Betrachtungsweise erfordern. Diese Fälle werden nun diskutiert und in Beispielrechnungen vorgestellt. Dabei handelt es sich zunächst um die

- Angebotskalkulation anderer Positionsarten (Eventualposition, Alternativposition, Zulageposition, Gemeinkostenposition, Tagelohnposition)
- Kalkulation bei bauseitiger Materiallieferung und um die
- Kalkulation bei geplantem Einsatz eines Subunternehmers.

Nach Auftragserhalt und während der Bauausführung geht es dann um die

- Berechnung der Vergütung bei Mengenabweichungen, bei Änderungen der Preisermittlungsgrundlagen, für zusätzliche Leistungen und bei auftraggeberseitiger freier Kündigung
- Ermittlung des Schadenersatzanspruches bei Behinderungen und Unterbrechungen
- Berechnung der Weitervergabepreise an Subunternehmer.

Die folgenden Ausführungen beziehen sich - der Realität des GaLaBaus entsprechend - auf Einheitspreisverträge. Die Vergütungsregelungen beim Pauschalvertrag sind - differenziert nach Detail- und Globalpauschalvertrag - nachzulesen bei KAPELLMANN/SCHIFFERS (2000 b).

In vielen der genannten Problemfälle hat der Kalkulator nicht etwa freie Hand, sondern ist an die Regelungen des BGB oder der VOB/B gebunden. Deshalb sind im Folgenden gelegentlich rechtliche Hinweise unumgänglich.

Um den Nachvollzug der Beispielrechnungen zu erleichtern, zeigen die Zusammenfassungen im Überblick die wesentlichsten Kalkulationsdaten aus Punkt 2.2.2 für die Positionen 100 und 200 des Bauvorhabens Schulhof, auf die anschließend Bezug genommen wird:

a) Kalkulation mit vorbestimmten Zuschlagsätzen (wie bei der Kalkulation mit DATAFlor BusinessV6)

	Position 100 $1.300\ m^2$	Position 200 $1.000\ m^2$
Einzelkosten Lohn	4 min/m^2 x 0,34 €/min = 1,36 €/m^2	30 min/m^2 x 0,34 €/min = 10,20 €/m^2
+ Einzelkosten Material	5,20 €/m^2 (Schotter)	7,65 €/m^2 (Pflaster) 1,05 €/m^2 (Sand)
+ Einzelkosten Maschinen	3,28 €/m^2 (Radlader)	
= Summe Einzelkosten	9,84 €/m^2	18,90 €/m^2
+ Gemeinkosten der Baustelle (29,3 % auf Lohn)	0,40 €/m^2	2,99 €/m^2
= Herstellkosten	10,24 €/m^2	21,89 €/m^2
+ Allgemeine Geschäftskosten (24,97 % auf Herstellkosten)	2,56 €/m^2	5,47 €/m^2
= Selbstkosten	12,80 €/m^2	27,36 €/m^2
+ Wagnis und Gewinn (5,86 % auf Selbstkosten)	0,75 €/m^2	1,60 €/m^2
= Kalkulationspreis	13,55 €/m^2	28,96 €/m^2

b) Kalkulation über die Endsumme (wie bei der Kalkulation mit Kalkulex)

Einzelkosten	31.692 €
Gemeinkosten der Baustelle	5.084 €
Herstellkosten	36.776 €
Allgemeine Geschäftskosten, Wagnis und Gewinn (32,29 % auf Herstellkosten)	11.874,97 €
Zuschlagsatz für Schlüsselkosten	53,51 %

Damit berechnete Kalkulationspreise:

	Position 100 $1.300\ m^2$	Position 200 $1.000\ m^2$
Einzelkosten	9,84 €/m^2	18,90 €/m^2
Schlüsselkosten (53,51 %)	5,27 €/m^2	10,11 €/m^2
Kalkulationspreis	15,11 €/m^2	29,01 €/m^2

c) Deckungsbeitragsrechnung (mit Deckungsbeiträgen auf die variablen Kosten)

variable Einzelkosten	30.288 €
variable Gemeinkosten der Baustelle	2.772 €
variable Herstellkosten	33.060 €
Aufschlag für den Deckungsbeitrag (50,32 % auf variable Herstellkosten)	16.635,79 €
Zuschlagsatz für variable Gemeinkosten der Baustelle und Deckungsbeitrag auf Einzelkosten:	64,08 %

Damit berechnete Kalkulationspreise:

	Position 100 1.300 m²	Position 200 1.000 m²
Einzelkosten	8,76 €/m²	18,90 €/m²
Schlüsselkosten (64,08 %)	5,61 €/m²	12,11 €/m²
Kalkulationspreis	14,37 €/m²	31,01 €/m²

3.2.1 Eventualpositionen

Rechtliche Hinweise

Als solche im Leistungsverzeichnis zu kennzeichnende Eventual- (= Bedarfs-)positionen sind Positionen, die der Ausschreibende aufgenommen hat, weil er zum Zeitpunkt der Ausschreibung noch nicht abschätzen kann, ob die Leistung tatsächlich notwendig wird. Außerdem möchte er bereits beim Vertragsabschluss einen Preis angeboten bekommen, um später Nachtragsverhandlungen darüber zu vermeiden. Der Auftraggeber kann nach freiem Willen bei Bedarf die Ausführung der Eventualposition anordnen; eine spätere Nichtausführung führt auch nicht zu Ansprüchen des Auftragnehmers wegen freier Kündigung einer Leistung oder wegen einer Mindermenge.

So führt eine Eventualposition zu einer ungleichgewichtigen Situation: Der Auftragnehmer bietet zum Vertragsabschluss einen Preis für eine Menge an, die er nicht kennt, und ist an diesen Preis unbegrenzt gebunden, während der Auftraggeber willkürlich über die Ausführung entscheiden kann. Deshalb besagt für öffentliche Auftraggeber die VOB/A in § 9, Nr. 1: *„Bedarfspositionen (Eventualpositionen) dürfen nur ausnahmsweise in die Leistungsbeschreibung aufgenommen werden."* Das VHB 2001 führt erläuternd dazu unter Nr. 4.2 aus: *„Bedarfspositionen dürfen nur Leistungen enthalten, die erfahrungsgemäß zur Ausführung der vertraglichen Leistung erforderlich werden können und deren Notwendigkeit zum Zeitpunkt der Aufstellung der Leistungsbeschreibung trotz aller örtlichen und fachlichen Kenntnisse nicht festzustellen ist (z. B. Wasserhaltung)"* und *„der Umfang der Bedarfspositionen darf in diesen Ausnahmefällen dann in der Regel 10 v. H. des geschätzten Auftragswertes nicht überschreiten."* KAPELLMANN/SCHIFFERS (2000a, Rdn. 582 ff) argumentieren sogar, dass Eventualpositionen nur unter ganz eingeschränkten Voraussetzungen überhaupt wirksam sind, weil sie es dem Auftraggeber ermöglichen, erst lange Zeit nach der Angebotsabgabe dieses auch anzunehmen; die vorgesehen Zuschlagfrist von 30 Tagen werde u. U. damit deutlich überschritten.

Wichtig ist, dass Eventualpositionen eine möglichst sorgfältig abgeschätzte Mengenangabe enthalten, damit die Leistung überhaupt halbwegs realistisch kalkuliert werden kann. Nach dem VHB 2001, Nr. 4.1 zu § 9 VOB/A ist das Feld „Gesamtpreis" zu sperren, um zu verhindern, dass Eventualpositionen spekulativ in die Angebotssumme eingehen.

Ganze Kataloge von Bedarfspositionen mit 0- oder 1-Mengen sind im Leistungsverzeichnis eine Unsitte zur Vertuschung planerischer Mängel. Dagegen kann der Bieter Beschwerde bei den Vergabestellen einlegen oder als Auftragnehmer Schadenersatzansprüche unter dem Aspekt des „Verschuldens bei Vertragsabschluss" ableiten (KAPELLMANN/SCHIFFERS 2000a, Rdn. 590, und ab 2002 § 311, Abs. 2 in Verbindung mit § 241, Abs. 2 BGB). Gleiches gilt im Übrigen für Leistungsverzeichnisse mit einer großen Anzahl der unter dem nächsten Punkt behandelten Alternativpositionen.

Kalkulation

Die Berechnungen werden am Beispiel folgender Position durchgeführt:

Position 150 Bedarfsposition
500 m² Geotextilvlies (...) verlegen
_____ nur E. P.

a) Kalkulation mit vorbestimmten Zuschlagsätzen

Eventualpositionen werden im Grundsatz mit den gleichen Zuschlagsätzen wie das restliche Angebot kalkuliert, um Preisverzerrungen zu vermeiden.

	Position 150 500 m²
Einzelkosten Lohn	= 0,30 €/m²
+ Einzelkosten Material	2,00 €/m² (Vlies)
= Summe Einzelkosten	**2,30 €/m²**
+ Gemeinkosten der Baustelle (29,3 % auf Lohn)	0,09 €/m²
= Herstellkosten	**2,39 €/m²**
+ Allgemeine Geschäftskosten (24,97 % auf Herstellkosten)	0,60 €/m²
= Selbstkosten	**2,99 €/m²**
+ Wagnis und Gewinn (5,86 % auf Selbstkosten)	0,18 €/m²
= Kalkulationspreis	**3,17 €/m²**

Damit sind in dieser Position 500 m² x 0,09 €/m² = 45 € an Gemeinkosten der Baustelle verrechnet. Sollte die Ausführung dieser Position deutlich höhere Gemeinkosten der Baustelle verursachen, so sind diese festzustellen, und der Kalkulationspreis ist entsprechend zu erhöhen.

b) Kalkulation über die Endsumme

Eventualpositionen sind bei der Berechnung der baustellenspezifischen Zuschlagsätze sowohl bei den Einzelkosten als auch bei den Gemeinkosten der Baustelle unberücksichtigt zu lassen, damit es im Falle der Nichtausführung nicht zu einer Unterdeckung der Schlüsselkosten kommt; insofern ist jede Bedarfsposition quasi isoliert zu betrachten:

	Position 150 500 m²
Einzelkosten Lohn	= 0,30 €/m²
+ Einzelkosten Material	2,00 €/m² (Vlies)
= **Summe Einzelkosten**	**2,30 €/m²**
+ Gemeinkosten der Baustelle, geschätzt 200 € insgesamt, 200 € / 500 m²	0,40 €/m²
= **Herstellkosten**	**2,70 €/m²**
+ Allgemeine Geschäftskosten (24,97 % auf Herstellkosten)	0,67 €/m²
= **Selbstkosten**	**3,37 €/m²**
+ Wagnis und Gewinn (5,86 % auf Selbstkosten)	0,20 €/m²
= **Kalkulationspreis**	**3,57 €/m²**

c) Deckungsbeitragsrechnung

Die Deckungsbeitragsrechnung von Eventualpositionen verläuft analog zur Kalkulation über die Endsumme, rechnet jedoch nur mit den variablen Kostenbestandteilen der Einzelkosten und der Gemeinkosten der Baustelle.

3.2.2 Alternativpositionen

Rechtliche Hinweise

Alternativ- oder Wahlpositionen, die übrigens nicht in den Gesamtpreis einzurechnen sind, betreffen Leistungen, die sich der Auftraggeber neben einer Normal- oder Grundposition anbieten lässt, weil er sich zum Zeitpunkt der Ausschreibung noch nicht über die tatsächliche Art der Ausführung im Klaren ist. Er muss sich jedoch bei Abschluss des Vertrages für die Grundposition oder eine Alternativposition entscheiden; legt er sich nicht fest, gilt die Grundposition als beauftragt. Allerdings wird in AGB versucht, dem Auftraggeber auch eine spätere Entscheidung zu gestatten; die Wirksamkeit entsprechender Klauseln ist umstritten (KAPELLMANN/SCHIFFERS 2000a, Rdn. 571 f). Sind im Leistungsverzeichnis 0- oder 1-Mengen ausgeschrieben, sollte der Bieter im Anschreiben angeben, von welcher Ausführungsmenge er bei der Kalkulation ausgegangen ist.

Kalkulation

Die Kalkulation von Alternativpositionen muss dem Grundsatz folgen, dass bei der Beauftragung dieser Positionen nicht Gemeinkostenbestandteile ungedeckt bleiben, die in der Grundposition verrechnet waren. Der Berechnungsweg für den Einheitspreis einer Alternativposition sei an folgender Leistung dargestellt:

Position 210   Alternativ zu Position 200
                1.000 m² Klinkerpflaster (...) herstellen
                _____ nur E. P.

a) Kalkulation mit vorbestimmten Zuschlagsätzen

Bei der Kalkulation mit vorbestimmten Zuschlagsätzen gestaltet sich die Angebotskalkulation einfach, weil die Zuschlagsätze für Gemeinkosten der Baustelle, Allgemeine Geschäftskosten sowie Wagnis und Gewinn ohnehin nicht objektspezifisch festgelegt wurden, sondern durchschnittlich für den Betrieb gelten. Folglich kann die Alternativposition auch ohne weitere Überlegungen mit diesen Sätzen kalkuliert werden.

	Position 210 1.000 m²
Einzelkosten Lohn	32 min/m² x 0,34 min/m² = 10,88 €/m²
+ Einzelkosten Material	21,95 €/m² (Klinker) 1,05 €/m² (Sand)
= **Summe Einzelkosten**	**33,88 €/m²**
+ Gemeinkosten der Baustelle (29,3 % auf Lohn)	3,19 €/m²
= **Herstellkosten**	**37,07 €/m²**
+ Allgemeine Geschäftskosten (24,97 % auf Herstellkosten)	9,26 €/m²
= **Selbstkosten**	**46,33 €/m²**
+ Wagnis und Gewinn (5,86 % auf Selbstkosten)	2,71 €/m²
= **Kalkulationspreis**	**49,04 €/m²**

b) Kalkulation über die Endsumme

Auch die Alternativpositionen sind bei der Berechnung der baustellenspezifischen Zuschlagsätze unberücksichtigt zu lassen. Es ist jedoch darauf zu achten, dass mindestens alle in der Grundposition verrechneten Schlüsselkosten auch in der Alternativposition abgedeckt werden. Deshalb ist in fünf Schritten vorzugehen:

1. Feststellung der in der Grundposition verrechneten Schlüsselkosten
2. Überprüfung des Mehraufwandes an Gemeinkosten der Baustelle
3. Berechnung der mindestens umzulegenden Kosten aus 1. und 2.
4. Vergleich der mit dem normalen Zuschlagsatz des Angebots verrechneten Schlüsselkosten mit den notwendigen Schlüsselkosten nach 3. Wenn die mit dem Zuschlagsatz des Angebots berechneten Schlüsselkosten größer sind als die nach 3. notwendigen, kann der Einheitspreis mit diesem Satz kalkuliert werden. Im umgekehrten Fall ist eine weitere Umlage notwendig.
5. Berechnung des Einheitspreises.

zu 1. In der Grundposition sind folgende Schlüsselkosten verrechnet:
1.000 m² x 10,11 €/m² = 10.110 €

zu 2. Mehraufwand an Gemeinkosten der Baustelle
Durch den höheren Zeitansatz beim Lohn (32 statt 30 min/m²) entsteht ein zusätzlicher Zeitbedarf von 2 min/ m² x 1.000 m² = 2.000 min. Das entspricht einer längeren Baustellendauer von 1 Tag. Die erhöhten Gemeinkosten der Baustelle betragen dann 252 € (s. Punkt 2.2.2).

zu 3. Die Alternativposition muss mindestens 10.110 € + 252 € = 10.362 € an Schlüsselkosten tragen.

zu 4. Würden mit dem Zuschlagsatz der Angebotskalkulation die Schlüsselkosten berechnet, so ergäben sich:

33,88 €/m² x 0,5351 x 1.000 m² = 18.129,19 €. Dieser Betrag ist größer als der unter 3. berechnete Betrag von 10.362 €, deshalb kann mit diesem Zuschlagsatz ohne Nachteile kalkuliert werden.

zu 5. Berechnung des Einheitspreises:
33,88 x 1,5351 = 52,47 €/m²

Wenn bei 4. der Fall eintritt, dass die mit dem normalen Zuschlagsatz verrechneten Schlüsselkosten niedriger sind als die notwendigen (was regelmäßig der Fall ist, wenn die Einzelkosten der Alternativposition niedriger sind als die der Grundposition), dann sind die notwendigen Schlüsselkosten auf die Menge der Angebotsposition umzulegen.

c) Deckungsbeitragsrechnung

Die Berechnung in der Deckungsbeitragsrechnung verläuft wieder analog zur Kalkulation über die Endsumme, wobei jedoch mit den variablen Kostenbestandteilen zu rechnen ist:

zu 1. In der Grundposition verrechnete Schlüsselkosten:
1.000 m² x 12,11 €/m² = 12.110 €

zu 2. Die variablen Gemeinkosten der Baustelle erhöhen sich für den einen Tag um 116 € (s. Punkt 2.2.2).

zu 3. Die Alternativposition muss mindestens 12.110 € + 116 € = 12.226 € an Schlüsselkosten tragen.

zu 4. Die mit dem Zuschlagsatz der Angebotskalkulation verrechneten Schlüsselkosten betragen:

1.000 m² x 33,88 €/m² (= variable Einzelkosten) x 0,6408 = 21.710,30 €.

Dieser Betrag ist größer als die notwendigen Schlüsselkosten nach 3.; also kann auch hier mit diesem Zuschlagsatz der Einheitspreis bestimmt werden.

zu 5. Einheitspreis:
33,80 €/m² x 1,6408 = 55,59 €/m²

3.2.3 Zulagepositionen

Rechtliche Hinweise

Der Begriff „Zulageposition" wird in der VOB/B nicht erwähnt. Zulagepositionen beschreiben Leistungen, die zu einer Grundleistung hinzutreten können, wobei der Ausschreibende zum Zeitpunkt der Ausschreibung noch nicht weiß, ob und in welchem Umfang dies der Fall sein wird. Inhaltlich handelt es sich meist um Erschwernisse, die bei der Ausführung der Grundleistung auftreten können, z. B. das Antreffen von Böden einer höheren Bodenklasse bei Erdarbeiten. Wie der Name sagt, beinhalten Zulagepositionen nur die gegenüber der Grundposition auftretenden Mehraufwendungen; dementsprechend sind bei Aufmaß und Abrechnung sowohl die Grundposition als auch die Zulageposition heranzuziehen.

Kalkulation

Als Beispiel gelte folgende Position:

Position 230 80 m² Zulage zu Position 200 für die Verlegung vom rotem Betonpflaster (...) in kleinen Teilflächen _____ _____

Zu beachten ist hier, dass nicht etwa nur an die Mehrkosten roten gegenüber grauen Pflasters gedacht wird (etwa 1,50 €/m²); vielmehr müssen alle Mehraufwendungen – hier der erhöhte Lohnaufwand wegen der kleineren Teilflächen – kalkulatorisch berücksichtigt werden.

Deshalb ist grundsätzlich so vorzugehen, dass zunächst die Einzelkosten des in Teilflächen verlegten Pflasters kalkuliert und dann davon die Einzelkosten der Grundposition abgezogen werden.

a) Kalkulation mit vorbestimmten Zuschlagsätzen

	Position 230 1.000 m²
Einzelkosten Lohn	32 min/m² x 0,34 €/min (2 min mehr als Position 200) = 10,88 €/m²
+ Einzelkosten Material	9,20 €/m² (rotes Pflaster) 1,05 €/m² (Sand)
= Summe Einzelkosten	**21,13 €/m²**
abzüglich Einzelkosten der Position 200	18,90 €/m²
= zusätzliche Einzelkosten der Position 230	2,23 €/m²
+ Gemeinkosten der Baustelle (29,3 % auf Lohndifferenz: 10,88 €/m² - 10,20 €/m²)	0,20 €/m²
= Herstellkosten	**2,43 €/m²**
+ Allgemeine Geschäftskosten (24,97 % auf Herstellkosten)	0,61 €/m²
= Selbstkosten	**3,04 €/m²**
+ Wagnis und Gewinn (5,86 % auf Selbstkosten)	0,18 €/m²
= Kalkulationspreis	**3,22 €/m²**

b) Kalkulation über die Endsumme

Bei der Kalkulation über die Endsumme wird in der Kalkulationsliteratur empfohlen

- die zusätzlichen Einzelkosten bei der Berechnung des baustellenspezifischen Zuschlagsatzes für die Schlüsselkosten einzurechnen (DREES/PAUL 1998, S. 191);
- zu prüfen, ob durch die Ausführung der Zulageposition zusätzliche Gemeinkosten der Baustelle erforderlich werden. Für unser Beispiel wird unterstellt, dass lediglich 100 € an zusätzlichen Transport- und Förderkosten auftreten würden.

Durch die Berücksichtigung dieser beiden Aspekte verändert sich der Zuschlagsatz für die Schlüsselkosten, der damit natürlich für alle Positionen des Angebots gilt:

Einzelkosten ohne Zulageposition:	31.692 €
Mehr-Einzelkosten der Zulageposition (80 m² x 2,23 €/m²)	178,40 €
Einzelkosten mit Zulageposition	31.870,40 €
Gemeinkosten der Baustelle ohne Zulageposition	5.084 €
Mehr-Gemeinkosten der Baustelle der Zulageposition	100 €
Gemeinkosten der Baustelle mit Zulageposition	5.184 €
Herstellkosten (31.870,40 € + 5.184 €)	37.054,40 €
Allgemeine Geschäftskosten, Wagnis und Gewinn (32,29 % der Herstellkosten)	11.964,87 €

$$Z = \frac{(5.184 + 11.964,87) \times 100}{31.870,40} = 53,81 \%$$

Damit wird auch der Einheitspreis der Zulageposition berechnet:

Mehr-Einzelkosten	2,23 €/m²
Zuschlag für Schlüsselkosten (53,81 %)	1,20 €/m²
Kalkulationspreis	3,43 €/m²

c) Deckungsbeitragsrechnung

Die Berechnung ist in der Deckungsbeitragsrechnung unter ausschließlicher Berücksichtigung variabler Kostenbestandteile wie bei der Kalkulation über die Endsumme vorzunehmen.

Ergänzung:

Gelegentlich tritt die Situation ein, dass die Abrechnungseinheiten von Zulageposition und Grundposition nicht übereinstimmen. Dann ist zu prüfen, ob überhaupt ein Einzelkostenabzug der Grundposition in Frage kommt.

Lautete etwa die Zulageposition:

Position 220 100 m Zulage zu Position 200 für Schnittkante (...) an Pflaster

――― ――― ,

dann wäre kein Abzug möglich.

Hier ein Beispiel für einen möglichen Abzug: Zur Verlegung von 70 m PVC-Rohr gibt es eine Zulage von 10 Stück Rohrbogen. Da Formstücke nach der DIN ATV 18 306, Nr. 5.1 zu übermessen sind, wird bereits ein der Bogenlänge entsprechendes Rohrstück (ca. 0,15 m) in der Grundposition abgerechnet. Dieser Betrag müsste dann die Kosten der Zulageposition schmälern; ob der Kalkulator diesen Aufwand allerdings treiben will, sollte er selbst entscheiden.

3.2.4 Gemeinkosten der Baustelle als Leistungsposition

Allgemein werden die Gemeinkosten der Baustelle - wie unter Punkt 2.2.2 erläutert - über Zuschlagsätze auf die Einzelkosten umgelegt. Gelegentlich werden jedoch Teile der Gemeinkosten der Baustelle als eigene Leistungspositionen im Leistungsverzeichnis aufgeführt, wie z. B. „Baustelleneinrichtung" oder „Vorhalten der Gemeinkostengeräte während der Bauzeit". Bieter nutzen solche Positionen, die meist am Anfang des Leistungsverzeichnisses stehen und früh - zumindest teilweise - abgerechnet werden können, gerne dazu, hier erhöhte Preise einzutragen, um die Vorfinanzierung der Baumaßnahme zu verringern; zum Ausgleich werden die Preise der letzten anfallenden Arbeiten niedriger angesetzt. Dieses Vorgehen birgt die Gefahren, dass bei Auftragsverhandlungen der erhöhte Preis gedrückt wird, während andererseits der Auftragnehmer auch bei Nachträgen an die Preisermittlung der willkürlich erniedrigten Preise gebunden bleibt.

Für die Darstellung der Kalkulation von Gemeinkosten der Baustelle als Leistungsposition betrachten wir folgende

Position 50   Einrichten und Räumen der Baustelle (...) pauschal

Dafür hat der Kalkulator einen Betrag von 300 € veranschlagt.

a) Kalkulation mit vorbestimmten Zuschlagsätzen

Bei der Kalkulation mit vorbestimmten Zuschlagsätzen ist der Umgang mit dieser Position problematisch: Setzt der Kalkulator die 300 € wie Einzelkosten an, dann würde er die Baustelleneinrichtung zweimal bezahlt bekommen, nämlich einmal über die Position 50 und dann noch über den normalen Zuschlag für Gemeinkosten der Baustelle (29,3 % auf Lohn) bei allen Leistungen. Damit könnte jedoch der Angebotspreis zu hoch sein, so dass der Auftrag verloren geht.

Theoretisch könnte man dem abhelfen, indem man von den verrechneten Gemeinkosten der Baustelle die 300 € abzieht und einen neuen Zuschlag für Gemeinkosten der Baustelle berechnet:

Lohnkosten im Angebot:
1.300 m² x 1,36 €/m² + 1.000 m²
x 10,20 €/m² =   11.968 €

Im Angebot verrechnete Gemeinkosten
der Baustelle: 11.968 € x 0,293 =   3.506,62 €

Abzug der Gemeinkosten der Baustelle
für Position 50:   -300,00 €

Umzulegende Rest-Gemeinkosten
der Baustelle: 3.206,62 €

Zuschlag für Rest-Gemeinkosten der Baustelle

$$= \frac{3.206,62 \times 100}{11.968} = 26,8\,\%$$

Mit diesem Zuschlagsatz wären dann die Positionen 100 und 200 zu kalkulieren. Der Pauschalpreis der Position 50 berechnet sich wie folgt:

	Position 50 pauschal
= Summe Einzelkosten	300,00 €
+ Gemeinkosten der Baustelle	0,00 €
= Herstellkosten	300,00 €
+ Allgemeine Geschäftskosten (24,97 % auf Herstellkosten)	74,91 €
= Selbstkosten	374,91 €
+ Wagnis und Gewinn (5,86 % auf Selbstkosten)	21,97 €
= Pauschalpreis	396,88 €

Dieses Vorgehen ist zwar systematisch korrekt, aber aufwändig und inhaltlich fragwürdig: Der Zuschlagsatz für Gemeinkosten der Baustelle wird ja bei der Kalkulation mit vorbestimmten Zuschlagsätzen als Durchschnittswert für den Gesamtbetrieb berechnet (s. Punkt 2.2.2); er ist somit für die einzelne Baustelle immer unzutreffend (d. h. entweder überhöht oder nicht auskömmlich). Auf dieser Ausgangsbasis weitergehende Berechnungen anzustellen, kann nicht zu einem besseren Ergebnis führen. Diese wesentliche Schwäche der Kalkulation mit vorbestimmten Zuschlagsätzen kann der Kalkulator nur umgehen, indem er einen angemessenen Pauschalpreis bei der Position 50 einsetzt und die anderen Preise entsprechend den Marktbedingungen anpasst.

b) Kalkulation über die Endsumme

Die Kalkulation über die Endsumme kann bei dieser Fragestellung ihre Stärke - nämlich die differenzierte Betrachtung der Gemeinkosten der Baustelle bereits in der Angebotsphase - voll ausspielen. Werden Teile der Gemeinkosten der Baustelle als Leistungsposition ausgeschrieben, sind die entsprechenden Kostenbestandteile aus der Liste der Gemeinkosten der Baustelle zu streichen und in die Einzelkosten zu stellen. Damit ergibt sich für unser Beispiel dann folgender Zuschlagsatz für die Schlüsselkosten:

Einzelkosten:
31.692 € + 300 € =   31.992 €

Gemeinkosten der Baustelle:
5.084 € - 300 € =   4.784 €

Herstellkosten: 36.776 €

Allgemeine Geschäftskosten, Wagnis und
Gewinn (32,29 % auf Herstellkosten)   11.874,97 €

Zuschlagsatz für Schlüsselkosten

$$= \frac{(4.784 + 11.874,97) \times 100}{31.992} = 52,07\,\%$$

Mit diesem Zuschlagsatz wird das gesamte Angebot gerechnet; so auch die Position 50:

300 € x 1,5207 = 456,21 €
(möglicherweise gerundet auf 500 €)

c) Deckungsbeitragsrechnung

Auch hier wird die Deckungsbeitragsrechnung wieder analog zur Kalkulation über die Endsumme durchgeführt, wenn sie systematisch wie diese aufgebaut wurde.

3.2.5 Berechnung von Tagelohnsätzen

Rechtliche Hinweise

Leistungen, die nicht vorab beschrieben werden können, weil sie nach Art und Umfang zum Zeitpunkt der Ausschreibung unbestimmt sind, werden häufig nach dem Zeitaufwand abgerechnet, der für die Erbringung der Leistung tatsächlich aufgebracht wurde. Solche Stundenlohnarbeiten können sich auf den gesamten Auftrag beziehen (z. B. Reparatur- oder Umbauarbeiten; „selbstständige Stundenlohnarbeiten") oder als Ergänzung in einem Leistungsvertrag aufgeführt sein (z. B. als Titel „Stundenlohnarbeiten", „Tagelohnarbeiten"); diese letztgenannten „angehängten Stundenlohnarbeiten" sind in fast jedem Leistungsverzeichnis anzutreffen und auch sinnvoll, denn bei vielen Bauvorhaben treten unverhergesehene Arbeiten geringeren Umfangs auf, die am einfachsten nach Erfassung des Zeitaufwandes vergütet werden. Die VOB/B bestimmt in § 2, Nr. 10, dass Stundenlohnarbeiten nur vergütet werden, wenn sie als solche vor ihrem Beginn ausdrücklich vereinbart worden sind. Über die Höhe der Vergütung sagt § 15 Nr. 1 VOB/B:

„*(1) Stundenlohnarbeiten werden nach den vertraglichen Vereinbarungen abgerechnet.*

(2) Soweit für die Vergütung keine Vereinbarungen getroffen worden sind, gilt die ortsübliche Vergütung. Ist diese nicht zu ermitteln, so werden die Aufwendungen des Auftragnehmers für die Lohn- und Gehaltskosten der Baustelle, Lohn- und Gehaltsnebenkosten der Baustelle, Stoffkosten der Baustelle, Kosten der Einrichtungen, Geräte, Maschinen und maschinellen Anlagen der Baustelle, Fracht-, Fuhr- und Ladekosten, Sozialkassenbeiträge und Sonderkosten, die bei wirtschaftlicher Betriebsführung entstehen, mit angemessenen Zuschlägen für Gemeinkosten und Gewinn (einschließlich allgemeinem Unternehmerwagnis) zuzüglich Umsatzsteuer vergütet."

Um Auseinandersetzungen über die „ortsübliche Vergütung" zu vermeiden und auch die Stundenlohnarbeiten dem Wettbewerb zu unterstellen - wie es das VHB 2001 in der Nr. 2.1 zu § 5 VOB/A fordert -, werden somit bereits im Leistungsverzeichnis für unterschiedliche Funktionen des Personals (meist angelehnt an die Bezeichnungen in Tarifverträgen) und für verschiedene Maschinen Stundensätze ausgeschrieben. Die Modalitäten der Abrechnung von Stundenlohnarbeiten, die zur Reduzierung von Streitigkeiten unbedingt eingehalten werden sollten, sind in § 15, Nr. 3 ff VOB/B festgelegt.

Kalkulation

Der Unternehmer kann nach o. g. Vorschrift Stunden- oder Tagelohnsätze anbieten, die alle seine Kosten und einen Zuschlag für Gewinn beinhalten. Er ist bei der Berechnung der Höhe solcher Stundensätze natürlich prinzipiell frei, sollte sich jedoch vor Augen halten, dass bei Auftragsverhandlungen und später bei Nachträgen häufig über diese Sätze diskutiert wird. Deshalb ist es besser, dort auf fundierter Grundlage argumentieren zu können. Außerdem sind Kostenbestandteile dieser Sätze offen zu legen, wenn der Auftraggeber dies fordert (z. B. auf EFB).

a) Kalkulation mit vorbestimmten Zuschlagsätzen

Stundensätze für Personal

Ausgangspunkt der Berechnung ist der gezahlte Baustellenlohn, auf den alle Zuschläge für lohngebundene Kosten, Gemeinkosten der Baustelle, Allgemeine Geschäftskosten und Wagnis und Gewinn aufgeschlagen werden.

Beispiel: Stundenlohnsatz für einen Landschaftsgärtner nach 3 Jahren

	Position 300 20 h
Baustellenlohn einschließlich Zulage	12,50 €/h
+ Zuschlag für lohngebundene Kosten (= 70 %)	8,75 €/h
= **Kalkulationslohn**	**21,25 €/h**
+ Gemeinkosten der Baustelle (29,3 %)	6,23 €/h
= **Lohnherstellkosten**	**27,48 €/h**
+ Allgemeine Geschäftskosten (24,97 %)	6,86 €/h
= **Lohnselbstkosten**	**34,34 €/h**
+ Wagnis und Gewinn (5,86 %)	2,01 €/h
= **Stundenlohnsatz**	**36,35 €/h**

Stundensätze für Maschinen

Berechnungsbasis sind die Einzelkosten der Geräte, auf die wieder alle Zuschläge aufgeschlagen werden.

Beispiel: Radlader mit 1,2 m³ Schaufelinhalt einschließlich Bediener (s. Punkt 2.2.1.2)

	Position 310 16 h
Geräteeinzelkosten einschließlich Bedienung	49,11 €/h
+ Gemeinkosten der Baustelle (29,3 % auf Bedienerlohn = 22,10 €/h)	6,48 €/h
= **Geräteherstellkosten**	**55,59 €/h**
+ Allgemeine Geschäftskosten (24,97 %)	13,88 €/h
= **Geräteselbstkosten**	**69,47 €/h**
+ Wagnis und Gewinn (5,86 %)	4,07 €/h
= **Stundenlohnsatz**	**73,54 €/h**

b) Kalkulation über die Endsumme

Bei der Kalkulation über die Endsumme ist zu empfehlen, die angehängten Stundenlohnarbeiten bei der Berechnung des Zuschlagsatzes für die Schlüsselkosten unberücksichtigt zu lassen, denn der Kalkulator kann zum Zeitpunkt der Angebotsabgabe noch nicht abschätzen, ob und in welchem Umfang die Stundenlohnarbeiten überhaupt ausgeführt werden. Der ohne die Stundenlohnarbeiten berechnete Zuschlagsatz für die Schlüsselkosten wird dann auf die Einzelkosten der Stundenlöhne angewendet. Wenn allerdings bei der Ausführung von Stundenlohnarbeiten überproportionale Gemeinkosten der Baustelle zu erwarten sind, müssen diese Mehrkosten zusätzlich aufgeschlagen werden.

Als Besonderheit ist bei *selbstständigen Stundenlohnarbeiten* darauf hinzuweisen, dass es nicht sinnvoll ist, dort die erwarteten Gemeinkosten der Baustelle vorab abzuschätzen und damit dann den Zuschlag für die Schlüsselkosten zu berechnen, wie es eigentlich zum Verfahren der Kalkulation über die Endsumme gehört. Werden nämlich weniger Stunden erbracht als ausgeschrieben, bleiben u. U. Teile der Gemeinkosten der Baustelle ungedeckt. Deshalb ist bei selbstständigen Stundenlohnarbeiten ein Stundensatz ohne Gemeinkosten der Baustelle anzubieten und die erwarteten Gemeinkosten der Baustelle extra aufzuführen. Da selbstständige Stundenlohnarbeiten im GaLaBau selten auftreten, werden im Folgenden nur die angehängten Stundenlohnarbeiten betrachtet.

Stundensätze für Personal

Beispiel: Stundenlohnsatz für einen Landschaftsgärtner nach 3 Jahren

	Position 300 20 h
Baustellenlohn einschließlich Zulage	12,50 €/h
+ Zuschlag für lohngebundene Kosten (= 70 %)	8,75 €/h
= **Kalkulationslohn**	**21,25 €/h**
+ Zuschlag für Schlüsselkosten (53,51 %)	11,37 €/h
= **Stundenlohnsatz**	**32,62 €/h**

Stundensätze für Maschinen

Beispiel: Radlader mit 1,2 m³ Schaufelinhalt einschließlich Bediener (s. Punkt 2.2.1.2)

	Position 310 16 h
Geräteeinzelkosten einschließlich Bedienung	49,11 €/h
+ Zuschlag für Schlüsselkosten (53,51 %)	26,28 €/h
= **Stundenlohnsatz**	**75,39 €/h**

c) Deckungsbeitragsrechnung

Die Berechnung der Stundenlohnsätze verläuft wie bei der Kalkulation über die Endsumme; die dortigen Ausführungen zu den Gemeinkosten der Baustelle gelten für die variablen Gemeinkosten der Baustelle analog.

Stundensätze für Personal

Beispiel: Stundenlohnsatz für einen Landschaftsgärtner nach 3 Jahren

	Position 300 20 h
Baustellenlohn einschließlich Zulage	12,50 €/h
+ Zuschlag für lohngebundene Kosten (= 70 %)	8,75 €/h
= **Kalkulationslohn**	**21,25 €/h**
+ Zuschlag für Deckungsbeitrag und variable Gemeinkosten der Baustelle (64,08 %)	13,62 €/h
= **Stundenlohnsatz**	**34,87 €/h**

Stundensätze für Maschinen

Systematisch richtig ist es, den Zuschlagsatz für den Deckungsbeitrag und die variablen Gemeinkosten der Baustelle auf die variablen Gerätekosten aufzuschlagen.

Beispiel: Radlader mit 1,2 m³ Schaufelinhalt einschließlich Bediener (s. Punkt 2.3.2)

	Position 310 16 h
variable Geräteeinzelkosten einschließlich Bedienung	33,11 €/h
+ Zuschlag für Deckungsbeitrag und variable Gemeinkosten der Baustelle (64,08 %)	21,22 €/h
= **Stundenlohnsatz**	**54,33 €/h**

Die derart berechneten Stundensätze werden jedoch – solange die Konkurrenz mit der Vollkostenrechnung kalkuliert – unter den Marktpreisen liegen und dem Unternehmer einen entsprechenden Spielraum bieten.

3.2.6 Bauseitige Materiallieferung

Rechtliche Hinweise

Die Lieferung des benötigten Materials gehört im Regelfall zur Leistung und ist in die Preise einzukalkulieren. Die VOB/C besagt in der ATV DIN 18299 „Allgemeine Regelungen für Bauarbeiten jeder Art" unter Nr. 2.1.1:

„Die Leistungen umfassen auch die Lieferungen der dazugehörigen Stoffe und Bauteile einschließlich Abladen und Lagern

auf der Baustelle." Somit ist auch in der Leistungsbeschreibung die Formulierung: „*... liefern und ...*" überflüssig. Einzige Ausnahme davon bildet gemäß ATV DIN 18 300 „Erdarbeiten" die Lieferung von Boden und Fels, die somit nicht zur Leistung hinzugehört.

Die gemeinsame Vergabe von Lieferung und Leistung an den Auftragnehmer birgt für den Auftraggeber Vorteile hinsichtlich der Gewährleistung und des Lieferrisikos (Termineinhaltung, Falschlieferung, Fehlmengen usw.). Möchte der Auftraggeber dennoch von diesem Regelfall abweichen, so muss er das unmissverständlich zum Ausdruck bringen („*Lieferung bauseits*", „*... mit vom Auftraggeber beigestellten Stoffen*"). Entschließt sich der Auftraggeber jedoch erst nach der Auftragserteilung dazu, das Material selbst zu beschaffen, handelt es sich rechtlich gesehen um eine Teilkündigung nach § 8, Nr. 1 (2) VOB/B.

Kalkulation

Alle Zuschlagsätze im Unternehmen wurden so berechnet, als erfolge die Materiallieferung durch den Betrieb, d. h. die Gemeinkosten wurden auf die Einzelkosten - zu denen auch die Materialkosten gehören - umgelegt. Wenn nun im Angebot Materialeinzelkosten fehlen, weil der Auftraggeber die Lieferung selbst übernimmt, darf es nicht zu einer Unterdeckung der Gemeinkosten und des Anteils für Wagnis und Gewinn kommen.

a) Kalkulation mit vorbestimmten Zuschlagsätzen

Bei der Kalkulation mit vorbestimmten Zuschlagsätzen ist erst ein „fiktiver" Preis einschließlich der Materiallieferung zu berechnen. Von diesem Preis sind dann zum Schluss die Materialeinzelkosten abzuziehen. Auf diese Weise bleiben alle Zuschläge auf die Materialeinzelkosten dem Unternehmen erhalten.

Beispiel:

Position 100 (Tragschicht), jetzt geändert: Materiallieferung bauseits

fiktiver Kalkulationspreis mit Material	13,55 €/m²
- Materialeinzelkosten	5,20 €/m²
= Kalkulationspreis ohne Materiallieferung	8,35 €/m²

Damit wird deutlich, dass sich die Materiallieferung für den Auftraggeber nur lohnt, wenn er erheblich geringere Beschaffungskosten hat als der Auftragnehmer.

b) Kalkulation über die Endsumme

Auch bei der Kalkulation über die Endsumme ist zunächst so zu kalkulieren, als gehöre die Lieferung zur Leistung: Die Materialkosten werden bei den Einzelkosten mitgerechnet und auch bei der Berechnung des Zuschlagsatzes für die Schlüsselkosten beibehalten. Erst wenn so der „fiktive" Preis feststeht, sind die Materialeinzelkosten zu subtrahieren.

Beispiel:

Position 100 (Tragschicht), jetzt geändert: Materiallieferung bauseits

fiktiver Kalkulationspreis mit Material	15,11 €/m²
- Materialeinzelkosten	5,20 €/m²
= Kalkulationspreis ohne Materiallieferung	9,91 €/m²

c) Deckungsbeitragsrechnung

Da Materialeinzelkosten ihrem Charakter nach variable Kosten sind, ergibt sich kalkulationssystematisch kein Unterschied zu der Kalkulation über die Endsumme.

Beispiel:

Position 100 (Tragschicht), jetzt geändert: Materiallieferung bauseits

fiktiver Kalkulationspreis mit Material	14,37 €/m²
- variable Materialkosten	5,20 €/m²
= Kalkulationspreis ohne Materiallieferung	9,17 €/m²

3.2.7 Subunternehmerleistungen

Rechtliche Hinweise

Wenn ein Unternehmen aufgrund nicht ausreichender eigener Kapazität, mangelnder Qualifikation des Personals oder wegen nicht konkurrenzfähiger Produktivität die geforderte Leistung oder Teile davon nicht selbst erbringen kann oder will, wird es diese Arbeiten an einen Subunternehmer weitervergeben, sofern dieser Subunternehmereinsatz zulässig ist. Während im BGB-Werkvertrag die Weitervergabe an Subunternehmer ohne Weiteres möglich ist, sieht die VOB/B im § 3, Nr. 8 (1), Satz 1 die Verpflichtung des Auftragnehmers vor, die Leistung im eigenen Betrieb zu erbringen. Nur mit schriftlicher Zustimmung des Auftraggebers darf die Leistung oder Leistungsteile an Nachunternehmer übertragen werden (§ 4, Nr. 8, (1), Satz 2 VOB/B). Diese Zustimmung ist jedoch nicht notwendig bei Leistungen, auf die der Betrieb nicht eingerichtet ist; dabei kann es sich jedoch nur um Nebenleistungen handeln, denn der Bieter bekundet durch sein Angebot die Absicht, die Gesamtleistung vertragsgemäß zu erbringen (HEIERMANN et al. 2000, S. 1321).

Übernimmt der Nachunternehmer nur Teile einer Position, so handelt es sich meist um Lohn- und Maschinenarbeiten; in diesem Fall spricht man im Bauwesen von *Fremdarbeitskosten* (DREES/PAUL 1998, S. 80). Davon abzugrenzen sind Nachunternehmerleistungen, bei denen der Subunternehmer die Leistung komplett (d. h. mit Materiallieferung und Maschinengestellung) erbringt und die volle Gewährleistung trägt.

Kalkulation

Der kalkulatorische Unterschied zwischen Fremdarbeitskosten und *Nachunternehmerleistungen* besteht darin, dass Fremdarbeitskosten lediglich an die Stelle eigener Lohn- oder Geräteeinzelkosten zu setzen sind. Der Aufwand für die Baustellenleitung, weitere Gemeinkosten der Baustelle und Allgemeine Geschäftskosten ist praktisch mit der Selbstausführung identisch, und auch der Gewinnanteil muss erhalten bleiben. Dementsprechend ist in der Angebotskalkulation mit denselben Zuschlagsätzen zu arbeiten, als würde die Arbeit mit eigenem Personal oder Maschinen erbracht; an die Stelle der Lohn- oder Geräteeinzelkosten tritt dann der Angebotspreis des Subunternehmers.

Bietet beispielsweise ein Subunternehmer die Verlegung des Pflasters der Position 200 zum Einheitspreis von 8 €/m² an, dann ist in der Kalkulation mit vorbestimmten Zuschlagsätzen folgender Kalkulationspreis zu berechnen:

	Position 200 1.000 m²
Fremdarbeitskosten (= Angebotspreis des Subunternehmers)	8,00 €/m²
+ Einzelkosten Material	7,65 €/m² (Pflaster) 1,05 €/m² (Sand)
= **Summe Einzelkosten**	**16,70 €/m²**
+ Gemeinkosten der Baustelle (29,3 % auf Lohn)	2,34 €/m²
= **Herstellkosten**	**19,04 €/m²**
+ Allgemeine Geschäftskosten (24,97 % auf Herstellkosten)	4,75 €/m²
= **Selbstkosten**	**23,79 €/m²**
+ Wagnis und Gewinn (5,86 % auf Selbstkosten)	1,39 €/m²
= **Kalkulationspreis**	**25,18 €/m²**

Auch bei den anderen Kalkulationsverfahren sind die Einzelkosten durch die Fremdarbeitskosten zu ersetzen. Ein Preisabschlag kann lediglich vorgenommen werden, weil bei Fremdarbeitskosten kein Kalkulationsrisiko vorliegt: Die 8 €/m² stehen fest, während die eigenen Lohnkosten die Unsicherheit hinsichtlich der Zeitleistungen beinhalten würden.

Erbringt der Subunternehmer jedoch die Leistung komplett, fallen für den Betrieb wesentliche Aufwendungen an Gemeinkosten weg; im Idealfall braucht der Subunternehmer nur in die Baustelle eingewiesen und nach Beendigung der Arbeiten ein Aufmaß angefertigt zu werden. Deshalb ist in diesem Fall mit geringeren Zuschlagsätzen zu kalkulieren. Das ist auch aufgrund der Marktsituation notwendig: Für Nachunternehmerleistungen (z. B. im Zaunbau) existiert meist ein allgemeines Preisniveau, das auch den Auftraggebern bekannt ist. Würden nun auf die Nachunternehmerpreise noch die vollen Zuschläge aufgeschlagen, so ergäben sich nicht wettbewerbsfähige Angebotspreise, die bei Auftragsverhandlungen keinen Bestand haben dürften.

In der EDV erhalten somit Nachunternehmerleistungen einen eigenen Zuschlagsatz, während Fremdarbeitskosten unter die Lohn- bzw. Maschineneinzelkosten einzugeben sind.

Kalkulatorisch schwieriger zu behandeln sind die Fälle, die eine Zwischenstellung zwischen Fremdarbeitskosten und Nachunternehmerleistungen einnehmen. Das könnte sich im Pflaster-Beispiel so gestalten, dass der Subunternehmer die Verlegung des Pflasters für 8 €/m² anbietet und außerdem selbst die erforderlichen Gemeinkostengeräte (Service-Radlader, Rüttelplatte) stellt. Bei der Kalkulation mit vorbestimmten Zuschlagsätzen gibt es keine methodisch saubere Lösung, in dieser Situation einen korrekten Kalkulationspreis mit der „Verschiebung" der genannten Gemeinkosten der Baustelle zu berechnen.

Bei der Kalkulation über die Endsumme und analog in der Deckungsbeitragsrechnung ist diese Lage einfach zu berücksichtigen, indem die nunmehr nicht benötigten Gemeinkosten der Baustelle aus der Liste der Gemeinkosten der Baustelle gestrichen werden.

Die Aufstellung der Gemeinkosten der Baustelle unter Punkt 2.2.2 könnte sich beispielsweise folgendermaßen ändern, wenn der Subunternehmer angibt, zwölf Tage für seine Leistung zu benötigen:

Gemeinkosten der Baustelle bei eigener Leistung (5 Tage x 252 €/d)	1.260 €

Gemeinkosten der Baustelle
pro Tag bei Subunternehmereinsatz:
  Bauwagen
  Wasser/Strom/Telefon
  Baustellenleiter (2 h x 25 €)
	
	10 €/d
	5 €/d
	50 €/d

	65 €/d
Gemeinkosten der Baustelle Subunternehmereinsatz (12 Tage x 65 €/d)	780 €
Pauschale für Baustelleneinrichtung	300 €
Pauschale für Vermessung	400 €
Pauschale für Entsorgung	100 €
Summe Gemeinkosten der Baustelle:	2.840 €

Damit ergibt sich für dieses Bauvorhaben folgender Zuschlagsatz für die Schlüsselkosten:

Summe der Einzelkosten (bei Berücksichtigung der Fremdarbeitskosten in Position 200; Ersparnis 2,20 €/m², das ergibt geringere Einzelkosten von 1.000 m² x 2,20 €/m² = 2.200 €):

$$31.692\ \text{€} - 2.200\ \text{€} = 29.492\ \text{€}$$

Gemeinkosten der Baustelle	2.840 €
Herstellkosten	32.332 €
Allgemeine Geschäftskosten, Wagnis und Gewinn (32,29 %)	10.440 €

$$Z = \frac{(2.840 + 10.440) \times 100}{29.492} = 45,03\ \%$$

Mit diesem Zuschlagsatz sind alle Positionen des Leistungsverzeichnisses zu kalkulieren.

3.2.8 Preise bei Änderung der Preisermittlungsgrundlagen

Rechtliche Hinweise

Der Kalkulator kalkuliert sein Angebot für eine Bauleistung als Paket zu den Bedingungen, wie sie bei Vertragsabschluss vorlagen. Nimmt der Auftraggeber nach Vertragsabschluss Änderungen an diesem Leistungspaket und an den Bauumständen vor, so kann der Auftragnehmer wegen dieser neuen Preisermittlungsgrundlagen die Vereinbarung neuer Preise verlangen. Der VOB-Vertrag gesteht im § 1, Nr. 3 VOB/B dem Auftraggeber ausdrücklich das Recht zu, Änderungen des Bauentwurfs anzuordnen. Dieser Anspruch stellt für das Bauwesen eine Ausnahme im Werkvertragsrecht dar, in dem ja regelmäßig die Leistungspflichten bei Vertragsabschluss endgültig bestimmt werden. Hinsichtlich der Vergütung von Leistungen, die durch Anordnung des Auftraggebers geändert werden, führt § 2, Nr. 5 VOB/B aus:

„*Werden durch Änderung des Bauentwurfs oder andere Anordnungen des Auftraggebers die Grundlagen des Preises für eine im Vertrag vorgesehene Leistung geändert, so ist ein neuer Preis unter Berücksichtigung der Mehr- oder Minderkosten zu vereinbaren. Die Vereinbarung soll vor der Ausführung getroffen werden.*"

Nach DIEDERICHS (zitiert in HEIERMANN et al. 2000, S. 1155), fallen unter diese Regelung beispielsweise folgende, nach Vertragsabschluss angeordnete Veränderungen des Bauentwurfs oder andere Änderungen, wenn sie gegenüber der ursprünglich angebotenen Ausführung abweichen:

- die Veränderung der geometrischen Form von Bauteilen oder Bauelementen (z. B. Pflasterung des Schulhofes in einem aufwändigeren Verband)
- die Wahl anderer Baustoffe (z. B. Klinker- statt Betonpflaster)
- die Veränderung vertraglich vorgesehener Mengenansätze (als nachträgliche Anordnung; bei Mengenänderungen durch Bauumstände s. Punkt 3.2.10! (Beispielsweise könnte sich der Auftraggeber für eine Teilung der Fläche in 600 m² Beton- und 400 m² Klinkerpflaster entscheiden.)
- die Veränderung oder Nichteinhaltung wichtiger technischer und baubetrieblicher Baustellenbedingungen, mit denen zum Zeitpunkt der Angebotskalkulation zu rechnen war (wenn z. B. die Zufahrt zum Schulhof nicht wie in den Verdingungsunterlagen angegeben über eine breite Straße, sondern nur über einen schmalen Weg möglich ist)
- die Veränderung der vertraglich vereinbarten Bauzeit und des Beginns der Ausführung (wenn z. B. der Schulhof in zwei Bauabschnitten herzustellen ist).

Anordnungen, die sich lediglich auf eine Konkretisierung des Vertragsinhaltes beziehen, den der Auftragnehmer ohnehin schuldet, sind damit nicht gemeint. Liegt jedoch ein leistungsändernder Eingriff des Auftraggebers vor, durch den die Preisermittlungsgrundlagen des ursprünglichen Angebots tangiert werden, so ist auf Verlangen ein neuer Preis zu vereinbaren; diese Vereinbarung hat die einzelnen, mittelbar oder unmittelbar betroffenen Positionen zum Inhalt.

Bezugsbasis für die neuen Preise ist immer die Preisermittlungsgrundlage der Vertragspreise; diese kann eine Angebots- oder Auftragskalkulation (wenn sie vorliegt) sein. Die Vertragspreise sind unter Berücksichtigung der durch die auftraggeberseitigen Anordnungen bewirkten Kostenerhöhungen oder -minderungen fortzuschreiben. Die ursprünglichen Preise bleiben auch Bezugsbasis, wenn sie spekulativ überhöht oder erniedrigt wurden; auch Kalkulationsirrtümer werden – von wenigen Ausnahmen abgesehen (KAPELLMANN/SCHIFFERS 2000a, S. 414 f) – im Zuge der neuen Preisgestaltung nicht korrigiert.

Der Auftragnehmer muss die Kostenveränderungen durch eine Vergleichsrechnung zwischen der ursprünglichen Preisermittlung mit den veränderten Bedingungen detailliert belegen; fehlt es an diesem detaillierten Nachweis, dann braucht der Auftraggeber die Vergütungsforderung nicht anzuerkennen. Üblicherweise erfolgt der Nachweis durch Vorlage der Urkalkulation (ggf. unter Beiziehung der EFB) und Angabe aller Kostenabweichungen, die durch die Anordnungen zu erwarten sind. Dabei können auch – und das gilt in vielen anderen Fällen des Nachtragsmanagements – die Kosten der Nachtragsbearbeitung an den Auftraggeber weitergegeben werden.

Die Vereinbarung des neuen Preises soll vor der Ausführung der Leistung getroffen werden. Da es sich um eine Soll-Vorschrift handelt, ist es fraglich, ob der Auftragnehmer die Leistung verweigern kann, bis der neue Preis feststeht. Dies ist im Regelfall zu bejahen. Gerichtsurteile und Kommentare gestehen dem Auftragnehmer sogar ein Kündigungsrecht zu, wenn der Auftraggeber den Vergütungsanspruch überhaupt bestreitet oder der Vergütungsanpassung grundlos, wiederholt oder mit sachfremden Erwägungen ausweicht (KAPELLMANN/SCHIFFERS 2000a, S. 386 ff); dieses Kündigungsrecht kann auch nicht in AGB rechtswirksam ausgeschlossen werden.

Wenn eine Einigung über den neuen Preis nicht erreicht werden kann, können die Vertragspartner einen Dritten mit der Preisfindung beauftragen oder eine gerichtliche Entscheidung herbeiführen.

Bei der Berechnung der neuen Preise sind Preisnachlässe, die bei Vertragsabschluss gewährt wurden, nicht zu berücksichtigen (HEIERMANN et al. 2000, S. 1159). Ein Skontoabzug bleibt jedoch – da Skonto kein Preisbestandteil ist – auch auf die veränderten Preise möglich.

Zwar sieht die VOB/B für veränderte Leistungen keine Ankündigungspflicht des Auftragnehmers hinsichtlich der Vergütungsanpassung vor, es ist jedoch in jedem Fall empfehlenswert, das Verlangen auf Preisänderung möglichst frühzeitig dem Auftraggeber mitzuteilen. Vielfach ist sich der Auftraggeber überhaupt nicht im Klaren, welche kostenmäßigen Änderungen seine Anordnungen bewirken (Das gilt besonders für Änderungen der Bauumstände). Deshalb kann eine frühzeitige Ankündigung hier zur Klarheit und zur Vermeidung späterer Streitigkeiten beitragen; gelegentlich wird der Auftraggeber bei Kenntnis der Folgekosten seine Anordnungen auch überdenken.

Eine Klausel in AGB, die einen Vergütungsanspruch des Auftragnehmers davon abhängig macht, dass er vor der Ausführung ein Nachtragsangebot eingereicht hat, verstößt nicht gegen das AGBG. Allerdings kann der Auftraggeber die Vergütung für die ausgeführte Leistung nach Treu und Glauben nicht verweigern, wenn der Auftragnehmer vertragswidrig vorher kein Angebot eingereicht hat (INGENSTAU/KORBION 2001, S. 1041). Im Übrigen ist so mit HEIERMANN (et al. 2000, S. 1148) festzustellen, dass eine Anknüpfung des Mehrvergütungsanspruches an eine vorherige Ankündigung, die Vorlage eines Angebotes oder einer Vereinbarung oder die Forderung der Schriftform für alle Anordnungen und Willenserklärungen in AGB nicht wirksam vorgenommen werden kann. Solche Regelungen können zwar individualvertraglich vereinbart werden, stoßen aber auch dann unter dem Gesichtspunkt von Treu und Glauben an ihre Grenzen, wenn sie so einschränkend sind, dass sie einen Wegfall der Geschäftsgrundlage bewirken.

Kalkulation

Bei der Kalkulation veränderter Leistungen handelt es sich um die Fortschreibung aller gegenüber der Preisermittlung der Vertragspreise geänderten Kosten; dabei ist auch die Kalkulationsmethodik der jeweiligen Bezugsposition anzuwenden. Es ist deshalb für den Kalkulator wichtig, wirklich alle Kostenänderungen, die sich durch die Anordnungen des Auftraggebers ergeben werden, vorauszukalkulieren und im Nachtragspreis zu berücksichtigen. So kann er z. B. später keine Behinderungskosten mehr geltend machen, wenn sich durch die veränderte Leistung die Bauzeit verändert und für diese Leistung ein neuer Preis vereinbart wurde. Alle Vertragsänderungswirkungen einer Anordnung müssen sofort in den neuen Preis einfließen.

Erhöhen sich die Einzelkosten einer Position, so ergibt sich durch die Zuschlagsätze auch ein erhöhter Anteil für Allgemeine Geschäftskosten und Wagnis und Gewinn.

Anders ist die Situation bei verringerten Einzelkosten: In diesem Fall bleibt dem Auftragnehmer der ursprüngliche Anteil für Allgemeine Geschäftskosten sowie Wagnis und Gewinn erhalten, und der neue Preis beinhaltet nur die veränderten Einzelkosten (KAPELLMANN/SCHIFFERS 2000a, S. 403). Differenzierter ist bei den Gemeinkosten der Baustelle vorzugehen: Sich dort ergebende, überproportionale Veränderungen sind an den Auftraggeber weiterzugeben.

Um die Kalkulation in diesen beiden Fällen zu demonstrieren, wird im Folgenden die Position 200 (Betonpflaster) nach Vertragsabschluss verändert in

Position N 1   1.000 m² Betonpflasterfläche wie Position 200, jedoch Reihenverband in regelmäßigen Wellen, Wellenlänge 9 m, Amplitude 0,8 m ...

Position N 2   1.000 m² Betonpflasterfläche wie Position 200, jedoch Material Betonpflaster 6 cm dick ...

Bei Position N 1 erhöht sich nach Ansicht des Kalkulators der Zeitaufwand durch den aufwändigeren Verband um 6 min/m².

Bei Position N 2 werden die Materialeinzelkosten durch billigeren Einkauf um 1 €/m² geringer, und durch die leichteren Steine geht die Arbeit 3 min/m² schneller von der Hand.

a) Kalkulation mit vorbestimmten Zuschlagsätzen

	Position N 1 1.000 m²
Einzelkosten Lohn	30 min/m² + 6 min/m² = 36 min/m² x 0,34 €/min = 12,24 €/m²
+ Einzelkosten Material	7,65 €/m² (Betonpflaster) 1,05 €/m² (Sand)
= Summe Einzelkosten	20,94 €/m²
+ Gemeinkosten der Baustelle (29,3 % auf Lohn; erhöhen sich proportional	3,59 €/m²
= Herstellkosten	24,53 €/m²
+ Allgemeine Geschäftskosten (24,97 % auf Herstellkosten)	6,13 €/m²
= Selbstkosten	30,66 €/m²
+ Wagnis und Gewinn (5,86 % auf Selbstkosten)	1,80 €/m²
= Neuer Preis	32,46 €/m²

	Position N 2 1.000 m²
Einzelkosten Lohn	30 min/m² - 3 min/m² = 27 min/m² x 0,34 €/min = 9,18 €/m²
+ Einzelkosten Material	6,65 €/m² (Betonpfl., 6 cm) 1,05 €/m² (Sand)
= **Summe Einzelkosten**	**16,88 €/m²**
+ Gemeinkosten der Baustelle (29,3 % auf Lohn; vermindern sich proportional)	2,69 €/m²
= **Herstellkosten**	**19,57 €/m²**
+ Allgemeine Geschäftskosten	5,47 €/m² (aus Urkalkulation)
= **Selbstkosten**	**25,04 €/m²**
+ Wagnis und Gewinn	1,60 €/m² (aus Urkalkulation)
= **Neuer Preis**	**26,64 €/m²**

b) Kalkulation über die Endsumme

Durch den veränderten Zeitaufwand

- verlängert sich die Bauausführung bei Position N 1 um 1.000 m² x 6 min/m² = 6.000 min. Das entspricht bei einer Kolonnenstärke von sechs Mitarbeitern etwa zwei Tagen
- vermindert sich bei Position N 2 die Baustellendauer um 1.000 m² x 3 min/m² = 3.000 min; entsprechend ein Tag.

	Position N 1 1.000 m²
Kalkulationspreis Position 200	29,01 €/m²
+ zusätzliche Einzelkosten Lohn (20,94 €/m² - 18,90 €/m²)	2,04 €/m²
+ zusätzliche Gemeinkosten der Baustelle (2 Tage x 252 €/d/1.000 m²)	0,50 €/m²
+ zusätzliche Allgemeine Geschäftskosten und Wagnis und Gewinn bleiben wie 32,29 % auf (2,04 € + 0,50 €)	0,82 €/m²
= **Neuer Preis**	**32,37 €/m²**

	Position N 2 1.000 m²
Kalkulationspreis Position 200	29,01 €/m²
- verminderte Einzelkosten Lohn (18,90 €/m² - 16,88 €/m²)	-2,02 €/m²
- verminderte Einzelkosten Material 7,65 - 6,65 € = 1,00 €/m²	-1,00 €/m²
- verminderte Gemeinkosten der Baustelle (1 Tag x 252 €/d/1.000 m²)	-0,25 €/m²
Allgemeine Geschäftskosten und Wagnis und Gewinn bleiben wie im ursprünglichen Preis kalkuliert	+/- 0
= **Neuer Preis**	**25,74 €/m²**

Bei der Kalkulation über die Endsumme ist nicht etwa ein neuer Zuschlagsatz für die Schlüsselkosten zu berechnen, der ja alle Positionen betreffen würde; vielmehr ist bei Leistungsänderungen jede einzelne Position im Bezug zur dazugehörigen Angebotskalkulation zu bearbeiten.

c) Deckungsbeitragsrechnung

	Position N 1 1.000 m²
Kalkulationspreis Position 200	31,01 €/m²
+ zusätzliche variable Einzelkosten Lohn (20,94 €/m² - 18,90 €/m²)	2,04 €/m²
+ zusätzliche variable Gemeinkosten der Baustelle (2 Tage x 116 €/d/1.000 m²)	0,23 €/m²
+ zusätzlicheDeckungsbeitrag 50,32 % auf (2,04 €/m² + 0,23 €/m²)	1,14 €/m²
= **Neuer Preis**	**34,42 €/m²**

	Position N 2 1.000 m²
Kalkulationspreis Position 200	31,01 €/m²
- verminderte variable Einzelkosten Lohn (18,90 €/m² - 16,88 €/m²)	-2,02 €/m²
- verminderte variable Materialkosten 7,65 - 6,65 € = 1,00 €/m²	-1,00 €/m²
- verminderte Gemeinkosten der Baustelle (1 Tag x 116 €/d/1.000 m²)	-0,12 €/m²
Deckungsbeitrag bleibt wie im ursprünglichen Preis kalkuliert	+/- 0
= **Neuer Preis**	**27,87 €/m²**

3.2.9 Zusätzliche Leistungen

Sehr häufig entscheidet sich der Auftraggeber aus verschiedenen Gründen nach Vertragsabschluss dafür, weitere Leistungen an den Auftragnehmer zu vergeben. Die VOB/B gibt ihm dazu in § 1, Nr. 4 diese Anordnungsbefugnis:

„*Nicht vereinbarte Leistungen, die zur Ausführung der vertraglichen Leistungen erforderlich werden, hat der Auftragnehmer auf Verlangen des Auftraggebers mit auszuführen, außer wenn sein Betrieb auf derartige Leistungen nicht eingerichtet ist. Andere Leistungen können dem Auftragnehmer nur mit seiner Zustimmung übertragen werden.*"

Mit KAPELLMANN/SCHIFFERS (2000a, S. 322) ist deshalb zu unterscheiden:

■ Der Auftraggeber ordnet Leistungen an, die zur Ausführung der vertraglichen Leistung erforderlich werden. Das sind dann echte „zusätzliche Leistungen", die der Auftragnehmer ausführen muss. Ihre Vergütung ist in § 2, Nr. 6 VOB/B geregelt. (Stellt sich beim Bauvorhaben Schulhof heraus, dass vor dem Tragschichteinbau die Verlegung eines Geotextilvlieses zur Stabilisierung des Untergrundes notwendig ist, so stellt dies eine zusätzliche Leistung dar.)

■ Ordnet der Auftraggeber eine Leistung an, die zur Ausführung der Vertragsleistung zwar nicht erforderlich ist, jedoch mit der Hauptleistung in Verbindung steht, so handelt es sich um eine „andere Leistung", die der Auftragnehmer nicht ausführen muss, deren Vergütung sich aber, wenn er die Leistung erbringt, ebenfalls nach § 2, Nr. 6 VOB/B richtet. (Auftragnehmer rodet einzelne Bäume entlang des Schulhofes.)

■ Werden Leistungen angeordnet, die weder für die Hauptleistung erforderlich sind noch mit ihr in Verbindung stehen, so handelt es sich um „neue, selbstständige Leistungen". Sie stellen Folge- oder Anschlussaufträge dar; für sie gilt die Vergütungsregelung des § 2, Nr. 6 VOB/B nicht. (Außer dem Schulhof soll auch noch der Lehrerparkplatz, der sich an der anderen Gebäudeseite befindet, umgestaltet werden.)

Im Folgenden geht es um die Preisbildung bei den zusätzlichen Leistungen.

Rechtliche Hinweise

Hinsichtlich zusätzlicher Leistungen führt die VOB/B in § 2, Nr. 6 aus:

„(1) Wird eine im Vertrag nicht vorgesehene Leistung gefordert, so hat der Auftragnehmer Anspruch auf eine besondere Vergütung. Er muss jedoch den Anspruch dem Auftraggeber ankündigen, bevor er mit der Ausführung der Leistung beginnt.

(2) Die Vergütung bestimmt sich nach den Grundlagen der Preisermittlung für die vertragliche Leistung und den besonderen Kosten der geforderten Leistung. Sie ist möglichst vor Beginn der Ausführung zu vereinbaren."

Der Vergütungsanspruch des Auftragnehmers besteht als Ausgleich für das Recht des Auftraggebers, einseitig Leistungen anzuordnen. Voraussetzung für die Vergütung auf dieser Anspruchsgrundlage sind drei Kriterien:

1. Es muss sich um eine zusätzliche Leistung handeln.
2. Die Leistung muss vom Auftraggeber gefordert worden sein.
3. Der Auftragnehmer muss seinen Vergütungsanspruch angekündigt haben.

Zu diesen Bedingungen nun einige Erläuterungen:

zu 1: **Handelt es sich um zusätzliche Leistungen?**

Bei der Frage, ob eine Leistung eine zusätzliche Leistung ist, muss das ursprüngliche Bausoll mit den erforderlichen Leistungen verglichen werden. Demnach gehören nicht zu den zusätzlichen Leistungen:

● Nebenleistungen nach den ATV, die auch ohne Erwähnung im Vertrag zur vertraglichen Leistung gehören

● die Ausführung von Eventual- und Alternativpositionen, denn diese sind bereits im Vertrag geregelt

● sich bei der Ausführung zeigende Erschwernisse und dadurch sich ergebende Mehrleistungen, für die der Auftragnehmer das Risiko trägt (Eine Sammlung unterschiedlicher Urteile und Kommentare zu den Erschwernissen führen HEIERMANN et al. 2000, S. 1174 ff, auf.)

● eine nachträglich angeordnete Erhöhung des Leistungsumfanges, weil es sich dann um eine geänderte Leistung handelt

● Mehrleistungen, die sich aus der Fehlerhaftigkeit der Leistungsbeschreibung ergeben, wenn die Leistungsbeschreibung erkennbar unklar, unrichtig und unvollständig war und der Auftragnehmer dennoch einen Preis angeboten hatte. Der ins Blaue hinein spekulierende Bieter wird nicht durch die VOB geschützt und muss die Leistung komplett erbringen.

zu 2: **Wurde die Leistung vom Auftraggeber gefordert?**

Die zusätzliche Leistung muss in der Regel ausdrücklich gefordert werden; das kann mündlich, schriftlich oder auch durch die Vorlage eines entsprechenden Ausführungsplanes geschehen. Daneben ist auch die Anordnung durch schlüssiges Verhalten oder unter bestimmten Bedingung sogar durch Stillschweigen möglich (s. HEIERMANN et al. 2000, S. 1169 f). In dem Zusammenhang ist es häufig fraglich, welche Personen überhaupt befugt sind, solche Anordnungen für den Auftraggeber bindend zu treffen. Beispielsweise wird dem Architekten bei geringfügigen Zusatzleistungen dieses Recht zugesprochen, während bei umfangreichen Leistungen nur der ausdrücklich dazu bevollmächtigte Architekt oder der Auftraggeber wirksam anordnen können (Näheres zur Vertretungsmacht s. KAPELLMANN/SCHIFFERS 2000a, S. 349 ff).

zu 3: **Wie muss der Vergütungsanspruch angekündigt werden?**

Die Ankündigung des Vergütungsanspruches sollte aus Beweisgründen am besten schriftlich beim Auftraggeber erfolgen; strittig ist, ob der Architekt als Adressat ausreicht. Die Höhe des Vergütungsanspruches muss bei der Ankündigung zunächst noch nicht angegeben werden. Nach herrschender Meinung ist diese Ankündigungspflicht nicht nur eine Nebenpflicht des Auftragnehmers, sondern eine Anspruchsvoraussetzung für die Vergütung. Hier liegt rechtlich der wesentliche Unterschied zwischen zusätzlichen Leistungen (§ 2, Nr. 6 VOB/B) und geänderten Leistungen (§ 2, Nr. 5 VOB/B), bei denen diese Ankündigung nicht erforderlich ist.

Auch bei zusätzlichen Leistungen kann auf die Ankündigung verzichtet werden, wenn der Auftraggeber bei Forderung der Leistung von der Vergütungspflicht ausging oder ausgehen musste. Da hierfür allerdings der Auftragnehmer im Zweifel die Beweislast trägt, ist der Verzicht auf die Ankündigung sicher mit Unwägbarkeiten verbunden.

Die Höhe der Vergütung ist möglichst vor der Ausführung zu vereinbaren. Es handelt sich hierbei um eine Ist-Vorschrift, für die aber Ausnahmen zugelassen sind. Sinnvoll ist es sicherlich, zu einer Preisvereinbarung vor der Ausführung zu gelangen: Der Auftraggeber kennt dann die zu tragenden Mehrkosten, und der Auftragnehmer hat Klarheit über die Vergütung. Allerdings ist es möglich, die Einigung über den Preis auf einen späteren Zeitpunkt zu verschieben, wenn der Bauablauf durch die Phase der Preisverhandlung gestört würde; dann verliert der Auftragnehmer seinen Vergütungsanspruch nicht. Andererseits hat der Auftragnehmer in der Regel kein Leistungsverweigerungs- oder Kündigungsrecht, wenn eine Einigung über die Höhe der Vergütung vor Beginn noch nicht zustande kommt. Diese Rechte stehen ihm nur ausnahmsweise zu, wenn der Auftraggeber die Mitwirkung an einer Preisvereinbarung endgültig verweigert (HEIERMANN et al. 2000, S. 1180 f).

Der Vergütungsanspruch des Auftragnehmers für zusätzliche Leistungen kann in vorformulierten Klauseln nach AGBG nicht rechtswirksam ausgeschlossen oder eingeschränkt werden.

Kalkulation

Zusätzliche Leistungen sind – wie übrigens auch die „anderen Leistungen" – kalkulatorisch zu behandeln wie die auf Anordnung des Auftraggebers geänderten Leistungen (s. Punkt 3.2.8). Insofern treffen die dort gegebenen Hinweise auch hier zu:

- Bei der Preisermittlung handelt es sich um eine Fortschreibung der Preisermittlungsgrundlagen (z. B. Kalkulationsmittellohn, Maschinen-Verrechnungssätze, Zuschlagssätze, Kalkulationsverfahren)

- Alle durch zusätzliche Leistungen verursachte Mehraufwendungen (Einzelkosten und Gemeinkosten der Baustelle) gegenüber der vertraglichen Leistung sind vorab zu schätzen und in die Vergütung einzurechnen. Spätere Nachforderungen sind nicht möglich.

- Wird durch eine zusätzliche Leistung eine vertragliche Leistung ersetzt, muss hinsichtlich Gemeinkosten der Baustelle, Allgemeinen Geschäftskosten und Wagnis und Gewinn mindestens der gleiche Deckungsstand erreicht werden (KAPELLMANN/SCHIFFERS 2000a, S. 405).

Da sich somit die Kalkulationsmethodik nicht von der unter Punkt 3.2.8 unterscheidet, kann an dieser Stelle auf Beispielrechnungen verzichtet werden.

Leistungen, die als „selbstständige Leistungen" anzusehen sind, fallen nicht unter die Vergütungsregelung des § 2, Nr. 6 VOB/B. So kann in diesem Fall der Unternehmer seinen Preis losgelöst vom Vertrag anbieten und ist an dessen Preisgefüge nicht mehr gebunden.

3.2.10 Vergütungsanpassung bei Mengenabweichungen

Bei Einheitspreisverträgen ist es die Regel in der Baupraxis, dass die im Leistungsverzeichnis ausgeschriebene Menge einer Leistung nicht mit der dann tatsächlich ausgeführten übereinstimmt. Diese Diskrepanz entsteht, weil der Ausschreibende häufig – auch bei sorgfältiger Vorgehensweise – die exakten Mengen aus den Planunterlagen nicht ermitteln kann. Der Auftragnehmer hat jedoch auf der Basis der Vordersätze des Angebots seine Umlagen gebildet und die Preise berechnet; kommen nun andere Mengen zur Ausführung, muss zwangsläufig ein Teil der umgelegten Kosten ungedeckt bleiben oder es kommt im Gegenteil zu einer Überdeckung dieser Kosten. Diese für den Auftragnehmer ungewisse und unbefriedigende Situation löst die VOB/B, indem sie für den Fall der Mengenabweichung im § 2, Nr. 3 folgende Regelung trifft:

(1) *Weicht die ausgeführte Menge der unter einem Einheitspreis erfassten Leistung oder Teilleistung um nicht mehr als 10 v. H. von dem im Vertrag vorgesehenen Umfang ab, so gilt der vertragliche Einheitspreis.*

(2) *Für die über 10 v. H. hinausgehende Überschreitung des Mengenansatzes ist auf Verlangen ein neuer Preis unter Berücksichtigung der Mehr- oder Minderkosten zu vereinbaren.*

(3) *Bei einer über 10 v. H. hinausgehenden Unterschreitung des Mengenansatzes ist auf Verlangen der Einheitspreis für die tatsächlich ausgeführte Menge der Leistung oder Teilleistung zu erhöhen, soweit der Auftragnehmer nicht durch Erhöhung der Mengen bei anderen Ordnungszahlen (Positionen) oder in anderer Weise einen Ausgleich erhält. Die Erhöhung des Einheitspreises soll im Wesentlichen dem Mehrbetrag entsprechen, der sich durch Verteilung der Baustelleneinrichtungs- und Baustellengemeinkosten und der allgemeinen Geschäftskosten auf die verringerte Menge ergibt. Die Umsatzsteuer wird entsprechend dem neuen Preis vergütet.*

Rechtliche Hinweise

- Das BGB kennt eine solche Regelung für Mengenabweichungen nicht. Im BGB-Vertrag kann der Unternehmer Ansprüche nur aus dem Gesichtspunkt des Verschuldens bei Vertragsabschluss (weil der Besteller die Mengenermittlung nicht mit der gebotenen Sorgfalt durchführte; „culpa in contrahendo") oder wegen des Wegfalls der Geschäftsgrundlage ableiten.

- Aus der zitierten VOB/B-Regelung folgt, dass der Einheitspreis im Bereich von 90 % bis 110 % der ausgeschriebenen Menge fixiert ist. Dieser Toleranzbereich wird aus Gründen der Praktikabilität vorgesehen und weil weder Auftraggeber noch Auftragnehmer durch die geringfügigen Abweichungen nennenswerte Nachteile erleiden.

- Sind die Abweichungen > 10 %, dann ist – allerdings nur auf Verlangen – ein neuer Preis zu vereinbaren. Als

Gründe dafür seien - außer der mengenbezogenen Umlage verschiedener Kosten - genannt (nach KAPELLMANN/SCHIFFERS 2000a, Rdn. 501):

a) Der gesamte geplante Werklohnanspruch und die Angebotssumme wurden durch die Vordersätze des LV definiert. Der Unternehmer hat sein Angebot für eine bestimmte Leistung abgegeben, die per Vertrag auch bestellt wurde. Kommt es zu Änderungen, so darf dies nicht zu seinem Nachteil geschehen.

b) Mengenänderungen haben häufig weitreichende Folgen: Die Art der geplanten Ausführung kann sich ändern (Kleingeräte statt Einzelkostengeräte), Subunternehmer und Materiallieferanten halten sich nicht mehr an ihre Preise gebunden, die Kapazitätsplanung des Unternehmens wird über den Haufen geworfen mit Auswirkungen auf anderen Baustellen, und u. U. kann das Unternehmen sein Personal bei einer Mengenverringerung gar nicht anderweitig einsetzen.

- Aus dem VOB/B-Text geht eindeutig hervor, dass sich diese Regelung nur auf Einheitspreise für Leistungen und nicht auf Stundenlohnarbeiten bezieht. Auch wenn somit im LV in dem Titel Stundenlohnarbeiten „20 Stunden Landschaftsgärtner" ausgeschrieben wurden, führt eine abzurechnende Menge von 100 Stunden nicht zu Preisänderungen.

- Bei den Berechnungen im Zusammenhang mit Mengenänderungen geht es immer um jede einzelne Position, nicht um zusammengefasste Leistungen oder Leistungspakete.

- Diese VOB/B-Regelung gilt nur, wenn die Mengenänderung aufgrund der vorgefundenen Baustellenverhältnisse zustande gekommen ist und der Unterschied zur Menge beim Vertragsabschluss besteht. Wenn nachträgliche Planänderungen oder sonstige Anordnungen des Auftraggebers zu den Mengenänderungen führen, dann richtet sich die Vergütung nicht nach dieser Regelung zur Mengenänderung, sondern nach den Vorschriften zur Leistungsänderung (§ 2 Nr. 5 VOB/B).

- Diese Regelung hat auch Gültigkeit, wenn die Mengenangabe im LV den Zusatz „ca." trägt (KAPELLMANN/SCHIFFERS 2000a, Rdn. 508).

- Bei Eventual- und Alternativpositionen gelten diese Regelungen zu Mengenänderungen nur, wenn im LV im Vordersatz eine konkrete Menge genannt wurde (also nicht bei der Menge 0 oder 1) (KAPELLMANN/SCHIFFERS 2000a, Rdn. 509).

- Ist die Mengenänderung mit der Übernahme eines Teils der Leistung durch den Auftraggeber begründet, dann gelten die Vorschriften über eine freie Teilkündigung.

- Ist die ausgeführte Menge = 0, dann gilt diese Regelung nur, wenn die Nichtausführung durch die „vorgefundenen Baustellenverhältnisse" begründet ist. Ansonsten (z. B. Planänderung) gelten die Vorschriften über die freie Teilkündigung.

- In Vertragsbedingungen wird häufig versucht, diese VOB/B-Regelung auszuschließen oder abzuschwächen. Nach INGENSTAU/KORBION (2001, S. 1016 f) verstößt etwa die viel gelesene Klausel: „Die Einheitspreise sind Festpreise für die Dauer der Bauzeit und behalten auch dann ihre Gültigkeit, wenn Massenänderungen im Sinne des § 2 Nr. 3 VOB/B eintreten" nicht gegen das AGBG und ist wirksam, wenn dem Auftragnehmer nicht an anderer Stelle die Möglichkeit genommen wurde, sich auf den Wegfall der Geschäftsgrundlage und auf das Verschulden bei Vertragsabschluss zu berufen. Trotz der Wirksamkeit dieser Klausel ist jedoch zu beachten, dass bei ihrer Verwendung die Ausgewogenheit der VOB/B aufgehoben sein dürfte mit der Folge, dass die VOB/B ihr Ausnahmeprivileg nach § 23, Abs. 2, Nr. 5 verliert - mit weitreichenden negativen Konsequenzen für den Verwender. Ähnliches wird gelten, wenn die VOB/B-Regelung wesentlich eingeengt wird (etwa durch eine Änderung der Toleranzgrenze auf 20 %).

- Jedoch verstößt die Klausel „Bei Mengenänderungen ist jegliche Nachforderung ausgeschlossen" beim Einheitspreisvertrag gegen das AGBG (KAPELLMANN/SCHIFFERS 2000a, Rdn. 662).

Kalkulation

Der bei Mengenänderungen neu zu vereinbarende Preis soll die entstandenen Mehr- oder Minderkosten berücksichtigen. Damit ist dieser Preis nicht isoliert zu kalkulieren, sondern immer im Vergleich zu dem Preis beim Vertragsabschluss zu beurteilen. Daher stellen die Preisermittlungsgrundlagen des Auftrags die Basis und den Vergleichmaßstab für die neu zu vereinbarenden Preise dar. Diese Preisermittlungsgrundlagen liegen als Angebotskalkulation vor oder sind bei Angebotsabgabe offen zu legen (z. B. auf den EFB der öffentlichen Auftraggeber).

Sind bei Auftragsverhandlungen Nachlässe gewährt worden, so schmälern diese auch die Grundlagen für die neu zu vereinbarenden Preise; sie sind also bei der Preisermittlung zu berücksichtigen.

Bei der Berechnung der Preise bei Mengenänderungen sind drei Fälle zu unterscheiden, die nachfolgend mit Beispielen belegt werden:

die Mengenunterschreitung

der Ausgleich von Mindermengen durch Mehrmengen

die Mengenüberschreitung.

1. Mengenunterschreitung (Mindermenge)

Hinsichtlich der zu betrachtenden Kosten bei Mindermengen führt die VOB/B „im Wesentlichen" die Baustelleneinrichtungs- und Baustellengemeinkosten und die Allgemeinen Geschäftskosten auf. Aus dem Ausdruck „im Wesentlichen" folgt, dass diese Aufzählung nicht abschließend ist; vielmehr kann es durch Mengenänderungen auch zu Änderungen der Einzelkosten kommen. In der baubetrieblichen und juristischen Literatur ist umstritten, ob auch der Gewinn der veränderten Menge angepasst werden sollte oder nicht. Für beide Vorgehensweisen lassen sich gute Gründe anführen, und so sprechen sich beispielsweise bei Mengenunterschreitungen hinsichtlich der nicht aufgeführten Menge

- KEIL/MARTINSEN (1994, S. 119 f) gegen einen Anspruch auf Bauzinsen, Wagnis und Gewinn aus
- DREES/PAUL (1998, S. 207 ff) lediglich für den Anspruch auf den Gewinnanteil aus, der sich nur auf die Gemeinkosten der Baustelle bezieht; der restliche Gewinnanteil wird abgezogen
- KAPELLMANN/SCHIFFERS (2000a, Rdn. 537 f) für einen Anspruch sowohl auf den Wagnis- als auch den Gewinnanteil aus
- INGENSTAU/KORBION (2001, S. 1024) gegen einen Anspruch auf den Wagnisanteil, aber für den Gewinn aus.

Für die Berücksichtigung des Gewinns spricht die analoge Anwendung der Bestimmungen über die (inhaltlich ähnliche) Teilkündigung, dagegen die Tatsache, dass die VOB nur von Kosten spricht, wohingegen der Gewinn nicht zu den Kosten zählt.

In den folgenden Beispielen wird die Berechnung mit und ohne Gewinnanspruch vorgeführt; angesichts der unterschiedlichen Auffassungen scheint mir die Durchsetzbarkeit einer weniger weitreichenden Vergütungsforderung allerdings besser zu sein.

Ist die ausgeführte Menge mehr als 10 % geringer als die ausgeschriebene Menge, so hat der Auftragnehmer Anspruch auf die in der nicht ausgeführten Menge verrechneten Gemeinkosten. Es ist also zu prüfen

- ob die ausgeführte Menge mehr als 10 % von der ausgeschriebenen abweicht
- wie hoch die in der nicht ausgeführten Menge enthaltenen Gemeinkosten sind. Dabei wird die volle Differenz zur ausgeschriebenen Menge und nicht etwa nur die Differenz zu 90 % herangezogen.

Werden beispielsweise beim Aufmaß der Baustelle Schulhof bei der Position 100 (Tragschicht) nur 1.030 m² als abrechenbare Leistung festgestellt, dann ergeben sich folgende Berechnungen:

Ausgeschriebene Menge:	1.300 m²
Abzurechnende Menge:	1.030 m²
Mindermenge:	270 m²

Die Mindermenge ist größer als 10 % von 1.300 = 130 m²; somit kann ein neuer Preis nach § 2, Nr. 3 berechnet werden. Bei abzurechnenden Mengen von 1.170 m² bis 1.430 m² bliebe der Preis unverändert.

Die Ermittlung der durch die Mindermenge ungedeckten Kostenbestandteile wird bei den Kalkulationsverfahren vorgeführt:

a) Kalkulation mit vorbestimmten Zuschlagsätzen

Bei der Kalkulation mit vorbestimmten Zuschlagsätzen wird auf die Zuschlagsätze der Angebotskalkulation zurückgegriffen:

nicht gedeckte Gemeinkosten der Baustelle:
270 m² x 0,40 €/m² = 108,00 €

nicht gedeckte Allgemeine Geschäftskosten:
270 m² x 2,56 €/m² = 691,20 €

Umzulegende Gemeinkosten: 799,20 €

Dieser Betrag kann - falls nicht ein Ausgleich durch anderweitige Mehrmengen erfolgt - als Pauschalbetrag in Rechnung gestellt (empfehlenswert) oder auf den Preis der ausgeführten Menge umgelegt werden.

Der Erhöhungsbetrag ist dann
799,20 € / 1.030 m² = 0,78 €/m².

Damit steigt der Abrechnungspreis auf
13,55 €/m² + 0,78 €/m² = 14,33 €/m².

Sollten sich durch die geringere Menge auch die Einzelkosten pro Leistungseinheit erhöht haben, so sind auch diese Veränderungen anzusetzen, wenn sie gegenüber dem Auftraggeber zweifelsfrei nachweisbar sind. Das Gleiche gilt für die Gemeinkosten der Baustelle - auch in die andere Richtung: Wenn diese Aufwendungen durch die verringerte Menge wesentlich reduziert sind, schnell auf andere Baustellen umsetzbar (z. B. Gemeinkosten-Radlader) und dort produktiv einzusetzen sind, dann hat der Auftragnehmer dieses hier kostenmindernd zu berücksichtigen (KAPELLMANN/ SCHIFFERS 2000a, Rdn. 543).

Wenn auch der Gewinnanteil in Rechnung gestellt werden soll, erhöht sich der Umlagebetrag von:

799,20 € um 270 m² x 0,75 €/m² = 202,50 €
auf: 1.001,70 €.

b) Kalkulation über die Endsumme

Die Berechnung gestaltet sich ähnlich zur Kalkulation mit vorbestimmten Zuschlagsätzen. Falls auch der Gewinnanteil der nicht ausgeführten Menge gefordert werden soll, werden die Schlüsselkosten mit dem Zuschlagsatz der Angebotskalkulation (53,51 %) berechnet:

270 m² x 9,84 €/m² (= Einzelkosten) x 0,5351
= 1.421,65 €

Wenn der Gewinn nicht berücksichtigt werden soll, ist zunächst ein Zuschlagsatz für diese Baustelle ohne Gewinn zu ermitteln:

Einzelkosten	31.692 €
Gemeinkosten der Baustelle	5.084 €
Herstellkosten	36.776 €
Allgemeine Geschäftskosten (24,97 % auf Herstellkosten)	9.182,97 €

Zuschlagsatz für Gemeinkosten der Baustelle und Allgemeine Geschäftskosten auf die Einzelkosten:

$$Z = \frac{(5.084 + 9.182{,}97) \times 100}{31.692} = 45{,}02\,\%$$

Mit diesem Zuschlagsatz werden die in der nicht ausgeführten Menge verrechneten Schlüsselkosten bestimmt:

270 m² x 9,84 €/m² (= Einzelkosten) x 0,4502
= 1.196,09 €

Sollte der Auftraggeber wegen erheblicher Mindermengen die Gemeinkosten der Baustelle kürzen wollen, bietet die Kalkulation über die Endsumme den Vorteil, durch die Auflistung der vorkalkulierten Gemeinkosten der Baustelle differenziert über die einzelnen Posten verhandeln zu können.

c) Deckungsbeitragsrechnung

In der Deckungsbeitragsrechnung gibt es - wie unter Punkt 2.3.1 erläutert - keinen ausgewiesenen Gewinnanteil. Will man den vollen Deckungsbeitrag (einschließlich des Gewinns) und die variablen Gemeinkosten der Baustelle der nicht ausgeführten Menge abrechnen, so ergibt sich nach den Zahlen der Angebotskalkulation:

270 m² x 8,76 €/m² (= variable Einzelkosten) x 0,6408
= 1.515,62 €

Möchte man auf den Gewinnanteil der nicht ausgeführten Menge verzichten, so ist zunächst aus dem vorkalkulierten Deckungsbeitrag ein angenommener Gewinnsatz (hier: 6 % vom Umsatz) herauszurechnen:

Umsatz der Mindermenge:
270 m² x 14,37 €/m² (= Einheitspreis) = 3.879,90 €

Darin enthaltener Gewinn:
3.879,90 € x 0,06 = 232,79 €

Damit reduziert sich der nachzufordernde
Betrag auf 1.515,62 € - 232,79 € = 1.282,83 €.

2. Der Ausgleich von Mindermengen durch Mehrmengen

Der nach vorstehenden Berechnungen dem Auftragnehmer zustehende Betrag für die Gemeinkosten der nicht ausgeführten Menge ist nur abzurechnen, soweit der Auftragnehmer nicht durch Erhöhung der Mengen in anderen Positionen oder in anderer Weise einen Ausgleich erhält.

In die Ausgleichsberechnung fließen ein (nach KAPELLMANN/SCHIFFERS 2000, Rdn. 548 u. 638):

- alle Normalpositionen des Leistungsverzeichnisses – außer die Positionen, bei denen der Auftraggeber selbst Leistungen übernimmt (§ 2, Nr. 4 VOB/B) oder die er ganz oder teilweise kündigt (§ 8 VOB/B). Es sind hier natürlich nur Mehrmengen zu berücksichtigen, die über 110 % der ausgeschriebenen Menge liegen und für die kein neuer Preis nach § 2, Nr. 3, Abs. 2 VOB/B vereinbart wurde

- alle ausgeführten Alternativpositionen (ohne zugehörige Grundpositionen)

- ausgeführte Eventualpositionen, wenn sie Deckungsanteile für Gemeinkosten der Baustelle enthalten

- Nachtragspositionen, sofern es sich um Modifikationen von Vertragspositionen handelt

- keine nach Vertragsschluss hinzugetretenen neuen zusätzlichen Leistungen.

Um den Ausgleich herzustellen ist zu prüfen, wie hoch die in den Mehrmengen enthaltenen Umlagebeträge sind. Hinsichtlich der Betrachtung des Gewinnes gehen die Meinungen wiederum auseinander: DREES/PAUL (1998, S. 210) beziehen den Gewinnanspruch der Mehrmenge nicht in die Ausgleichsberechnung ein, während z. B. KAPELLMANN/SCHIFFERS (2000a, Rdn. 633) diesen berücksichtigen. Da bei der Ausgleichsberechnung die nicht gedeckten Umlageanteile der nicht ausgeführten Menge gegen die Umlagen der Mehrmengen aufgerechnet werden, ist es sachgerecht, in beiden Fällen hinsichtlich des Gewinns einheitlich zu verfahren.

Im folgenden Rechenbeispiel wird der Gewinnanteil in die Ausgleichsberechnung einbezogen.

Wenn im Rahmen der Ausgleichsberechnung der Mindermenge in Position 100 eine anzurechnende Mehrmenge von 70 m² bei der Position 200 gegenüber zu stellen wäre, dann ergäben sich bei den Kalkulationsverfahren folgende Berechnungen:

a) Kalkulation mit vorbestimmten Zuschlagsätzen

Position 200	
Gemeinkosten der Baustelle:	2,99 €/m²
Allgemeine Geschäftskosten:	5,47 €/m²
Wagnis und Gewinn:	1,60 €/m²
Summe:	10,06 €/m²
Umlagebetrag für Mindermenge Position 100 (s. o.):	1.001,70 €
Umlagebetrag für Mehrmenge (70 m² x 10,06 €/m²):	704,20 €
anzurechnender Ausgleichsbetrag:	297,50 €

b) Kalkulation über die Endsumme

Schlüsselkosten im Einheitspreis der Position 200:	10,11 €/m²
Umlagebetrag für Mindermenge der Position 100 (s. o.)	1.421,65 €
Umlagebetrag für die Mehrmenge (70 m² x 10,11 €/m²):	707,70 €
anzurechnender Ausgleichsbetrag:	713,95 €

c) Deckungsbeitragsrechnung

Schlüsselkosten im Einheitspreis der Position 200:	12,11 €/m²
Umlagebetrag für Mindermenge der Position 100 (s. o.)	1.515,62 €
Umlagebetrag für die Mehrmenge (70 m² x 12,11 €/m²):	847,70 €
anzurechnender Ausgleichsbetrag:	667,92 €

Diese Ausgleichsbeträge können dem Auftraggeber in Rechnung gestellt werden. Es empfiehlt sich, erst das gesamte Bauvorhaben mit Vertragspreisen abzurechnen und den Ausgleichsbetrag pauschal zu berechnen. Damit wird die Situation vermieden, dass bei *Abschlagsrechnungen* (wenn man die Mehr- und Mindermengen noch nicht endgültig kennt) erst zu Vertragspreisen und anschließend mit neu vereinbarten Preisen abgerechnet wird.

3. Mehrmengen

Die VOB/B-Regelung zu Mehrmengen sagt nichts darüber aus, ob in diesem Fall die Einheitspreise zu erhöhen oder zu erniedrigen sind. Hier muss jeder Einzelfall geprüft werden. Eine Erhöhung der Preise kann beispielsweise eintreten, wenn

- durch das zusätzlich benötigte Material überproportionale Transportkosten entstehen
- die größere Menge eine andere Verarbeitung des Materials erfordert: Teichfolie ist z. B. nicht mehr vorkonfektioniert einbaubar, sondern ist örtlich zu verschweißen
- die zusätzliche Menge nur durch ein zusätzliches Leistungsgerät zu bewältigen ist, das aber nicht optimal genutzt werden kann.

In der Regel wird es jedoch zu einer Verringerung des Einheitspreises kommen, weil die größeren Mengen

- Vorteile beim Materialeinkauf bringen
- eine produktivere Verfahrenstechnik erlauben (leistungsfähigere Maschinen)
- wegen der Wiederholungs- und Lerneffekte eine bessere Arbeitsproduktivität bewirken.

Neben diesen Einzelkosten sind vor allem die Gemeinkosten der Baustelle daraufhin zu prüfen, ob durch die vermehrte Menge über- oder unterdurchschnittliche Veränderungen erforderlich sind (weil etwa ein Baustellenleiter zusätzlich notwendig ist oder weil andererseits die Kosten der Baustelleneinrichtung ja bereits durch die Einheitspreise der ausgeschriebenen Menge abgegolten sind). Proportionale, d. h. mit den zunehmenden Einzelkosten einhergehende Veränderungen der Gemeinkosten der Baustelle werden bereits mit den normalen Zuschlagsätzen berücksichtigt.

Die allgemeinen Geschäftskosten und Wagnis und Gewinn werden durch Zuschläge unabhängig von der einzelnen Baustelle erhoben. Wenn der Auftragnehmer auf dieser Baustelle eine erhöhte Menge zu leisten hat, so steht ihm auch ein entsprechender Anteil an allgemeinen Geschäftskosten und Wagnis und Gewinn zu; diese Posten bleiben also bei den neu zu berechnenden Preisen unverändert (KAPELLMANN/SCHIFFERS 2000a, Rdn. 599 ff).

Der neue Preis ist erst für eine Menge von mehr als 110 % auf Verlangen zu bilden; dementsprechend wird eine solche Position mit zwei Einheitspreisen abgerechnet: bis 110 % gilt der ursprüngliche Preis und bei der über 110 % hinausgehenden Menge der neu zu vereinbarende Preis.

Das folgende Beispiel geht davon aus, dass auf der Baustelle Schulhof bei der Position 200 (Betonpflaster) 1.250 m² abzurechnen sind. Eine Mindermenge in anderen Positionen existiert nicht. Die erhöhte Menge führte zu besseren Zeitleistungen (27 statt 30 min/m²), und das Pflaster war etwas günstiger einzukaufen. Überproportionale Veränderungen der Gemeinkosten der Baustelle gab es nicht.

Die maßgebliche Mehrmenge nach § 2, Nr. 3, Abs. 2 VOB/B beträgt:

Ausgeschriebene Menge:	1.000 m²
110 % der ausgeschriebenen Menge:	1.110 m²
aufgemessene Menge	1.250 m²
maßgebliche Mehrmenge	140 m²

Für diese Menge von 140 m² ist nun ein neuer Einheitspreis zu berechnen:

a) Kalkulation mit vorbestimmten Zuschlagsätzen

	Position 200
Einzelkosten Lohn	27 min/m² x 0,34 €/min = 9,18 €/m²
+ Einzelkosten Material	6,65 €/m² + 1,05 €/m² = 7,70 €/m²
= Summe Einzelkosten	**16,88 €/m²**
+ Gemeinkosten der Baustelle (29,3 % auf Lohn)	2,69 €/m²
= Herstellkosten	**19,57 €/m²**
+ Allgemeine Geschäftskosten (24,97 % auf Herstellkosten)	4,89 €/m²
= Selbstkosten	**24,46 €/m²**
+ Wagnis und Gewinn (5,86 % auf Selbstkosten)	1,43 €/m²
= Neuer Preis (statt 28,96 €/m²)	**25,89 €/m²**

b) Kalkulation über die Endsumme

verringerte Einzelkosten (s. o.)	16,88 €/m²
Schlüsselkosten, Zuschlag 53,51 %	9,03 €/m²
Neuer Preis (statt 29,01 €/m²)	25,91 €/m²

c) Deckungsbeitragsrechnung

verringerte variable Einzelkosten (s. o.)	16,88 €/m²
Schlüsselkosten, Zuschlag 64,08 %	10,82 €/m²
Neuer Preis (statt 31,01 €/m²)	27,70 €/m²

Fasst man die Kapitel 3.2.8 bis 3.2.10 zusammen, so ergeben sich bei Mengenänderungen zwischen Vertrag und Ausführung folgende unterschiedlichen Regelungen:

Tatbestand	Vergütungsregelung nach
Mengenänderungen durch vorgefundene Bauumstände	§ 2, Nr. 3 VOB/B Mengenabweichungen
Mengenänderungen durch Änderungen des Bauentwurfes und sonstige Anordnungen	§ 2, Nr. 5 VOB/B geänderte Leistungen
Mengenerhöhungen auf Anordnung des Auftraggebers	§ 2, Nr. 6 VOB/B zusätzliche Leistungen
Mehrleistung in Form einer neuen, selbstständigen Leistung	Folgevertrag

3.2.11 Schadenersatzberechnungen bei Behinderungen

Rechtliche Hinweise

Es gehört zu den gängigen Erfahrungen, dass sich der zeitliche Ablauf von Baustellen aus verschiedenen Gründen nicht so gestaltet, wie ihn sich der Kalkulator bei der Angebotskalkulation vorgestellt hat. Kommt es zu Behinderungen, so können diese verursacht worden sein durch den Auftraggeber bzw. seinen Erfüllungsgehilfen, durch den Auftragnehmer selbst oder durch keinen von beiden. Als Folge von Behinderungen können Vertragsfristen verlängert werden und Schadenersatzansprüche entstehen. Gegenstand dieses Buches ist die Kalkulation des Unternehmens; dementsprechend geht es im Folgenden ausschließlich um den Schadenersatzanspruch des Auftragnehmers. Die VOB/B führt im § 6, Nr. 6, aus:

„*Sind die hindernden Umstände von einem Vertragsteil zu vertreten, so hat der andere Teil Anspruch auf Ersatz des nachweislich entstandenen Schadens, des entgangenen Gewinns aber nur bei Vorsatz und grober Fahrlässigkeit.*"

Als Voraussetzungen, die alle zwingend vorliegen müssen, damit ein Schadenersatzanspruch wegen Behinderung geltend gemacht werden kann, sind zu nennen:

1. Der Auftragnehmer muss in der Ausführung seiner Leistung behindert worden sein.

2. Der Auftragnehmer muss die Behinderung dem Auftraggeber angezeigt haben.

3. Die Behinderung muss durch ein vertragswidriges Verhalten des Auftraggebers verursacht worden sein.

4. Der Auftraggeber muss sein vertragswidriges Verhalten auch zu vertreten haben.

5. Der Auftragnehmer muss einen Schaden nachweisen.

Diese Bedingungen werden nun erläutert, damit der Auftragnehmer nicht voreilig und unberechtigt eine Schadenersatzanspruch nach § 6, Nr. 6 VOB/B für sich ableitet.

zu 1.

Als Behinderungswirkungen kommen nach KAPELLMANN/SCHIFFERS (2000a, S. 617 ff) alle Mehrkosten in Betracht, die entstehen durch

- eine langsamere Arbeitserbringung („Intensitätsabfall"), = „verlangsamter Bauablauf"
- die Unterbrechung der Bauleistung; d. h. die Bauarbeiten kommen zum Stillstand und werden später wieder aufgenommen (= „Baustillstand"). Bei einer Stillstandszeit von mehr als drei Monaten besteht nach § 6, Nr. 7 VOB/B das Recht, den Vertrag zu kündigen
- die Verlängerung der Bauzeit
- Beschleunigungsmaßnahmen, die der Auftragnehmer auf Forderung des Auftraggebers nach Ende der Behinderung ergreift, um die verlorene Zeit wieder aufzuholen

Nicht unter die Regelungen des § 6 VOB/B gehören zeitliche Störungen, die sich ergeben aus

- der dauerhaften Unmöglichkeit der Leistung
- einer endgültigen Mitwirkungsverweigerung des Auftraggebers
- dem Unvermögen des Auftraggebers.

zu 2.

„*Glaubt sich der Auftragnehmer in der ordnungsgemäßen Ausführung der Leistung behindert, so hat er es dem Auftraggeber unverzüglich schriftlich anzuzeigen.*" (§ 6, Nr. 1, Satz 1 VOB/B). Auf diese Anzeige kann nur verzichtet werden, wenn dem Auftraggeber die hindernden Tatsachen und die Auswirkungen offenkundig bekannt sind. Die Beweislast dafür liegt beim Auftragnehmer; deshalb ist es immer empfehlenswert, nicht darauf zu vertrauen, dass dem Auftraggeber die behindernden Tatsachen bewusst sind, sondern in jedem Fall eine Behinderungsanzeige zu schicken. Adressat dieser Anzeige ist sicherheitshalber der Auftraggeber selbst, denn es ist streitig, ob auch der Architekt sie rechtswirksam entgegennehmen kann. Sind dem Auftraggeber die hindernden Umstände nicht selbst bekannt und erhält er keine Behinderungsanzeige, so steht dem Auftragnehmer ein Schadenersatz nicht zu (KAPELLMANN/SCHIFFERS 2000a, S. 507).

zu 3.

Schadenersatzansprüche entstehen nur, wenn sie durch vertragswidriges Verhalten verursacht werden. Anders herum bedeutet dies, dass Handlungen, zu denen der Auftraggeber nach der VOB/B berechtigt ist, nicht zu Schadenersatz führen:

- Der Auftraggeber ordnet eine zusätzliche Leistung an, durch die sich die Bauzeit verlängert (kein Schadenersatzanspruch, sondern Vergütung nach § 2, Nr. 6, s. Punkt 3.2.9).

- Der Auftraggeber erhöht nach Planänderung die Mengen für eine Leistung mit der Folge einer Bauzeitverlängerung (kein Schadenersatzanspruch, sondern Vergütung für geänderte Leistung nach § 2, Nr. 5 VOB/B, s. Punkt 3.2.8).

- Der Auftraggeber verlängert ohne Leistungsänderung die Ausführungsfristen. (Dazu ist er als „andere Anordnung" nach § 2, Nr. 5 VOB/B berechtigt; somit kein Schadenersatzanspruch, sondern Vergütung auch nach § 2, Nr. 5 VOB/B.)

Die genannten Vergütungsregelungen unterscheiden sich – kurz gesagt – vom Schadenersatzanspruch durch den in ihnen dem Auftragnehmer zugebilligten Gewinnanteil.

Nun einige Beispiele für vertragswidriges Verhalten des Auftraggebers, das Behinderungen im Sinne des § 6, Nr. 6 VOB/B auslösen kann (nach KAPELLMANN/SCHIFFERS 2000a, S. 548 ff und VYGEN et al. 1988, S. 68):

- verspätete Planlieferung
- unvollständige Leistungsbeschreibung, aus der Erschwernisse nicht ersichtlich sind
- Gläubigerverzug, d. h., der Auftraggeber fordert die Leistung nicht ab, obwohl der Auftragnehmer leisten kann und darf
- fehlende oder mangelnde Vorunternehmerleistung, wenn der Vorunternehmer als Erfüllungsgehilfe anzusehen ist (KAPELLMANN/SCHIFFERS 2000a, S. 580 ff u. INGENSTAU/KORBION 2001, S. 1322 ff)
- Der Auftraggeber übergibt das Grundstück nicht baureif, notwendige Genehmigungen liegen nicht vor
- Der Auftraggeber stellt die nach § 3, Nr. 2 VOB/B anzugebenden Vermessungspunkte nicht bereit
- Der Auftraggeber sorgt nur unzureichend für die Aufrechterhaltung der Ordnung auf der Baustelle
- Bauseitiges Material wird nicht rechtzeitig beigestellt
- Die Tätigkeiten verschiedener Unternehmer auf der Baustelle werden nur mangelhaft koordiniert.

zu 4.

Der Schadenersatzanspruch des Auftragnehmers ist daran gebunden, dass der Auftraggeber die Behinderung zu vertreten, d. h. verschuldet hat. Nach § 276 BGB kommen als Verschuldensformen Vorsatz und Fahrlässigkeit in Betracht. „*Vorsätzlich handelt, wer den (rechtswidrigen) Erfolg (hier der Behinderung) kennt und will. (...) Der Auftraggeber handelt fahrlässig, wenn er die Behinderung bei Anlegung objektiv-üblicher Maßstäbe hätte vorhersehen und sie hätte vermeiden können; gegen mögliche Behinderungen muss er dabei umfassend Vorsorge treffen.*" (KAPELLMANN/SCHIFFERS 2000a, S. 573)

Fahrlässigkeit wird in verschiedene Grade unterteilt; dies ist für die Schadenersatzregelung des § 6, Nr. 6 VOB/B insofern relevant, als dem Auftragnehmer nur bei Vorsatz und grober Fahrlässigkeit ein Gewinnanspruch eingeräumt wird.

Die Ausnahme von der Notwendigkeit des Verschuldens durch den Auftraggeber besteht hinsichtlich seiner finanziellen Leistungsfähigkeit: Kommt es zu Bauverzögerungen, weil der Auftraggeber Zahlungen nicht leistet, so kann der Auftragnehmer Stillstandskosten in jedem Fall geltend machen (KAPELLMANN/SCHIFFERS 2000a, S. 573).

Hat der Auftraggeber die Behinderungen nicht zu vertreten, so soll nach einem Urteil des BGH (BauR 2000, 722) dem Auftragnehmer ein verschuldensunabhängiger Entschädigungsanspruch nach § 242 BGB auch im VOB-Vertrag entstehen; diese Auffassung ist allerdings umstritten (INGENSTAU/KORBION 2001, S. 1318).

zu 5.

Ein Schadenersatzanspruch entsteht nur für einen nachgewiesenen Schaden. Der Auftragnehmer hat daher den durch die Behinderung verursachten Schaden zu benennen und seine Höhe nachzuweisen.

Behinderungsfolgen können beispielsweise sein (eine systematische Zusammenstellung enthält KAPELLMANN/SCHIFFERS 2000a, S. 618):

- Geringere Arbeitsproduktivität, weil die Arbeitnehmer die Arbeiten wegen fehlender Anschlussarbeit verschleppen; Motivationsabfall
- unabgestimmte Arbeitsabläufe bei Personal und Geräten mit Wartezeiten
- Mehraufwand durch organisatorische Veränderungen nach Planlieferung
- Arbeitsgruppen werden verkleinert und arbeiten nicht mehr so effizient
- Zeitverluste durch häufige Personalumsetzungen
- geringere Auslastung der Geräte, die zudem auf anderen Baustellen fehlen
- zusätzliche Transporte
- Materialpreiserhöhungen
- Nachunternehmerpreiserhöhungen
- Erhöhung der zeitabhängigen Gemeinkosten der Baustelle (z. B. Bauzaunmiete).

Zum Nachweis des Schadens muss der Auftragnehmer bei Stillstand seine tatsächlichen Kosten belegen. Bei verlangsamtem Bauablauf ist detailliert darzustellen, wie groß kostenrechnerisch der Unterschied zwischen dem tatsächlichen Bauablauf mit Behinderungen gegenüber einem Verlauf ohne hindernde Umstände ist („*Differenztheorie*").

Kalkulation

Die Berechnung des Schadenersatzanspruches bei Behinderungen und Unterbrechungen gehört zu den schwierigsten kalkulatorischen Problemen. Der Grund dafür ist die Notwendigkeit, bei der Schadensberechnung zwei verschiedene Situationen zu vergleichen: Der Bauablauf mit und ohne Behinderungen.

Während sich der erste Fall leicht anhand der Tagesberichte dokumentieren und im Ergebnis berechnen lässt, ist der Baustellenverlauf ohne Behinderungen jedoch nur fiktiv und hypothetisch, d. h., der Auftragnehmer muss belegen, wie sich die Baustelle ohne Behinderung entwickelt hätte. Vergleichsmaßstab ist hier bewusst - im Unterschied zu den Mehrvergütungsansprüchen nach § 2 Nr. 5 und 6 VOB/B - nicht die Angebots- oder Arbeitskalkulation, also der vorkalkulierte Zustand, sondern der Verlauf, der sich ohne Behinderung wahrscheinlich ergeben hätte.

Dieser Verlauf kann mit hinreichender Genauigkeit prognostiziert werden, wenn ein Teil der Leistung vor oder nach der Behinderung störungsfrei erbracht werden konnte. Tritt beispielsweise auf dem Schulhof eine Behinderung erst ein, nachdem bereits 600 m² Fläche gepflastert wurde, so können die dort erbrachten Zeitleistungen festgestellt und für die Berechnung des weiteren, fiktiv störungsfreien Verlaufes verwendet werden; Gleiches gilt, wenn die Arbeit nach der Behinderung störungsfrei fortgesetzt werden konnte.

Schwierig wird es, wenn es zu der behinderten Leistung kein störungsfrei erbrachtes Pendant gibt. KAPELLMANN/ SCHIFFERS (2000a, S. 646 ff) diskutieren verschiedene Möglichkeiten zur Problemlösung, die jedoch alle sehr kompliziert sind und von den Gerichten unterschiedlich akzeptiert wurden. Als praxisnahen, gangbaren Ausweg schlagen sie vor (2000a, S. 676 f), hilfsweise doch auf die Angebots- und Arbeitskalkulation zurückzugreifen: Wenn der Auftragnehmer nämlich nachweisen kann, dass sich seine Kalkulation bei anderen, behinderungsfrei erbrachten Leistungen als zutreffend erwiesen hat, dann kann dies auch für die behinderten Leistungen unterstellt werden.

Der Auftragnehmer kann also für die störungsfrei erledigten Leistungen eine Gegenüberstellung der Istkosten mit den vorkalkulierten Werten vorlegen, um damit die „Richtigkeitsvermutung" seiner Kalkulation zu stärken. Wenn ihm dies gelingt, kann er den fiktiven störungsfreien Verlauf einer Baustelle mit den Werten seiner Angebotskalkulation herstellen. (Allerdings wird der Auftraggeber versuchen nachzuweisen, dass der Kalkulationsansatz bei der behinderten Position zu niedrig war, was natürlich den Schaden als Differenzbetrag erhöhen würde.) An diesem Punkt zeigt sich deutlich, wie wichtig eine fundierte Angebotskalkulation ist: Ohne Urkalkulation ist ein Schadenersatzanspruch bei Behinderung kaum plausibel zu beziffern.

Der Schadenersatz kann folgende Kosten betreffen:

- Einzelkosten Lohn
  z. B. erhöhte Zeitwerte, zwischenzeitliche Lohnerhöhungen, notwendiger Personalwechsel, Überstundenzuschläge beim Aufholen der Zeit.

- Einzelkosten Material
  Materialpreiserhöhungen, Transportkostenzuschlag wegen Teillieferung, Maßnahmen zum Schutz des Materials.

- Einzelkosten Geräte
  Bei Einzelkostengeräten sind in der Angebotskalkulation der Verrechnungssatz je Zeiteinheit und die Zeiteinheiten je Leistungseinheit für die Leistungserbringung berücksichtigt. Bei verlangsamten Bauverlauf ändert sich die Zeitleistung. Es ist daher sachgerecht, während der Verzögerungszeit die vollen Gerätekosten zu berechnen.

  Bei einem Stillstand arbeitet das Gerät jedoch nicht, so dass auch nicht alle Kosten entstehen. KAPELLMANN/ SCHIFFERS (2000a, S. 661) schlagen vor, für die Leistungsgeräte während der reinen Stillstandszeit die halben Fixkosten anzusetzen, von den Reparaturkosten sollen jedoch nur 20 % der kalkulierten Kosten berücksichtigt werden.

  Liegen kalkulierte Verrechnungssätze (z. B. als Stammdaten) im Unternehmen nicht vor, so sind die Vorhaltekosten nach der „Baugeräteliste 1991" zu ermitteln.

- Einzelkosten Fremdleistungen
  Der Subunternehmer verlangt Preiserhöhung wegen Behinderung oder verspäteter Ausführung.

- Gemeinkosten der Baustelle
  Bei verlangsamtem Baustellenablauf wird der gesamte Gemeinkostenapparat der Baustelle länger beansprucht, wodurch insbesondere bei den zeitabhängigen Gemeinkosten der Baustelle Mehrkosten entstehen. Das betrifft beispielsweise die Kosten der Bauleitung, Kosten der Baustelleneinrichtung und -sicherung und die Fixkosten der Gemeinkostengeräte (s. Punkt 2.2.1.6).

Für Stillstandzeiten sind nach KAPELLMANN/SCHIFFERS (2000a, S. 661) bei den Gemeinkostengeräten die vollen Fixkosten - lediglich bei den Reparaturkosten auf 20 % reduziert - anzusetzen, weil diese Geräte problemlos auf anderen Baustellen produktiv einsetzbar wären.

Neben den zeitabhängigen Gemeinkosten der Baustelle ist immer auch zu prüfen, ob einmalige Aufwendungen durch die Behinderung verursacht wurden (z. B. zusätzlicher Ab- und Antransport).

Bei der Schadensersatzberechnung sind die Mehrkosten bei den Gemeinkosten der Baustelle wie Einzelkosten zu behandeln und dürfen nicht etwa (wie in der Angebotskalkulation) als Zuschlag auf die Mehr-Einzelkosten berechnet werden! Sie sind damit als direkte Kosten der Behinderung betragsmäßig nachzuweisen.

- Allgemeine Geschäftskosten
  Erfordert die Behinderung einen nachweislichen Mehraufwand bei den Allgemeinen Geschäftskosten (Einstellung eines weiteren Bauleiters, Überstunden des Verwaltungspersonals), so sind diese Kosten direkte Kosten der Behinderung und als solche im Schadenersatzanspruch zu berücksichtigen. Fraglich ist jedoch, ob ein genereller Zuschlag für Allgemeine Geschäftskosten auf die behinderungsbedingten Mehrkosten vorgenommen werden kann. KAPELLMANN/SCHIFFERS (2000a, S. 619 ff) bejahen dies nach ausführlicher Diskussion und werden darin durch weitere Kommentatoren und Gerichtsurteile gestützt.

- Wagnis und Gewinn
  Nach dem Wortlaut der VOB/B steht dem Auftragnehmer ein Gewinn nur bei Vorsatz oder grober Fahrlässigkeit des Auftraggebers zu. Abweichend von der herrschenden Meinung beziehen KAPELLMANN/SCHIFFERS (2000a, S. 643 ff) diese Regelung jedoch nur auf den Gewinn, der dem Auftragnehmer auf anderen Baustellen entgeht, weil er dort infolge der Behinderung auf der hiesigen Baustelle nicht tätig werden kann; der normale betriebliche Zuschlagsatz für den Gewinn soll danach jedoch erhalten bleiben.

Die folgenden Beispielberechnungen unterstellen für das Bauvorhaben Schulhof folgende Sachverhalte:

Fall 1: Nachdem 480 m² Tragschicht und Betonpflaster eingebaut wurden, gerät der Bauablauf ins Stocken, weil die Festlegung der Planhöhen dem Auftraggeber Probleme bereitet. Die Ausführungspläne werden immer nur sukzessive für Teilflächen vorgelegt. Der verlangsamte Bauablauf wird dem Auftraggeber schriftlich angezeigt. Die Verzögerung durch verspätete Planlieferung hat der Auftraggeber durch vertragswidriges Verhalten schuldhaft (hier: grob fahrlässig) verursacht. Somit hat der Auftragnehmer Anspruch auf Schadenersatz nach § 6, Nr. 6 VOB/B.

Fall 2: Aufgrund eines vom Auftraggeber zu vertretenen Missverständnisses zwischen ihm und einem Vorunternehmer kommt es bei der Koordination der Unternehmen durch den Auftraggeber zu einem Stillstand der Arbeiten des Auftragnehmers für die Dauer von drei Tagen. Das Verhalten des Auftraggebers ist schuldhaft vertragswidrig, denn er hat die reibungslose Koordination der Unternehmen zu leisten. Der Grad des Verschuldens wird hier nicht als grob fahrlässig anzusehen sein.

In beiden Fällen ergibt das Schlussaufmaß 1.323 m² Tragschicht und 991 m² Betonpflasterfläche.

Schadenersatzberechnung im Fall 1 (verlangsamter Baustellenverlauf)

1. Schritt:
Berechnung des Aufwandes bei hypothetisch ungestörtem Baustellenverlauf

Da ein Teil der Leistung – nämlich 480 m² – störungsfrei erbracht werden konnte, dürfen die dabei realisierten Baustellenabläufe fortgeschrieben werden.

Nach Aufmaß der 480 m² störungsfrei erbrachten Leistung wird der Ist-Zeitbedarf für eine Leistungseinheit anhand der nebenstehenden Tabelle berechnet.

Position	Gesamtminuten für 480 m² nach den Tagesberichten	Ist-Zeitwert min/m²
Tragschicht	Radlader: 1.200 min Lohn: 1.200 min	2,5 min/m² 2,5 min/m²
Pflaster	Lohn: 11.520 min	24 min/m²

Berechnung der fiktiven restlichen Baustellendauer unter Verwendung dieser Ist-Zeitwerte in der nebenstehenden Tabelle.

Damit werden auch die Gemeinkosten der Baustelle 8,5 Tage lang beansprucht. Behinderungswirkungen bei weiteren Kostenarten gibt es nicht.

Position	Restmenge	Bauzeitdauer in min	Baustellendauer in Tagen
Tragschicht	1.323 − 480 = 843 m²	843 × 2,5 = 2.108	bei 2 AK: 2,5 d
Pflaster	991 − 480 = 511 m²	511 × 24 = 12.264	bei 5 AK: 6,0 d
fiktive, restliche, störungsfreie Baustellendauer:			8,5 d

2. Schritt:
Feststellung des Ist-Aufwandes für die unter Behinderung erbrachte Leistung

Der Ist-Aufwand für die unter Behinderung erbrachten Leistungen wird aus den Tagesberichten zusammengetragen. Dabei wurde festgehalten:

Position	Unter Behinderung erbrachte Menge	Ist-Bauzeitdauer in min	Baustellendauer in Tagen
Tragschicht	1.323 − 480 = 843 m²	2.951	mit 2 AK: 3,5 d
Pflaster	991 − 480 = 511 m²	17.374	mit 5 AK: 8,5 d
restliche Baustellendauer unter Behinderung:			12,0 d

3. Schritt:
Ermittlung der Differenz zwischen tatsächlichem und fiktiv störungsfreiem Verlauf (= Schaden)

Mehrkosten Lohn:
5.953 min x 0,34 €/min = 2.024,02 €

a) Lohnkosten

Position	Ist-Zeitaufwand	Zeitaufwand bei störungsfreiem Verlauf	längere Ausführungszeit
Tragschicht	2.951 min	2.108 min	843 min
Pflaster	17.374 min	12.264 min	5.110 min
Summe der längeren Lohnarbeit:			5.953 min

b) Gerätekosten

Position	Ist-Zeitaufwand	Zeitaufwand bei störungsfreiem Verlauf	längere Ausführungszeit
Tragschicht	2.951 min	2.108 min	843 min

Mehrkosten Radlader:
843 min x 0,82 €/min = 691,26 €

Verlängerte Baustellendauer:
12 Tage − 8,5 Tage = 3,5 Tage

Damit fallen folgende zusätzliche, zeitabhängige Gemeinkosten der Baustelle an (in Anlehnung an Punkt 2.2.1.6):

c) Gemeinkosten der Baustelle

Vorhaltekosten Service-Radlader, ohne Bedienung	79 €/Tag
Vorhaltekosten Rüttelplatte, ohne Bedienung	13 €/Tag
Bauwagen, Container	10 €/Tag
Tagespauschale für Wasser, Energie, Telefon	5 €/Tag
Tagespauschale für Kleingerät/Werkzeug	10 €/Tag
Baustellenleiter (3 h täglich) 3 h x 25 €/h	75 €/Tag
Transporte	60 €/Tag
Gemeinkosten der Baustelle:	**252 €/Tag**

Mehrkosten: 3,5 Tage x 252 €/Tag = 882 €

Summe der behinderungsbedingten direkten Mehrkosten:

Lohn	2.024,02 €
Geräte	691,26 €
Gemeinkosten der Baustelle	882,00 €
	3.597,28 €
Darauf anzurechnende Allgemeine Geschäftskosten (24,97 %):	898,24 €
Darauf wegen grober Fahrlässigkeit anzurechnender Anteil für Wagnis und Gewinn (5,86 %)	263,44 €
Schadenersatzanspruch:	**4.758,96 €**

Schadenersatzberechnung im Fall 2 (Stillstand):

Der Auftragnehmer weist alle durch den Stillstand von drei Tagen verursachten Kosten nach:

a) Lohnkosten

Der Auftragnehmer hatte das Personal (5 AK und ein Gerätebediener) für diese Baustelle disponiert. Für drei Tage kann es nicht von dieser Baustelle abgezogen und anderweitig produktiv eingesetzt werden. Deshalb entstehen hier in vollem Umfang „Leerarbeitskosten":

6 AK x 3 Tage x 480 min/d x 0,34 €/min = 2.937,60 €

b) Gerätekosten

Für Stillstandskosten sind bei Leistungsgeräten nur 50 % der Fixkosten mit 20 % der Reparaturkosten anzusetzen.

Stillstandskosten Radlader (Stammdaten s. Punkt 2.2.1.2):

Kalkulatorische Abschreibung:	9.500 € x 0,5 =	4.750 €
Kalkulatorische Verzinsung:	2.100 € x 0,5 =	1.050 €
Versicherung:	2.000 € x 0,5 =	1.000 €
Reparaturkosten:	2.850 € x 0,2 =	570 €
	Jahr:	7.370 €

Stillstandskosten pro Tag bei 120 Baustellentagen: 61,42 €/d

Stillstandskosten: 3 Tage x 61,42 €/d = 184,26 €

c) Gemeinkosten der Baustelle

Es ist nachzuweisen, welche Gemeinkosten der Baustelle während der Stillstandszeit anfallen:

Stillstandskosten Service-Radlader (voller Ansatz der Fixkosten, jedoch nur 20 % der Reparaturkosten):

Kalkulatorische Abschreibung:		6.000 €
Kalkulatorische Verzinsung:		1.350 €
Versicherung:		2.030 €
Reparaturkosten:	2.400 € x 0,2 =	480 €
	Jahr:	9.860 €

Stillstandskosten Service-Radlader/d bei 200 Baustellentagen:	49,30 €/d
Stillstandskosten Rüttelplatte	10,00 €/d
Bauwagen, Container	10,00 €/d
Baustellenleiter (1 h täglich, nur Kontrolle) 1 h x 25 €/h	25,00 €/h
Gemeinkosten der Baustelle bei Stillstand:	94,30 €/d

Gemeinkosten der Baustelle während der Stillstandzeit:
3 Tage x 94,30 €/d = 282,90 €

Summe der behinderungsbedingten direkten Mehrkosten während der Unterbrechung:	
Lohn	2.937,60 €
Geräte	184,26 €
Gemeinkosten der Baustelle	282,90 €
	3.404,76 €
Darauf anzurechnende Allgemeine Geschäftskosten (24,97 %): (Kein Anteil für Wagnis und Gewinn, keine grobe Fahrlässigkeit)	850,17 €
Schadenersatzanspruch:	**4.254,93 €**

Fazit zur Schadenersatzberechnung:

Die Berechnung des Schadenersatzanspruches ist prinzipiell unabhängig vom Kalkulationsverfahren. Es zeigt sich jedoch deutlich, dass ein Schaden erheblich plausibler nachzuweisen ist, wenn eine detaillierte Angebots- oder Arbeitskalkulation vorliegt, die bestenfalls auch die vorkalkulierten Gemeinkosten der Baustelle ausweist.

3.2.12 Vergütung bei auftraggeberseitiger freier Kündigung

Rechtliche Hinweise

Der Auftraggeber kann die Leistung oder Teile davon zu jeder Zeit kündigen. Erfolgt die Kündigung wegen

- Vermögensverfalls des Auftragnehmers
- Verzug des Auftragnehmers bei Leistungsbeginn, bei der Mängelbeseitigung oder bei Vollendung der Leistung
- unzureichenden Einsatzes der Produktionsfaktoren
- wettbewerbswidrigen Verhaltens des Auftragnehmers bei der Vergabe
- schwerer positiver Vertragsverletzung des Auftragnehmers
- Wegfalls oder Änderung der Geschäftsgrundlage,

so handelt es sich um eine „außerordentliche Kündigung aus wichtigem Grund" (HEIERMANN et al. 2000, S. 1424). Diese ist aus Sicht des Auftragnehmers kostenrechnerisch im Regelfall einfach zu behandeln: Die erbrachte Leistung ist nach den Vertragspreisen abzurechnen, und für die gekündigte Leistung stehen dem Auftraggeber nach § 8; Nr. 3 und 4 bestimmte Ansprüche zu (Schadenersatz, Ersatzvornahme, Nutzung von Einrichtungen des Auftragnehmers), für deren Höhe dieser darlegungspflichtig ist.

Für die Kalkulation interessanter ist die Situation, wenn der Auftraggeber kündigt, ohne dass die Ursache dafür im Bereich des Auftragnehmers liegt; man spricht in diesem Fall von „freier Kündigung". § 8, Nr. 1 (2) VOB/B sagt dazu:

„*Dem Auftragnehmer steht die vereinbarte Vergütung zu. Er muss sich jedoch anrechnen lassen, was er infolge der Aufhebung des Vertrages an Kosten spart oder durch anderweitige Verwendung seiner Arbeitskraft und seines Betriebes erwirbt oder zu erwerben böswillig unterlässt (§ 649 BGB)."*

Eine Kündigung kann sich beziehen auf

- den gesamten Vertrag (Vollkündigung)
- Teile der Leistung (Teilkündigung).

Einer Kündigung steht es gleich, wenn der Auftraggeber gemäß § 2, Nr. 4 VOB/B Teile der Leistung nach Vertragsabschluss selbst übernimmt (z. B. ganze Positionen oder die Materiallieferung bei einzelnen Positionen). Rechtlich besteht der Unterschied lediglich darin, dass die Selbstübernahme durch Anordnung möglich ist, während die Kündigung der Schriftform bedarf.

Kalkulation

Bei freier Kündigung sind die erbrachten Leistungen nach den Vertragspreisen abzurechnen; für die gekündigte Leistung steht dem Auftragnehmer nach dem Grundsatz, dass die Leistungs- und Vergütungspflicht bei Vertragsabschluss festgelegt wird, ebenfalls die Vergütung zu. Da der Auftragnehmer durch die Nichtausführung nicht besser oder schlechter gestellt werden soll, hat er von dieser Vergütung abzuziehen

1. die infolge der Nichtausführung ersparten Kosten
2. was er anderweitig erwirbt oder zu erwerben böswillig unterlässt.

zu 1.

Zwar ist es Sache des Auftraggebers, die ersparten Kosten darzulegen, der Auftragnehmer wird jedoch häufig mit den weitreichenden Vorstellungen des Auftraggebers nicht übereinstimmen und muss dann im Streitfall belegen, welche Kosten er durch die Nichtausführung tatsächlich erspart hat (KAPELLMANN/SCHIFFERS 2000b, S. 504). Dabei kommen in Betracht:

- Einzelkosten Lohn
  Lohnkosten werden erspart, soweit das Personal bei anderen Baustellen einsetzbar ist. Wenn das nicht der Fall ist, werden sie nicht erspart und müssen vom Auftraggeber getragen werden. Allerdings ist bei längeren Leerzeiten der Auftragnehmer verpflichtet, seinen Personalbestand anzupassen, d. h. zum nächstmöglichen Zeitpunkt zu entlassen (KAPELLMANN/SCHIFFERS 2000b, S. 499).

- Einzelkosten Geräte
  werden im Hinblick auf die Ersparnis wie die Lohnkosten zu behandeln sein. Sind im Hinblick auf den Geräteeinsatz für die gekündigte Leistung bereits Kosten entstanden (Transport oder Aufbau), so gelten diese natürlich nicht als erspart.

- Einzelkosten Material
  In aller Regel werden die Materialkosten bei Nichtausführung erspart. Bereits geliefertes Material gilt jedoch als nicht erspart; allerdings muss es der Auftragnehmer dem Auftraggeber herausgeben (weil der es ja schließlich auch vergütet).

- Einzelkosten Fremdleistungen
  Nachunternehmerkosten werden in dem Umfang erspart, wie sie dem Auftragnehmer tatsächlich nicht entstehen. Macht der Subunternehmer jedoch einen Vergütungsanspruch gegen den Auftragnehmer wegen dessen freier Kündigung geltend, so ist dieser Betrag nicht erspart.

- Gemeinkosten der Baustelle
  Alle nicht erforderlichen und schnell abbaubaren Gemeinkosten der Baustelle gehören zu den ersparten Kosten. Dabei sind bei Teilkündigung insbesondere die zeitabhängigen Gemeinkosten der Baustelle zu nennen, denn durch die Nichtausführung von Leistungen verringert sich die Bauzeit.

- Allgemeine Geschäftskosten
  Allgemeine Geschäftskosten werden durch die Nichtausführung nicht erspart (Argumentation dazu s. KAPELLMANN/SCHIFFERS 2000b, S. 498).

- Wagnis und Gewinn
  Kalkulierte Anteile von Wagnis und Gewinn werden ebenfalls nicht erspart (KAPELLMANN/SCHIFFERS 2000a, S. 493).

Grundlage der Berechnung der Ersparnis ist immer die Urkalkulation und nicht etwa die tatsächlichen Umstände der Ausführung bzw. Nichtausführung! Damit bleiben Kalkulationsirrtümer und spekulative Kalkulationsansätze auch bei der Berechnung der Kündigungsvergütung weiter bestehen.

Besteht keine Urkalkulation, so kann sich der Auftraggeber auf Kostenbestandteile berufen, die üblicherweise bei der Nichtausführung entfallen und dies durch Gutachten belegen (KAPELLMANN/SCHIFFERS 2000b, S. 507).

zu 2.

Von seinem Vergütungsanspruch abziehen lassen muss sich der Auftragnehmer, was er an Einnahmen erzielt, weil er wegen der Kündigung eine andere, neue Leistung erbringen konnte. Diese Regelung bezieht sich nicht darauf, dass ein anderes Bauvorhaben terminlich vorgezogen werden konnte; vielmehr muss es sich um eine neu hinzutretende Leistung handeln („Füllauftrag"). Dies kann aber auch eine Ersatzleistung sein, die anstelle einer vertraglichen Leistung tritt; Mehrleistungen durch erhöhte

Mengen bei anderen Positionen oder normale zusätzliche Leistungen kommen jedoch als Abzugsbeträge nicht in Betracht (KAPELLMANN/SCHIFFERS 2000b, S. 504 f).

Kann der Auftraggeber nachweisen, dass der Auftragnehmer die Hereinnahme eines Füllauftrages böswillig verweigert, so wird dieser Füllauftrag bei der Berechnung des Vergütungsanspruchs dennoch herangezogen.

Beispielsberechnungen für das Bauvorhaben Schulhof:

Der Auftraggeber teilt dem Auftragnehmer nach Vertragsabschluss schriftlich mit, dass er die Position 100 kündige, da die Tragschicht durch den Erdbauunternehmer eingebaut werden soll.

a) Kalkulation mit vorbestimmten Zuschlagsätzen

Angebotspreis		13,55 €/m²
Lohnkosten	komplett erspart, da anderweitiger Einsatz bei einem Füllauftrag	-1,36 €/m²
Gerätekosten	keine Ersparnis, da anderweitig nicht sofort einsetzbar	0
Materialkosten	komplett erspart	-5,20 €/m²
Gemeinkosten der Baustelle	sind erspart, weil die Baustelle später begonnen wird	-0,40 €/m²
Allgemeine Geschäftskosten, Wagnis und Gewinn	keine Ersparnis	0
		6,59 €/m²
	6,59 €/m² x 1.300 m² =	8.567 €
Anderweitiger Erwerb	Durch den Einsatz des Personal auf einer anderen Baustelle wurde dort ein Anteil von Allgemeinen Geschäftskosten und Wagnis und Gewinn erwirtschaftet, der hier anzusetzen ist. (angenommener Wert:)	- 1.253 €
Vergütungsanspruch für Position 100		**7.314 €**

b) Kalkulation über die Endsumme

Angebotspreis		15,11 €/m²
Lohnkosten	komplett erspart, da anderweitiger Einsatz bei einem Füllauftrag	-1,36 €/m²
Gerätekosten	keine Ersparnis, da anderweitig nicht sofort einsetzbar	0
Materialkosten	komplett erspart	-5,20 €/m²
Gemeinkosten der Baustelle	Für den Tragschichteinbau war ein Vorlauf von zwei Tagen eingeplant, ehe mit der Pflasterung begonnen werden sollte. Die Baustellendauer verkürzt sich daher um diese zwei Tage. Entsprechend werden die zeitabhängigen Gemeinkosten der Baustelle für diese Zeit erspart, weil sie anderweitig problemlos einsetzbar waren. 2 Tage x 252 €/d (s. Punkt 2.2.2) = 504 € 504 € / 1.300 m² = 0,39 €/m²	-0,39 €/m²
Weitere Schlüsselkosten	keine Ersparnis	0
		8,16 €/m²
	8,16 €/m² x 1.300 m² =	10.608 €
Anderweitiger Erwerb	Durch den Einsatz des Personal auf einer anderen Baustelle wurde dort ein Anteil von Allgemeinen Geschäftskosten und Wagnis und Gewinn erwirtschaftet, der hier anzusetzen ist. (angenommener Wert:)	- 1.253 €
Vergütungsanspruch für Position 100		**9.355 €**

c) Deckungsbeitragsrechnung

Angebotspreis		14,37 €/m²
variable Lohnkosten	komplett erspart, da anderweitiger Einsatz bei einem Füllauftrag	-1,36 €/m²
variable Gerätekosten	keine Ersparnis, da anderweitig nicht sofort einsetzbar	0
variable Materialkosten	komplett erspart	-5,20 €/m²
variable Gemeinkosten der Baustelle	Für den Tragschichteinbau war ein Vorlauf von zwei Tagen eingeplant, ehe mit der Pflasterung begonnen werden sollte. Die Baustellendauer verkürzt sich daher um diese zwei Tage. Entsprechend werden die zeitabhängigen Gemeinkosten der Baustelle für diese Zeit erspart, weil sie anderweitig problemlos einsetzbar waren. 2 Tage x 116 €/d (s. Punkt 2.2.2) = 232 € 232 € / 1.300 m² = 0,18 €/m²	-0,18 €/m²
weitere Schlüsselkosten	keine Ersparnis	0
		7,63 €/m²
	7,63 €/m² x 1.300 m² = 9.919 €	
Anderweitiger Erwerb	Durch den Einsatz des Personal auf einer anderen Baustelle wurde dort ein Anteil für den Deckungsbeitrag erwirtschaftet, der hier anzusetzen ist. (angenommener Wert:)	- 1.480 €
Vergütungsanspruch für Position 100		**8.439 €**

3.2.13 Weitervergabepreise für den Subunternehmereinsatz

Stellt sich nach Vertragsabschluss heraus, dass der Auftragnehmer die angebotene Leistung z. B. aus Kapazitätsgründen nicht selbst erbringen kann, muss er ersatzweise einen Subunternehmer suchen. Dazu ist beim VOB-Vertrag nach § 8, (1) VOB/B die schriftliche Zustimmung des Auftraggebers erforderlich, es sei denn, der Betrieb des Auftragnehmers ist auf die Erbringung der Leistung nicht eingerichtet.

Kostenrechnerisch ist diese Situation anders zu behandeln als die unter Punkt 3.2.7 erläuterte Kalkulation von Subunternehmerleistungen: Während die Subunternehmerleistungen in der Angebotskalkulation der Preisfindung dienten, steht nach Auftragserteilung der Preis für die Leistung fest, und der Betrieb muss nun - möglicherweise unter Termindruck - einen Subunternehmer suchen, der die Leistung zu auskömmlichen Bedingungen erbringen wird. Dem Kalkulator stellt sich nun die Frage: Wie hoch darf der Weitervergabepreis an den Subunternehmer maximal sein, ohne dass der Betrieb bei gegebenem Vertragspreis einen kostenrechnerischen Nachteil erleidet. Es geht damit also um Obergrenzen für Weitervergabepreise; selbstverständlich ist es günstig, einen Subunternehmer zu finden, der möglichst weit unter dieser Obergrenze liegt.

Der Kalkulationsgrundsatz für Weitervergabepreise lautet:

Es können maximal jene Kostenbestandteile der Leistung an der Subunternehmer weitergegeben (= bezahlt) werden, die der Auftragnehmer durch den Subunternehmereinsatz einspart.

Deshalb muss der Kalkulator überlegen, welche Aufwendungen dem Betrieb durch den nachträglichen Subunternehmereinsatz gegenüber der eigenen Angebotskalkulation nicht entstehen werden.

Da können beispielsweise folgende Fälle unterschieden werden:

1. Der Subunternehmer soll nur die Lohnarbeit übernehmen („Fremdarbeitskosten").
2. Der Subunternehmer soll die Lohnarbeit übernehmen und die notwendigen Gemeinkostengeräte mitbringen.
3. Der Subunternehmer soll eine Leistung komplett erbringen.

Die Berechnung der Weitervergabepreise für diese Fälle wird nun für das Bauvorhaben Schulhof mit den verschiedenen Kalkulationsverfahren erläutert. Dabei wird unterstellt, dass der Auftragnehmer die Betonpflasterung (Position 200) an einen Subunternehmer vergeben will und der Auftraggeber dem schriftlich zugestimmt hat.

zu 1. Weitervergabepreis für Fremdarbeitskosten

In diesem Fall verbleiben alle Gemeinkostenanteile beim Auftragnehmer. Da nur die Lohneinzelkosten erspart werden, können auch nur diese Kosten weitergegeben werden. Damit ist der Weitervergabepreis bei allen Kalkulationsverfahren identisch:

Weitervergabepreis: 10,20 €/m²

zu 2. Weitervergabepreis für Fremdarbeitskosten mit Gestellung der Gemeinkostengeräte

Hier erspart der Auftragnehmer wiederum die Lohneinzelkosten und zusätzlich den Einsatz der eigenen Gemeinkostengeräte. Wenn der Kalkulator einen Zeitaufwand von 14 Tagen für die Betonpflasterarbeiten vorkalkuliert hatte, ergeben sich die folgenden Weitervergabepreise:

a) Kalkulation mit vorbestimmten Zuschlagssätzen

Ersparnis Lohneinzelkosten:	10,20 €/m²
Ersparnis Gemeinkosten der Baustelle:	
14 Tage Service-Radlader 79 €/d = 1.106 €	
14 Tage Rüttelplatte 13 €/d = 182 €	
1.288 €	
1.288 € / 1.000 m² =	1,29 €/m²
Weitervergabepreis:	**11,49 €/m²**

Diese Preisberechnung ist zwar korrekt, zu bedenken ist aber, dass bei der Kalkulation mit vorbestimmten Zuschlagssätzen die Gemeinkosten der Baustelle in den Vertragspreisen nur als durchschnittlicher betrieblicher Zuschlag enthalten sind (29,3 % auf Lohn). Man subtrahiert hier also von einem Durchschnittswert die Ersparnis des konkreten Bauvorhabens. Damit steht der Betrieb nicht schlechter da als bei der Angebotskalkulation, aber die Vorbehalte hinsichtlich der Deckung der übrigen Gemeinkosten der Baustelle bleiben bestehen.

b) Kalkulation über die Endsumme

Bei der Kalkulation über die Endsumme ergibt sich – da die Ersparnis gleich hoch ist wie bei der Kalkulation mit vorbestimmten Zuschlagssätzen – auch der gleiche Weitervergabepreis von 11,49 €/m².

Bei diesem Verfahren ist jedoch – im Gegensatz zur Kalkulation mit vorbestimmten Zuschlagssätzen – sichergestellt, dass der Vertragspreis von 29,01 €/m² die restlichen, verbleibenden Gemeinkosten der Baustelle abdecken wird, denn dieser Vertragspreis wurde ja mit den konkret für dieses Bauvorhaben erwarteten Gemeinkosten der Baustelle ermittelt.

c) Deckungsbeitragsrechnung

Ersparnis variable Einzelkosten Lohn:	10,20 €/m²
Ersparnis variable Gemeinkosten der Baustelle:	
14 Tage Service-Radlader 32 €/d =	448 €
14 Tage Rüttelplatte 9 €/d =	126 €
	574 €
574 € / 1.000 m² =	0,57 €/m²
Weitervergabepreis:	**10,77 €/m²**

zu 3. Weitervergabepreis für Komplettleistung der Pflasterung

a) Kalkulation mit vorbestimmten Zuschlagssätzen

Ersparnis Einzelkosten Lohn:	10,20 €/m²
Ersparnis Einzelkosten Material:	
Betonpflaster	7,65 €/m²
Sand	1,05 €/m²
Ersparnis Gemeinkosten der Baustelle:	2,99 €/m²

(Hier gilt das unter 2. hinsichtlich der Gemeinkosten der Baustelle Gesagte ebenfalls: Es werden die vorkalkulierten, aber eben durchschnittlichen Gemeinkosten der Baustelle des Betriebes als erspart angerechnet.)

Ersparnis Allgemeine Geschäftskosten:

Für Allgemeine Geschäftskosten wird nur der betriebsübliche Zuschlagssatz auf Fremdleistungen benötigt. Beträgt dieser z. B. 8 %, so ergibt sich eine Differenz im Zuschlagssatz von 24,97 % - 8 % = 16,97 %. Damit berechnet sich – bezogen auf die Herstellkosten –
eine Ersparnis von 21,89 €/m² x 0,1697 = 3,71 €/m²

Ersparnis Wagnis und Gewinn: keine Ersparnis	0
Weitervergabepreis:	**25,60 €/m²**

b) Kalkulation über die Endsumme

Ersparnis Einzelkosten Lohn:	10,20 €/m²

Ersparnis Einzelkosten Material:	
Betonpflaster	7,65 €/m²
Sand	1,05 €/m²

Ersparnis Gemeinkosten der Baustelle:

Wenn der Subunternehmer die Leistung komplett erbringt, die Baustelleneinrichtung jedoch gestellt bekommt, ergeben sich folgende Ersparnisse:

14 Tage Service-Radlader	79 €/d =	1.106 €
14 Tage Rüttelplatte	13 €/d =	182 €
14 Tage Pauschale Kleingerät	10 €/d =	140 €
14 Tage Baustellenleiter	25 €/d =	350 €
(Er benötigt nur noch 2 h täglich.)		
14 Tage Transporte	60 €/d =	840 €
		2.618 €

2.618 € / 1.000 m² = 2,62 €/m²

Ersparnis Allgemeine Geschäftskosten, Wagnis und Gewinn:

Der Zuschlagsatz für die Schlüsselkosten von 53,51 % aus der Angebotskalkulation beinhaltet ja alle Schlüsselkosten, nämlich Gemeinkosten der Baustelle, Allgemeine Geschäftskosten und Wagnis und Gewinn. Wenn nun die Ersparnis bei Allgemeinen Geschäftskosten und Wagnis und Gewinn allein festgestellt werden soll, muss zunächst errechnet werden, wie hoch der Anteil für Allgemeine Geschäftskosten und Wagnis und Gewinn in der Angebotskalkulation war:

$$Z = \frac{11.874,97 \times 100}{31.692} = 37,47 \text{ \% auf Einzelkosten}$$

Wird im Betrieb beim Subunternehmereinsatz allgemein mit einem Zuschlag auf Fremdleistungen in Höhe von 15 % kalkuliert, so ergibt sich eine Ersparnis beim Zuschlagsatz von

37,47 % - 15 % = 22,47 %.

Das bedeutet für die Leistungseinheit eine Ersparnis von
18,90 €/m² x 0,2247 =   4,25 €/m²

Weitervergabepreis:	**25,77 €/m²**

c) Deckungsbeitragsrechnung

Ersparnis variable Einzelkosten Lohn:	10,20 €/m²

Ersparnis variable Einzelkosten Material:	
Betonpflaster	7,65 €/m²
Sand	1,05 €/m²

Ersparnis variable Gemeinkosten der Baustelle:

Wenn der Subunternehmer die Leistung komplett erbringt, die Baustelleneinrichtung jedoch gestellt bekommt, ergeben sich folgende Ersparnisse:

14 Tage Service-Radlader	32 €/d =	448 €
14 Tage Rüttelplatte	9 €/d =	126 €
14 Tage Pauschale Kleingerät	10 €/d =	140 €
14 Tage Transporte	60 €/d =	840 €
		1.554 €

1.554 € / 1.000 m² = 1,55 €/m²

Ersparnis Deckungsbeitrag:

Der in der Angebotskalkulation berechnete Aufschlag von 64,08 % für variable Gemeinkosten der Baustelle und den Deckungsbeitrag ist - analog zur Kalkulation über die Endsumme - nicht direkt zu verwenden; vielmehr ist erst zu berechnen, wie hoch der Zuschlag für den Deckungsbeitrag allein auf die variablen Einzelkosten gewesen wäre:

$$Z = \frac{16.635,79 \times 100}{30.288} = 54,93 \text{ \%}$$
auf variable Einzelkosten

Wenn der Betrieb gewöhnlich beim Subunternehmereinsatz mit einem Zuschlag von beispielsweise 22 % für den Deckungsbeitrag auf die Fremdleistungen kalkuliert, so ergibt sich eine Ersparnis beim Zuschlagsatz von 54,93 % - 22 % = 32,93 %.

Das bedeutet für die Leistungseinheit eine Ersparnis von
18,90 €/m² x 0,3293 =   6,22 €/m²

Weitervergabepreis:	**26,67 €/m²**

3.3 Innerbetriebliche Leistungsverrechnung im Zweikreissystem

Die im Kapitel 2 vorgenommene Berechnung der Zuschlagsätze für Gemeinkosten bzw. für den Deckungsbeitrag sowie die Berechnung der Verrechnungssätze für Geräte fußte im Wesentlichen auf Zahlen, die aus der Finanzbuchhaltung gewonnen wurden. Ausgangspunkt war dabei die Gewinn- und Verlustrechnung des Betriebes, wobei die einzelnen Konten für die Zwecke der Kalkulation nachträglich interpretiert wurden. Wenn das Unternehmen somit lediglich – entsprechend der steuerrechtlichen Pflicht – Buchungen der Finanzbuchhaltung durchführt, spricht man von einem *Einkreissystem*.

Der Nachteil dieses Vorgehens besteht darin, dass Auswertungen und Ergebnisse hinsichtlich der Kalkulation nur in großem zeitlichen Abstand von einem Kalenderjahr vorliegen. Wird gewünscht, Zuschlag- und Kostensätze unabhängig davon laufend und nach kalkulatorischen Anforderungen und nicht nur auf steuerlich korrekter Datenbasis zu berechnen, so ist es notwendig, einen eigenen Buchführungskreis für die Betriebsbuchhaltung einzurichten. Damit installiert man ein *Zweikreissystem*. In welcher konkreten Form und mit welchen Übergangskonten zwischen der offiziellen Finanzbuchhaltung und der internen Betriebsbuchhaltung dies geschieht, ist von den betrieblichen Besonderheiten abhängig und kann nicht allgemein diskutiert werden (s. dazu EISELE 1999).

Die für die Kalkulation wichtigen Grundgedanken des Zweikreissystems wurden verständlich und übersichtlich vom BGL 1993 im „Handbuch Betriebsführung für Landschaftsgärtner", Band „Kostenrechnung für Landschaftsgärtner" dargestellt.

Grundprinzip ist es danach (S. 15 ff), die im betrieblichen Leistungsprozess auftretenden Kosten und Erlöse im zweiten Buchungskreis verschiedenen Kostenstellen zuzuordnen.

Unter Nutzung der im Branchenkontenplan für den Landschaftsbau freien Kontenklassen 5, 6 und 7 werden drei Sorten von Kostenstellen unterschieden:

- Gemeinkostenstellen
- Hilfskostenstellen
- Hauptkostenstellen

■ Gemeinkostenstellen nehmen alle Kosten auf, die nicht durch bestimmte Baustellen verursacht werden. Dazu gehören alle Verwaltungskosten, Ausbildungskosten, Kosten des Lagerplatzes, Lohnnebenkosten usw.

Die Kosten der Gemeinkostenstellen werden an andere Kostenstellen über Zuschlagsätze weitergegeben. Diese Zuschlagsätze werden üblicherweise als Prozentsatz auf die Lohnkosten der Hilfs- und Hauptkostenstellen aufgeschlagen.

■ Als Hilfskostenstellen werden alle Einrichtungen geführt, die Leistungen für andere Kostenstellen – insbesondere natürlich die Baustellen – erbringen. Dazu gehören beispielsweise die Werkstatt, Baumaschinen, LKW. Die Frage, ab welcher Größenordnung eine Maschine als Hilfskostenstelle betrachtet oder etwa nur einer Gemeinkostenstelle „Gemeinkostengeräte" zugeordnet werden soll, wird in der betrieblichen Praxis unterschiedlich beantwortet:

Je größer die Anzahl der Hilfskostenstellen, desto größer der Erfassungs- und Buchungsaufwand, desto größer aber auch die Aussagefähigkeit des Rechnungswesens im Hinblick auf die Entstehungsorte von Kosten.

Hilfskostenstellen werden über Stundensätze mit den anderen Kostenstellen verrechnet, d. h., sie geben eine nach der Anzahl von Stunden bemessene Leistung an die anderen Kostenstellen ab und erhalten dafür eine nach dem Stundensatz berechnete Vergütung. Bei den empfangenden Kostenstellen liegen die Verhältnisse genau umgekehrt: Sie werden mit den Verrechnungssätzen der Hilfskostenstellen belastet.

Durch diese Betrachtungsweise gelangt man zu einer „*innerbetrieblichen Leistungsverrechnung*", denn es werden nicht nur die nach außen (dem Kunden gegenüber) erbrachten Leistungen des Betriebes, sondern auch die intern im Leistungsaustausch verursachten Kosten und die erreichten Leistungen berechnet.

Die Höhe des Stundensatzes für eine Hilfskostenstelle ist laufend (etwa für die 12 zurückliegenden Monate) zu aktualisieren und ergibt sich aus den auf der Kostenstelle aufgelaufenen Kosten einerseits und den als produktive Leistung abgegebenen Stunden andererseits.

■ Hauptkostenstellen sind die Ziele der kalkulatorischen Überlegungen, nämlich die Baustellen. Als Erlöse sind die von außen eingehenden Umsatzerlöse zu verbuchen, während auf der Kostenseite folgende Belastungen auftreten:

- Einzelkosten Material, Subunternehmer und Sonstiges entsprechend dem Verbrauch lt. Tagesberichten und Fremdrechnungen

- Einzelkosten Lohn über Stundensätze, die über Zuschläge auch Anteile der Gemeinkostenstelle „Lohnnebenkosten" enthalten

- über Zuschlagsätze die weitergeleiteten Kosten aller Gemeinkostenstellen

- über Stundensätze die Kosten der Hilfskostenstellen.

Als Saldo des Baustellenkontos wird dann die Differenz von Erlösen und Kosten als Gewinn oder Verlust ausgewiesen.

Die folgenden Abbildungen (3.6 und 3.7, verändert nach KLUTH 1998, S. 206 u. 208) zeigen Überblicke zur Durchführung der Betriebsbuchhaltung mit der innerbetrieblichen Leistungsverrechnung. Um die Vorgehensweise und die gegenüber dem Einkreissystem verbesserte Aussagefähigkeit darzustellen, erfolgen dazu nun einige Hinweise – und zwar zunächst für die

Vollkostenrechnung:

① Wie kommt der Stundenverrechnungssatz für die Hilfskostenstelle „Werkstatt" zustande?

Die Kosten der Werkstatt sind Materialkosten, deren Höhe sich direkt aus dem Einkauf ergibt: Schmierstoffe, weitere Verbrauchstoffe, Werkzeuge, Werkstatteinrichtung usw. Daneben treten die Lohnkosten des Werkstattpersonals, die aber erhöht werden durch den Zuschlagsatz aus der Gemeinkostenstelle „Lohnnebenkosten". Außerdem fallen an Kosten noch Zuschläge für die Gemeinkostenstelle „Verwaltung" an.

Diese Kosten werden laufend fortgeschrieben und durch die Anzahl der produktiven – d. h. intern abrechenbaren – Werkstattstunden dividiert. Mit dem so entstehenden Stundensatz wird der Einsatz der Werkstatt intern verrechnet: Wird eine Reparatur an einem Radlader vorgenommen, die fünf Stunden dauert, wird die Hilfskostenstelle „Radlader" mit 5 x Stundensatz belastet. Das Gleiche gilt, wenn die Werkstatt ein Regal für das Büro herstellt und dafür fünf Stunden benötigt – in diesem Fall erfolgt die Belastung auf der Gemeinkostenstelle „Verwaltung".

Auf diese Art und Weise erreicht man Kosten- und Leistungstransparenz hinsichtlich der Werkstatt. Diese ist damit nicht nur ein unbestimmter Anteil des Kostenblockes „Allgemeine Geschäftskosten". Außerdem kann festgestellt werden, wie die eigene Werkstatt kostenmäßig im Verhältnis zum externen Kundendienst abschneidet und ob die in der Werkstatt selbst hergestellten Güter marktfähige Kosten verursachen.

② Wie berechnet sich der Stundensatz für den Radlader?

Auf der Kostenseite stehen die Aufwendungen für Abschreibung, Verzinsung und Versicherung sowie der Verbrauch an Betriebs- und Schmierstoffen. Reparaturkosten werden in Form von Rechnungen eines externen Kundendienstes oder mit den internen Verrechnungssätzen der Hilfskostenstelle „Werkstatt" zuzüglich der Ersatzteilkosten verbucht. Die Leistung des Radladers auf den Baustellen wird stundenmäßig erfasst; der Verrechnungssatz errechnet sich durch die Umlage der Kosten auf die im betrachteten Zeitraum erbrachten Leistungsstunden.

Mit diesem Satz wird in der Angebotskalkulation kalkuliert bzw. in der Nachkalkulation die Baustelle belastet (Anzahl der geleisteten Stunden x Stundensatz). Er unterscheidet sich von dem unter Punkt 2.2.1.2 berechneten Satz dadurch, dass bei den Reparaturkosten, bei den Schmier- und Betriebsstoffen und bei den produktiven Baustellenstunden nicht mit geschätzten Werten, sondern mit den tatsächlichen Aufwendungen und Leistungen des konkreten Gerätes gerechnet wird.

Damit wird auch der Kostenvergleich eigener Geräte mit gemieteten oder geleasten Maschinen oder mit einem Subunternehmereinsatz ermöglicht.

③ Wie werden die Kosten der Gemeinkostenstelle „Verwaltung" weitergegeben?

Auf der Gemeinkostenstelle „Verwaltung" sind alle unter Punkt 2.2.1.7 genannten Allgemeinen Geschäftskosten zu verbuchen. Die Daten der Finanzbuchhaltung sind um kalkulatorische Ansätze zu ergänzen (Kalkulatorische Verzinsung, Kalkulatorische Pacht, Kalkulatorischer Unternehmerlohn) bzw. zu modifizieren (Kalkulatorische Abschreibung statt steuerlicher AfA, Kalkulatorische statt tatsächlich eingetretener Wagnisse). Die Summe dieser Gemeinkosten wird an die Baustellen in Form eines Zuschlagsatzes weitergeleitet, der sich auf den produktiven Baustellenlohn oder aber auf alle Einzelkosten bezieht. Ersteres Vorgehen entspricht einer extrem ungleichbelastenden Kalkulation (bzw. „Vereinfachte Zuschlagskalkulation", denn alle Gemeinkosten werden nur auf den Lohn bezogen), letzteres Vorgehen kann gleich- und ungleichbelastend ausgestaltet werden.

Soll bei Hilfskostenstellen (z. B. Werkstatt) eine Vergleichbarkeit mit den Kosten externer Anbieter hergestellt werden, so sind auch die Hilfskostenstellen mit einem Zuschlagsatz für Gemeinkosten, der auf die dort verursachten Lohnkosten aufgeschlagen wird, zu belasten (in Abbildung 3.6 unberücksichtigt).

Gutschriften erhält die Gemeinkostenstelle „Verwaltung" in Form von Rückflüssen von den Haupt- und Hilfskostenstellen, wenn bei der Nachkalkulation die z. B. die Ist-Lohnkosten festgestellt und der darauf entfallende Zuschlag für Gemeinkosten berechnet wird. Stellt sich im Zeitablauf heraus, dass die Gutschriften die Kosten der Gemeinkostenstelle „Verwaltung" nicht decken, so ist der Zuschlagsatz anzupassen und/oder die Gemeinkosten sind zu senken.

④ Wie werden in der Vollkostenrechnung die Gemeinkosten der Baustelle weiterverrechnet?

Bei der Gemeinkostenstelle „Gemeinkosten der Baustelle" werden auf der Kostenseite alle unter Punkt 2.2.1.6 erläuterten Gemeinkosten der Baustelle verbucht. Gutschriften erhält diese Gemeinkostenstelle wiederum von den Baustellen, wobei die Art des Rückflusses bei den Kalkulationsverfahren unterschiedlich ist:

- Bei der Kalkulation mit vorbestimmten Zuschlagsätzen wird ein Zuschlagsatz (z. B. auf die Lohnkosten) gebildet, der alle Gemeinkosten der Baustelle in ein Verhältnis zu den produktiven Lohnkosten setzt. Mit diesem Zuschlagsatz wird in der Angebotskalkulation gerechnet. In der Nachkalkulation werden dann die tatsächlichen Lohnkosten festgestellt und auf dieser Zuschlagsatz aufgeschlagen (s. Punkt 4.1.1); der so berechnete Betrag ist die Gutschrift auf der Gemeinkostenstelle „Gemeinkosten der Baustelle". Ergibt der

Expertenwissen zur Angebotskalkulation

```
                    Aufwand aus der Finanzbuchhaltung
                              Klasse 2 bis 4


                  Modifizierung und     ┌──────────────────────┐
                                        │ Kalkulatorische Kosten│
                    Ergänzung           └──────────────────────┘


          ┌───────────────────┐
          │  Gemeinkostenstelle│     Belastung und Gutschrift
          │     Verwaltung    │ ◄──────────────────────────────►
          │     Klasse 5      │        durch Zuschlagsatz ③
          └───────────────────┘


          ┌───────────────────┐
          │  Gemeinkostenstelle│    Belastung und Gutschrift durch
          │Gemeinkosten der   │ ◄──────────────────────────────►
          │    Baustelle      │       Zuschlagsatz oder €-Betrag ④
          │    Klasse 5       │
          └───────────────────┘                                          ┌──────────────┐
                                                                         │ Hauptkosten- │
          ┌───────────────────┐                                          │   stelle     │
          │  Gemeinkostenstelle│    Belastung und Gutschrift durch       │  Baustelle   │
          │  Lohnnebenkosten  │ ◄──────────────────────────────►         │   Klasse 7   │
          │     Klasse 5      │       Stundensätze einschließlich        └──────────────┘
          └───────────────────┘          Lohnnebenkosten


          ┌───────────────────┐
          │  Hilfskostenstelle │
          │     Werkstatt     │
          │     Klasse 6      │
          └───────────────────┘
                  ▲
     Belastung und Gutschrift durch   ①
         Verrechnungssätze
                  ▼
          ┌───────────────────┐
          │  Hilfskostenstelle │       Belastung/Gutschrift
          │    Baumaschine    │ ◄──────────────────────────────►
          │     Klasse 6      │        durch Stundensätze ②
          └───────────────────┘


                                        Gutschrift als   €-Betrag


          ┌───────────────────┐       ┌──────────────┐
          │ Leistungsabgrenzung│       │    Erlöse    │
          │     Klasse 7      │       │   Klasse 8   │
          └───────────────────┘       └──────────────┘
```

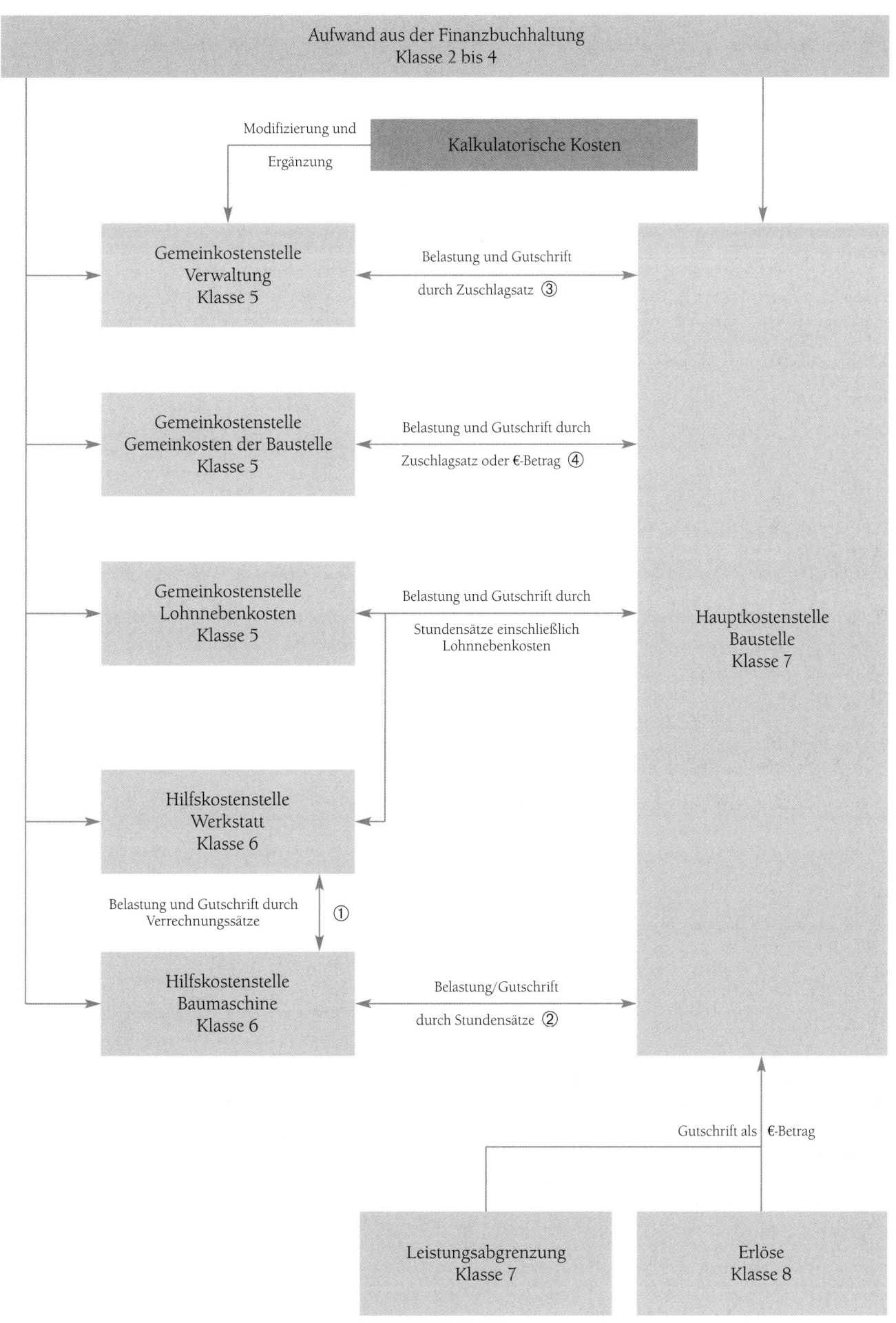

Abb. 3.6: Innerbetriebliche Leistungsverrechnung in der Vollkostenrechnung

Saldo dauerhaft eine Unterdeckung, so ist der Zuschlagsatz anzupassen. Falls der Betrieb in der Nachkalkulation die Gemeinkosten der Baustelle in ihrer tatsächlichen Höhe als Ist-Gemeinkosten (d. h. nicht nur als Zuschlagsatz) erfasst, so sind diese Ist-Kosten der Gemeinkostenstelle „Gemeinkosten der Baustelle" gutzuschreiben.

- Bei der Kalkulation über die Endsumme werden für die Kostenarten der Gemeinkosten der Baustelle einzelne zeitbezogene Verrechnungssätze gebildet (z. B. Stundensatz für Baustellenleiter, Tagessatz für Gemeinkostengeräte und Baustelleneinrichtung), die auch in der Angebotskalkulation verwendet werden. Gutschriften auf der Gemeinkostenstelle „Gemeinkosten der Baustelle" erfolgen dann aus der Nachkalkulation der Baustellen, indem die Ist-Zeiten der Gemeinkosten der Baustelle mit diesen Verrechnungssätzen multipliziert werden. Bei negativem Saldo der Gemeinkostenstelle „Gemeinkosten der Baustelle" müssen die Verrechnungssätze angehoben werden; umgekehrt führt eine gute Auslastung der Gemeinkosten der Baustelle zu verringerten Verrechnungssätzen.

Deckungsbeitragsrechnung

In der Deckungsbeitragsrechnung (s. Abb. 3.7) ist das Grundprinzip identisch, allerdings ergeben sich einige Vereinfachungen aus der Tatsache, dass es keine Unterteilung in Einzelkosten und Gemeinkosten gibt. Hilfskostenstellen auf dem Betriebsgelände (z. B. Werkstatt) werden zu den Fixkosten gezählt, und auch bei den Gemeinkosten der Baustelle ergeben sich viele Kosten, die auf das Fixkostenkonto zu verbuchen sind (Baustellenleiter, Baustelleneinrichtung). Für andere Gemeinkosten der Baustelle (z. B. die Gemeinkostengeräte) sind Verrechnungssätze für variable Kosten zu berechnen.

So sind im Wesentlichen drei Arten von Verrechnungskostenstellen erforderlich:

- die Verrechnungskostenstelle, welche die Lohnnebenkosten auf die Lohnkosten umlegt und so Stundensätze für die Angebots- und Nachkalkulation bereitstellt
- Verrechnungskonten für die Berechnung der variablen Gerätekosten. Die Belastung und Gutschrift erfolgt wie bei ② geschildert, jedoch natürlich nur mit den variablen Kostenbestandteilen
- Ein Konto zur Verrechnung aller Fixkosten und des Gewinns, wobei wiederum die Beträge der Finanzbuchhaltung im Hinblick auf die kalkulatorischen Kosten zu ergänzen oder zu modifizieren sind. Da hier die Gutschriften in Form der auf den Baustellen erwirtschafteten Deckungsbeiträge eingehen, kann dieses Konto als *Deckungsbeitrags-Verrechnungskonto* bezeichnet werden.

⑤ Wie werden die Fixkosten auf die Baustelle weiterverrechnet?

Die Art der Weiterverrechnung hängt davon ab, wie der Kalkulator den notwendigen Deckungsbeitrag (der neben den Fixkosten auch den gewünschten Gewinn beinhaltet) auf die variablen Kosten aufschlagen möchte:

- Der Deckungsbeitrag soll auf alle variablen Kosten aufgeschlagen werden (wie unter Punkt 2.3.2). Dann ist der Deckungsbeitrag durch einen prozentualen Zuschlagsatz auf alle variablen Kosten umzulegen, wobei auf die teilmarktbezogenen Möglichkeiten hinzuweisen ist.

- Der Deckungsbeitrag soll nur auf die variablen Lohnkosten aufgeschlagen werden (wie unter Punkt 3.2.7). In diesem Fall kann ein Zuschlag in Form eines Zuschlagsatzes für den Deckungsbeitrag auf die Lohnkosten berechnet werden. Alternativ ist es auch möglich, einen „Deckungsbeitrag je Stunde" als €-Betrag für jede Baustellenstunde zu berechnen und diesen Verrechnungssatz in der Angebots- und Nachkalkulation zu verwenden. Damit erfolgt die Belastung und Gutschrift auf dem Deckungsbeitrags-Verrechnungskonto auch mit diesen Beträgen.

- Der Deckungsbeitrag soll als prozentualer Anteil am Umsatz ausgewiesen werden. Dieses Vorgehen ist allerdings kostenrechnerisch bei der Angebotskalkulation in der Handhabung ungünstig, denn es wird für den Deckungsbeitrag ein prozentualer Anteil am Umsatz vorgegeben, wobei dieser Umsatz ja gerade einschließlich des Deckungsbeitrages erreicht wird. Hier ist es praktikabler, den prozentualen Anteil am Umsatz als Zuschlagsatz auf variable Kosten umzurechnen und dann wie eben erläutert zu verfahren. So entspricht ein Fixkostenanteil von 40 % am Umsatz einem Zuschlag von (40/60) x 100 = 66,66 % auf die variablen Kosten.

Obwohl die Ausgestaltung der Betriebsbuchhaltung betriebsindividuell sehr unterschiedlich ist und entsprechend den Bedürfnissen des einzelnen Unternehmens auch sein muss, sollten die vorstehenden Hinweise deutlich machen,

- welche Auswertungsmöglichkeiten eine innerbetriebliche Leistungsverrechnung prinzipiell bietet und
- wie die Berechnung prozentualer Zuschlagsätze und von zeitbezogenen Verrechnungssätzen besser an den betrieblichen Gegebenheiten ausgerichtet werden kann.

Damit hat das Management die Möglichkeit, schneller und präziser steuernd in die Kostenentwicklung des Unternehmens einzugreifen.

Expertenwissen zur Angebotskalkulation

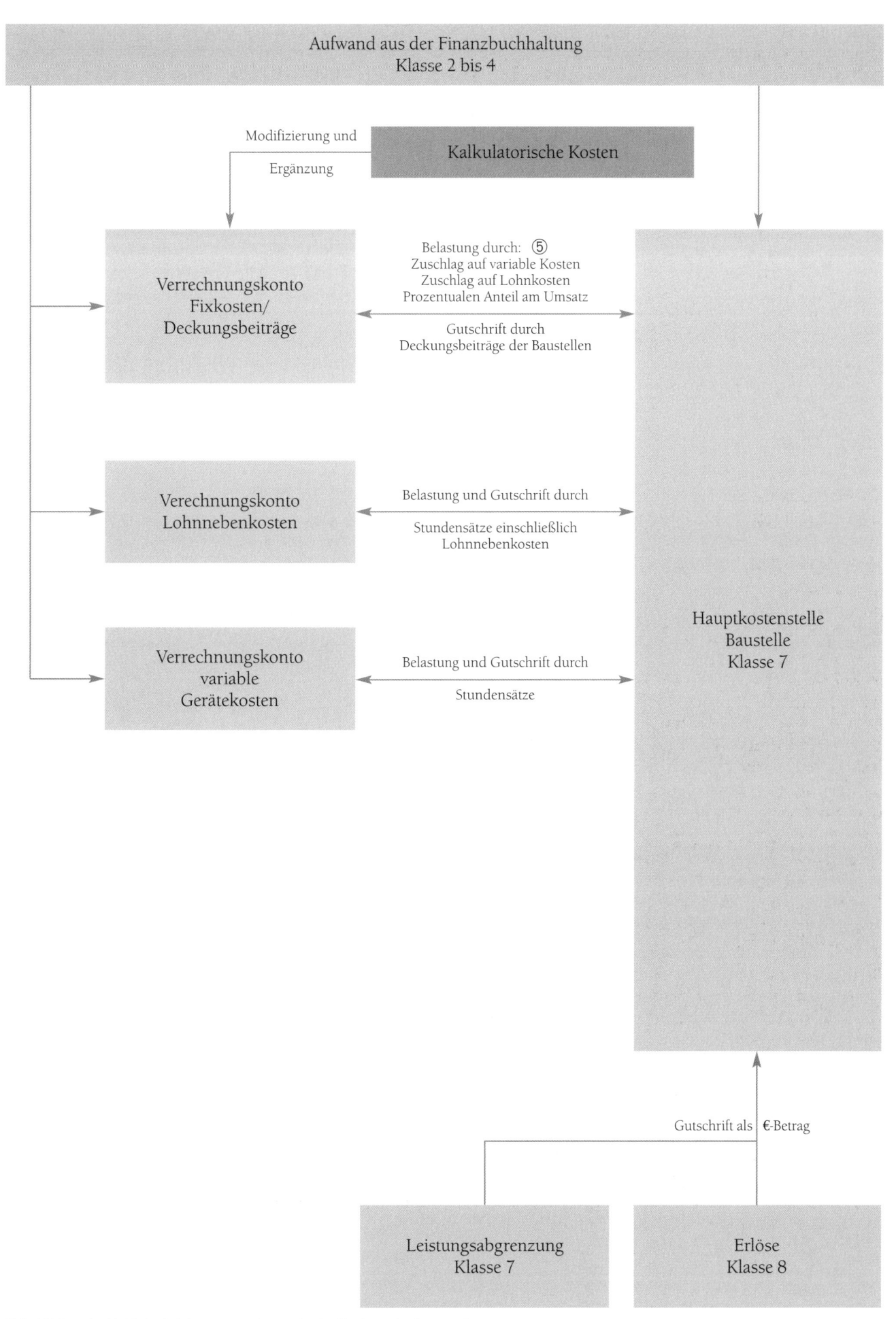

```
                    Aufwand aus der Finanzbuchhaltung
                              Klasse 2 bis 4


                    Modifizierung und
                                        Kalkulatorische Kosten
                    Ergänzung


                                            Belastung durch: ⑤
                                            Zuschlag auf variable Kosten
             Verrechnungskonto              Zuschlag auf Lohnkosten
              Fixkosten/                    Prozentualen Anteil am Umsatz
              Deckungsbeiträge              Gutschrift durch
                                            Deckungsbeiträge der Baustellen


             Verrechnungskonto           Belastung und Gutschrift durch
              Lohnnebenkosten
                                         Stundensätze einschließlich
                                              Lohnnebenkosten
                                                                                Hauptkostenstelle
                                                                                   Baustelle
                                                                                   Klasse 7
             Verrechnungskonto           Belastung und Gutschrift durch
              variable
              Gerätekosten                       Stundensätze




                                                           Gutschrift als €-Betrag

                                            Leistungsabgrenzung          Erlöse
                                                 Klasse 7               Klasse 8
```

Abb. 3.7: Innerbetriebliche Leistungsverrechnung in der Deckungsbeitragsrechnung

3.4 Verständnisfragen und Aufgaben zum Expertenwissen

1. Wie wird ein Auszubildender bei der Mittellohnberechnung berücksichtigt?

2. Berechnen Sie mit den Informationen aus der GuV der Immergrün GmbH den Zuschlagsatz für lohngebundene Kosten, wenn Ihnen zusätzlich aus der Nachkalkulation der Baustellen folgende Zeiten als Summen bekannt sind:

Baustellenstunden insgesamt:	28.700
davon für bezahlte Wegezeiten	1.500
Gewährleistungsarbeiten	200
Arbeiten im Rahmen von GB	500
verbleiben für abrechenbare Leistungen	26.500 h

3. Wie ist bei der Berechnung der Gerätekosten zu verfahren, wenn das Unternehmen die Verzinsung des eingesetzten Kapitals summarisch im Rahmen der kalkulatorischen Kosten bei den Allgemeinen Geschäftskosten in Ansatz bringt?

4. Welcher Grund kann dafür sprechen, die Wertgrenze zwischen Einzel- und Gemeinkostengeräten sehr niedrig (etwa bei 2.000 €) anzusetzen?

5. Von welchen Parametern ist die Leistung einer Glattmantelwalze abhängig?

6. Ein Baustellenleiter möchte für eine Baustraße Kalksteinschotter beim Lieferanten abrufen. Da es vorher tagelang geregnet hat, weiß er, dass das Material sehr nass ist. Er muss sich nun entscheiden, ob er nicht noch einige Tage wartet, damit er trockenes Material erhält.

   Überlegen Sie, wie er sich entscheiden sollte, wenn die Position nach Volumen (Auftragsprofil, Fall A), nach Gewicht (Wiegekarten, Fall B) oder nach Volumen des Lieferfahrzeuges (Kastenaufmaß, Fall C) abgerechnet wird. Unterscheiden Sie dabei danach, ob der Händler die Lieferung nach Volumen oder Gewicht berechnet. (Den Effekt der leichteren Bearbeitbarkeit lassen Sie hier außer Acht.)

7. Die Immergrün GmbH hatte bei der Kalkulation mit vorbestimmten Zuschlagsätzen mit dem Programm Kalkulex einen Zuschlagsatz in Höhe von 32,29 % für Allgemeine Geschäftskosten und Wagnis und Gewinn auf die Herstellkosten (s. Punkt 2.2.2.2, Übungsprogramm Kalkulex: Berechnung des Zuschlagsatzes für Allgemeine Geschäftskosten und Wagnis und Gewinn auf die Herstellkosten). Wie würde sich dieser Zuschlagsatz verändern, wenn es dem Unternehmen gelänge, mit der gleichen Belegschaft und unveränderten Allgemeinen Geschäftskosten den Subunternehmereinsatz von 165.000 € auf 495.000 € zu verdreifachen?

8. Wie groß wäre der Kalkulatorische Unternehmerlohn nach der Berechnungsweise im produktiven Gartenbau, wenn das Unternehmen GaLaBau Immergrün als Einzelunternehmen geführt würde?

9. Warum wurden in der Gewinn- und Verlustrechnung der Immergrün GmbH die Kosten für unproduktive Zeiten im Konto 4111 „Löhne für gewerbliche Arbeitnehmer Baustelle" den Einzelkosten Lohn zugeordnet?

10. Wie groß ist der Zuschlagsatz auf die Lohneinzelkosten bei der ungleichbelastenden Kalkulation mit vorbestimmten Zuschlagsätzen mit dem Programm BusinessV6 mit den Daten der GaLaBau Immergrün GmbH, wenn das Programm diesen Zuschlagsatz auch auf den Bediener der Einzelkostengeräte aufschlägt? Die anderen Zuschlagsätze seien wie im Berechnungsbeispiel unter Punkt 2.2.2.2 unverändert vorgegeben.

11. Welche Auswirkungen hätte es auf den Zuschlagsatz für Allgemeine Geschäftskosten und Wagnis und Gewinn bei der gleichbelastenden Kalkulation mit vorbestimmten Zuschlagsätzen mit Kalkulex, wenn es dem Unternehmen gelänge, die gleichen Erlöse mit um 10 % gesenkten Lohneinzelkosten, also z. B. durch eine verbesserte Arbeitsproduktivität, zu erreichen?

12. Ein Unternehmen hat folgende Kostenstruktur (in Tsd. €):

    Einzelkosten Lohn: 161
    Einzelkosten Geräte: 120
    Einzelkosten Material: 190
    Einzelkosten Fremdleistungen: 140
    Gemeinkosten der Baustelle: 100
    Allgemeine Geschäftskosten: 152
    Der gewünschte Gewinn beträgt: 80

    Wie hoch sind die Zuschlagsätze für eine gleichbelastende Kalkulation mit vorbestimmten Zuschlagsätzen, wenn das verwendete Programm ein Eingabefeld für „Gemeinkosten auf Einzelkosten" und eines für „Gewinn auf Selbstkosten" hat?

13. Der Kalkulator dieses Betriebes (Frage 12.) möchte für eine Baustelle eine gleichbelastende Kalkulation über die Endsumme durchführen. Die Gemeinkosten der Baustelle schätzt er auf 8.500 €, die Einzelkosten betragen nach seiner Kalkulation insgesamt 68.000 €. Wie groß ist der gleichbelastende Zuschlagsatz für die Schlüsselkosten auf die Einzelkosten?

14. Die Einzelkosten der Baustelle in Frage 13 in Höhe von 68.000 € teilen sich auf zu:

    Einzelkosten Lohn: 34.000,
    Einzelkosten Geräte: 12.000 und
    Einzelkosten Material: 22.000.

    Welcher Zuschlagsatz auf die Lohneinzelkosten ergibt sich, wenn der Kalkulator bei einer ungleichbelastenden Kalkulation über die Endsumme die Zuschlagsätze für Geräte und Material jeweils auf 30 % fixiert?

15. Wie verändern sich die Preise aller Positionen in einem mit der Kalkulation über die Endsumme kalkulierten Angebot, wenn eine neue Position hinzukommt, deren Ausführung keine zusätzlichen Gemeinkosten der Baustelle erfordern wird?

16. Wie würden sich alle Preise verändern, wenn bei einer Position alternativ teureres Material einkalkuliert würde?

17. Warum ist es nicht möglich, bei einem EDV-Programm im Rahmen der ungleichbelastenden Kalkulation über die Endsumme die Zuschlagsätze für Schlüsselkosten auf alle Einzelkosten zu fixieren?

18. Die Immergrün GmbH kalkuliert bei der Deckungsbeitragsrechnung mit einem Zuschlag von 50,32 % für den Deckungsbeitrag auf die variablen Kosten. Wenn der Kalkulator den Soll-Deckungsbeitrag nicht auf die variablen Kosten beziehen, sondern als Anteil am Umsatz ausdrücken möchte, muss er einen anderen Prozentsatz ausrechnen. Wie groß ist dieser prozentuale Anteil des gewünschten Deckungsbeitrages am Umsatz?

19. Finden Sie die rechnerische Lösung für die Leistungsmenge in der Grafik mit den sprungfixen Kosten, ab der die Stückkosten wieder niedriger als 19,33 €/m² sein werden!

20. Warum ist es sinnvoll, Eventualpositionen im Rahmen der Kalkulation über die Endsumme bei der Berechnung des Zuschlagsatzes für die Schlüsselkosten nicht zu berücksichtigen?

21. Berechnen Sie mit der Kalkulation über die Endsumme den Einheitspreis für eine Alternativposition zur Position 200, wenn diese beim Material ein Billig-Pflaster vorschreibt, mit dem sich Materialeinzelkosten von 6,12 €/m² ergeben!

22. Berechnen Sie mit der Kalkulation mit vorbestimmten Zuschlagsätzen den Einheitspreis für folgende Zulageposition:

    Position 110   200 m²   Zulage zu Position 100 für zusätzliche Tragschichtdicke 5 cm _____

23. Warum ist es aus Sicht des Auftraggebers sinnvoll (wie es das VHB 2001 unter Nr. 2.3 zu § 5 VOB/A für öffentliche Auftraggeber fordert), bei angehängten Stundenlohnarbeiten jeweils eine realistisch geschätzte Stundenanzahl und nicht nur die Menge 1 h (d. h. nur Einheitspreis) auszuschreiben?

24. Ist ein Fall denkbar, bei dem der Betrieb - abweichend von dem unter Punkt 3.2.6 erläuterten Vorgehen - bei bauseitiger Materiallieferung seinen Angebotspreis bestimmt, indem er von vornherein einfach ohne Material kalkuliert?

25. Bei dem Bauvorhaben Schulhof werden aufgrund der vorgefundenen Bauumstände statt der ausgeschriebenen Fläche von 1.000 m² nur 788 m² gepflastert. Berechnen Sie für diese Mengenunterschreitung mit der Kalkulation mit vorbestimmten Zuschlagsätzen den Umlagebetrag für die nicht gedeckten Gemeinkosten (ohne Gewinn)!

26. Welcher Abrechnungspreis errechnet sich für die Position 200, wenn der Auftraggeber nach Vertragsabschluss erklärt, er werde das Betonpflaster selbst liefern?

27. Berechnen Sie mit der Kalkulation mit vorbestimmten Zuschlagsätzen den Weitervergabepreis, wenn ein Subunternehmer die Position 100 (Tragschicht) komplett erbringen soll. Der betriebsübliche Zuschlagsatz für Allgemeine Geschäftskosten auf Fremdleistungen betrage 10 %.

28. Wie entsteht in der Vollkostenrechnung unter Berücksichtigung der innerbetrieblichen Leistungsverrechnung das Baustellenergebnis?

29. Welche Gutschriften erhält das Verrechnungskonto für die Fixkosten bzw. Deckungsbeiträge im Zweikreissystem bei der Deckungsbeitragsrechnung?

Lassen Sie nichts *im Sande verlaufen!*

Regenwasserversickerung in Stichworten
Planungsgrundsätze und Bauweisen

Prof. Dr.-Ing. M. Mahabadi, 2001

lichkeit und Schutz der natürlichen Ressourcen sind die zwei Maxime der Regenwasserversickerung!

Diese Neuerscheinung bietet einen vollständigen Überblick über die verschiedenen dezentralen Regenwasserversickerungsanlagen.

Rechtliche Aspekte, Hinweise zum Genehmigungsverfahren und die Beschreibung der Bestimmungsmethoden für den Wasserdurchlässigkeitsbeiwert werden einführend erläutert.

Format DIN A 4, broschiert
168 Seiten
69 Pläne und zahlreiche Tabellen
95 Abbildungen
ISBN 3-7815-169-1

€ **39,-**

Fon   0531.38004-26/-28
Fax   0531.38004-63

buchverkauf@thalackermedien.de
www.thalackermedien.de

THALACKER MEDIEN

4 Nachkalkulation

Die Nachkalkulation ist das Kontrollinstrument für den Verlauf und das Ergebnis der betrieblichen Tätigkeit auf der Baustelle. Sie liefert

- während des Baustellenverlaufs Informationen darüber, ob sich das Bauvorhaben von der Kostenseite her so entwickelt, wie es nach den Berechnungen des Kalkulators in der Angebotskalkulation zu erwarten war. Mit diesen Informationen kann bei länger andauernden Baustellen korrigierend eingegriffen und weiteren Fehlentwicklungen entgegengewirkt werden
- nach Ende des Bauvorhabens Aufschluss darüber, mit welchem Erfolg diese Baustelle abgewickelt wurde
- die für die künftige Angebotskalkulation wichtigen Informationen über die für die Leistungen aufgewendeten Arbeitsstunden, Gerätestunden und Materialmengen.

Damit weist die Nachkalkulation eine ergebnisorientierte und eine mengenorientierte Komponente auf; diese beiden Gesichtspunkte werden deshalb anschließend als kaufmännische Nachkalkulation (Punkt 4.1) und als technische Nachkalkulation (Punkt 4.2) näher erläutert.

Voraussetzung für eine aussagefähige und zutreffende Nachkalkulation ist ein Berichtswesen, das alle relevanten, im Bauablauf auftretenden Kosten dokumentiert. Dazu dienen neben elektronischen Erfassungsgeräten vor allem die im GalaBau lange bewährten formularmäßigen Tagesberichte, ergänzt durch Maschinenrapporte und Lieferscheine. In diesen Tagesberichten hält die Baustellenleitung täglich alle aufgewendeten Personal-, Geräte-, Material- und Fremdleistungskosten sowie sonstige Kosten fest und vermerkt zur Kostenentlastung Materialrückgaben (z. B. an den Betriebshof). Die Kosten können auf einzelne Positionen aufgeteilt bzw. bei den Gemeinkosten der Baustelle erfasst und/oder den unproduktiven Zeiten zugeordnet werden. Der Aufbau der Tagesberichte (die teilweise zusätzlich Inhalte eines Bautagebuches aufweisen) hat sich nach den Anforderungen des einzelnen Unternehmens zu richten. Wie im Folgenden erläutert wird, orientieren sich diese Anforderungen am Umfang der gewünschten Auswertungen, an der angewendeten Methodik und am für die Nachkalkulation zu treibenden Aufwand.

In der Tat ist festzustellen, dass im GaLaBau die Nachkalkulation auf der Basis differenzierter Tagesberichte eine zunehmende Verbreitung auch in kleineren Betrieben erfährt und häufiger systematisch durchgeführt wird als eine Angebotskalkulation.

Das Tagesberichtsformular der GaLaBau Immergrün GmbH zeigt die folgende Tabelle (4.1). Die dort eingetragenen Daten sind als Basis für die anschließenden Erläuterungen jedoch keine Tagesaufwendungen, sondern die Summen über den gesamten Verlauf der Baustelle Schulhof.

Nach Eingabe der Baustellenkosten von den Tagesberichten in die EDV-Programme bietet sich dort eine Fülle von Auswertungsmöglichkeiten, die sich wiederum auf das erzielte Ergebnis und die verbrauchten Mengen beziehen. Dazu werden – je nach EDV-Anbieter – unterschiedliche Kennziffern ausgewiesen, wie z. B. Wertschöpfung je Stunde, Gewinn je Stunde, Deckungsbeitrag je Stunde usw.

Mit den Zahlen der Immergrün GmbH wird nun auf die kaufmännische und technische Nachkalkulation eingegangen. Dabei wird besonderes Augenmerk gelegt auf das Verhältnis zwischen zu treibendem Aufwand und damit erzielter Aussagefähigkeit.

Tab. 4.1: Tagesberichtsformular

TAGESBERICHT (hier als Summen eingetragen)							GALABAU IMMERGRÜN GMBH			
Baustelle: Schulhof					Blatt-Nr.:		Datum:			
Wetter:								Temp.:		
		Positionen				G B	Wege-zeiten	SWG		Σ
		100	200							
1. Personalstunden										
Adelmann		40	88			10	16			
Bremer		32	88				8			
Callus			88				8			
Dormann			88			8	16			
Effels			88				8			
Fuss		18	70			8	8			
Schulze (Baustellenleiter)						51				
2. Maschinen										
Radlader 1,2 m³	h	72								
LKW 7,5 t	d					9				
Pritsche DoKa	d					17				
Radlader 0,6 m³	d					19				
Rüttelplatte	d					19				
3. Material										
Schotter 0/45	m³	340								
Betonpflaster	m²		1.110							
Sand	m²		80,2							
4. Fremdleistungen										
5. Sonstige Kosten										
Bauwagen	d					19				
Deponiegebühr	€					120				
Wasser/Energie	d					19				
Kleingeräte	d					19				
6. Materialrückgabe										

Anordnungen der Bauleitung:

Bemerkungen:

Unterschrift Baustellenleitung: Gegenzeichnung:

① Nachkalkulation bei der gleichbelastenden Kalkulation mit vorbestimmten Zuschlagsätzen

Kosten				
Einzelkosten Lohn				
128 h	Adelmann	14,50 + 70 %	24,65	3.155
120 h	Bremer	12,50 + 70 %	21,25	2.550
88 h	Callus	11,50 + 70 %	19,55	1.720
88 h	Dormann	12,80 + 70 %	21,76	1.915
88 h	Effels	11,50 + 70 %	19,55	1.720
88 h	Fuss	11,00 + 70 %	18,70	1.646
		Summe Einzelkosten Lohn		12.706
Einzelkosten Geräte				
72 h	Radlader mit Bedienung	49,11		3.536
		Summe Einzelkosten Geräte		3.536
Einzelkosten Material				
340 m³	Schotter 0/45	20,–		6.800
1.110 m²	Betonpflaster	7,50		8.325
80,2 m³	Sand	15,–		1.203
		Summe Einzelkosten Material		16.328
		Summe Einzelkosten		32.570
+	Gemeinkosten der Baustelle	29,30 %	auf die Lohnkosten	3.723
		Herstellkosten		36.293
+	Allgemeine Geschäftskosten Wagnis und Gewinn	32,29 %	auf die Herstellkosten	11.719
			Soll-Erlös	48.012
Selbstkosten		$\dfrac{48.012 \times 100}{100 + 5{,}86}$		45.354
Umsatzerlöse				
1.256,54 m²	Schottertragschicht	13,55		17.026
1.075,72 m²	Betonpflaster	28,97		31.164
		Summe Umsatzerlöse		48.190
Baustellenergebnis		48.190 – 45.354		**2.836**
Soll-Gewinn		48.012 – 45.354		**2.658**

② Nachkalkulation bei der ungleichbelastenden Kalkulation mit vorbestimmten Zuschlagsätzen

Kosten			
Einzelkosten Lohn			12.706
Herstellkosten Lohn		29,30 % auf 12.706 für Gemeinkosten der Baustelle	16.429
Einzelkosten Geräte			**3.536**
Einzelkosten Material			**16.328**
Soll-Erlöse			
16.429	+ 49,23 %	8.088	24.517
3.536	+ 20 %	707	4.243
16.328	+ 20 %	3.266	19.594
		Summe Soll-Erlöse	48.354
Selbstkosten		$\dfrac{48.354 \times 100}{100 + 5{,}86}$	45.677
Umsatzerlöse			
1.256,54 m²	Schottertragschicht	12,81	16.096
1.075,72 m²	Betonpflaster	30,14	32.422
		Summe Umsatzerlöse	48.518
Baustellenergebnis		48.518 – 45.677	**2.841**
Soll-Gewinn		48.354 – 45.677	**2.677**

③ Nachkalkulation bei der gleichbelastenden Kalkulation über die Endsumme

Kosten			
Einzelkosten Lohn			12.706
Einzelkosten Geräte			3.536
Einzelkosten Material			16.328
		Summe Einzelkosten	**32.570**
Gemeinkosten der Baustelle			
10 h	Adelmann	24,65	247
8 h	Dormann	21,76	174
8 h	Fuss	18,70	150
51 h	Schulze (Baustellenleiter)	25,–	1.275
9 d	LKW 7,5 t	65,–	585
17 d	Pritsche DoKa	35,–	595
19 d	Service-Radlader 0,6 m³	79,–	1.501
19 d	Rüttelplatte	13,–	247
19 d	Bauwagen	10,–	190
19 d	Pauschale Wasser/Energie	5,–	95
19 d	Pauschale Kleingeräte	10,–	190
1 St	Entsorgungsgebühr		120
		Summe Gemeinkosten der Baustelle	**5.369**
		Summe Herstellkosten	**37.939**
+	32,29 %	für Allgemeine Geschäftskosten, Wagnis u. Gewinn	12.251
		Soll-Erlös	50.190
Selbstkosten		$\frac{50.190 \times 100}{100 + 5{,}86}$	47.412
Umsatzerlöse			
1.256,54 m²	Schottertragschicht	15,11	18.986
1.075,72 m²	Betonpflaster	29,01	31.207
		Summe Umsatzerlöse	**50.193**
Baustellenergebnis		50.193 – 47.412	**2.781**
Soll-Gewinn		50.190 – 47.412	**2.778**

④ Nachkalkulation bei der gleichbelastenden Kalkulation mit vorbestimmten Zuschlagsätzen – hier mit Ist-Gemeinkosten der Baustelle

Kosten			
Einzelkosten Lohn			12.706
Einzelkosten Geräte			3.536
Einzelkosten Material			16.328
Summe Gemeinkosten der Baustelle (s. Berechnung bei der Kalkulation über die Endsumme)			5.369
		Summe Herstellkosten	**37.939**
+	32,29 %	für Allgemeine Geschäftskosten, Wagnis u. Gewinn	12.251
		Soll-Erlös	50.190
Selbstkosten		$\frac{50.190 \times 100}{100 + 5{,}86}$	47.412
Umsatzerlöse			
1.256,54 m²	Schottertragschicht	13,55	17.026
1.075,72 m²	Betonpflaster	28,97	31.164
		Summe Umsatzerlöse	**48.190**
Baustellenergebnis		48.190 – 47.412	**778**
Soll-Gewinn		50.190 – 47.412	**2.778**

Nachkalkulation

⑤ Nachkalkulation bei der Deckungsbeitragsrechnung mit dem Zuschlag für den Deckungsbeitrag auf die variablen Kosten

Kosten				
variable Einzelkosten Lohn				12.706
variable Einzelkosten Geräte	72 h		33,11	2.384
variable Einzelkosten Material				16.328
			Summe variable Einzelkosten	**31.418**
variable Gemeinkosten der Baustelle				
10 h	Adelmann	24,65		247
8 h	Dormann	21,76		174
8 h	Fuss	18,70		150
9 d	LKW 7,5 t	25,-		225
17 d	Pritsche DoKa	15,-		255
19 d	Service-Radlader 0,6 m³	32,-		608
19 d	Rüttelplatte	9,-		171
19 d	Pauschale Wasser/Energie	5,-		95
19 d	Pauschale Kleingeräte	10,-		190
1 St	Entsorgungsgebühr			120
			Summe variable Gemeinkosten der Baustelle	**2.235**
			Summe variable Kosten	**33.653**
Umsatzerlöse				
1.256,54 m²	Schottertragschicht	14,37		18.056
1.075,72 m²	Betonpflaster	31,01		33.358
			Summe Umsatzerlöse	**51.414**
Deckungsbeitrag		51.414 - 33.653		**17.761**
Soll-Deckungsbeitrag		50,32 % von 33.653		16.934
zusätzlich erzielter Deckungsbeitrag		17.761 - 16.934		827

4.1 Kaufmännische Nachkalkulation

Das Grundprinzip der kaufmännischen Nachkalkulation ist simpel und auf allen Bezugsebenen vom Gesamtbetrieb bis hinunter zu einzelnen Position immer gleich: Von den erzielten Umsatzerlösen werden die Selbstkosten abgezogen, und als Ergebnis steht dann der erwirtschaftete Gewinn (oder Verlust). Bei der Umsetzung liegen die Probleme jedoch im Detail: Die Einzelkosten sind leicht zu erfassen – wie geht man jedoch bei der Einrechnung und Verteilung der Gemeinkosten vor?

Da sich dieser Aspekt gut bei der Berechnung des Baustellenergebnisses darstellen lässt, wird nun zunächst diese Ebene angesprochen, bevor auf das Positionsergebnis und das Betriebsergebnis eingegangen werden soll.

4.1.1 Baustellenergebnis

Das Baustellenergebnis wird festgestellt, indem von allen auf einer Baustelle erzielten Umsatzerlösen die Selbstkosten subtrahiert werden.

Die tatsächlich aufgetretenen Einzelkosten (= Ist-Einzelkosten) sind den Tagesberichten zu entnehmen, bei den Gemeinkosten der Baustelle sind jedoch unterschiedliche Vorgehensweisen möglich:

1. Die Gemeinkosten der Baustelle werden bei der Kalkulation mit vorbestimmten Zuschlagsätzen vom EDV-Programm mit dem gleichen Zuschlagsatz auf die Ist-Kosten aufgeschlagen, der bereits in der Angebotskalkulation für die Gemeinkosten der Baustelle verwendet wurde.

Dieses Verfahren ist im GaLaBau sehr verbreitet und mit dem geringsten Aufwand verbunden, denn in den Tagesberichten müssen nur die Einzelkosten vermerkt werden, und auch die Eingabe in die EDV ist entsprechend schneller zu erledigen.

Die Immergrün GmbH verrechnet auf diese Weise bei der Kalkulation mit vorbestimmten Zuschlagsätzen 3.723 € als Gemeinkosten der Baustelle (s. ① und ②)

2. Die Gemeinkosten der Baustelle werden auf der Baustelle in den Tagesberichten mit allen Kostenbestandteilen differenziert erfasst und dann bei der Berechnung der Herstellkosten als Ist-Gemeinkosten der Baustelle berücksichtigt.

Diese Vorgehensweise folgt vom methodischen Ansatz her natürlich der Kalkulation über die Endsumme und ist deshalb auch dort obligatorisch. Mit dem im Tagesbericht kursiv eingetragenen Daten für Gemeinkosten der Baustelle berechnet die Immergrün GmbH eine Summe der Ist-Gemeinkosten der Baustelle von 5.369 € (s. ③). Dieser Betrag entspricht den tatsächlichen Aufwendungen und ist deshalb aussagefähiger als die automatische Verwendung des betriebsüblichen Durchschnittssatzes aus der Angebotskalkulation. Es zeigt sich bereits, dass die Ist-Gemeinkosten der Baustelle von 5.369 € höher sind als die verrechneten Gemeinkosten der Baustelle von 3.723 €; damit sind die bei ① und ② berechneten Herstellkosten zu niedrig und das Baustellenergebnis zu positiv. (Der umgekehrte Falle wird natürlich auch auftreten.)

Diese verfahrenstechnische Schwachstelle kann jedoch auch beseitigt werden, wenn der Betrieb mit der Kalkulation mit vorbestimmten Zuschlagsätzen kalkuliert: Auf der Baustelle müssen dann – wie bei der Kalkulation über die Endsumme – alle Kosten erfasst werden; vor der Eingabe in die EDV sind jedoch zwei Änderungen vorzunehmen:

- Es ist im Auftrags-LV eine weitere Position mit der Bezeichnung „Gemeinkosten der Baustelle" einzufügen, damit die entsprechenden Kosten dort eingelesen werden können.
- Der in der Angebotskalkulation verwendete Zuschlagsatz für Gemeinkosten der Baustelle muss auf 0 gesetzt werden um zu vermeiden, dass zu den Ist-Gemeinkosten der Baustelle noch verrechnete Gemeinkosten der Baustelle hinzugerechnet werden. (Bei manchen Programmen ist eine Änderung des Auftrags-LV nicht möglich; dort muss man das LV erst unter einem anderen Status kopieren.)

Wenn die Immergrün GmbH so vorgeht (s. ④), ergeben sich natürlich die gleichen Herstellkosten wie bei der Kalkulation über die Endsumme; das Baustellenergebnis verändert sich jedoch gegenüber ① und ②.

In der Vollkostenrechnung werden dann auf diese Herstellkosten die Zuschläge für Allgemeine Geschäftskosten aus der Angebotskalkulation aufgeschlagen, um die Selbstkosten zu erhalten. Sofern die Zuschlagsätze für Allgemeine Geschäftskosten und Wagnis und Gewinn zusammengefasst sind, werden auf diese Weise nicht die Selbstkosten, sondern die Soll-Erlöse ermittelt; aus diesen Soll-Erlösen ist dann erst der Anteil für Wagnis und Gewinn herauszurechnen, um die Selbstkosten zu erhalten und eine Aussage zum Baustellenergebnis treffen zu können. Damit lassen sich für die Immergrün GmbH je nach dem gewählten Kalkulationsverfahren der Vollkostenrechnung die unterschiedlichen Baustellenergebnisse feststellen (s. ① bis ④).

Bei der Deckungsbeitragsrechnung werden in der Nachkalkulation lediglich die variablen Kosten erfasst (s. ⑤). Durch Subtraktion von den Umsatzerlösen erhält man dann den auf dieser Baustelle erzielten Deckungsbeitrag, hier: 17.761 €. Ein Gewinn wird in der Deckungsbeitragsrechnung nicht ausgewiesen, aber als Vergleichsmaßstab für den Erfolg der Baustelle kann der Soll-Deckungsbeitrag ermittelt werden, indem die variablen Ist-Kosten mit dem Zuschlagsatz für den Soll-Deckungsbeitrag (hier: 50,32 %) versehen werden.

Vergleich der Nachkalkulationen der Immergrün GmbH

- Die Nachkalkulationen bei ①, ② und ③ weisen einen Gewinn in ähnlicher Höhe von etwa 2.800 € aus. Bei der Kalkulation mit vorbestimmten Zuschlagsätzen ist dieser Betrag jedoch unzutreffend, wie die Berechnung unter ④ zeigt, bei der die Ist-Gemeinkosten der Baustelle berücksichtigt wurden.

- Die Nachkalkulationen bei der Kalkulation mit vorbestimmten Zuschlagsätzen (s. ① und ②) weisen einen fast identischen Gewinn von ca. 2.840 € auf. Dieses Ergebnis kommt zu Stande, weil die Kostenarten bei der Nachkalkulation in etwa im selben Verhältnis zueinander stehen, wie sie vom Kalkulator in der Angebotskalkulation abgeschätzt wurden. Um die Auswirkungen der Veränderung der Kostenstruktur auf das Baustellenergebnis bei gleich- und ungleichbelastender Kalkulation zu demonstrieren, wird einmal ein alternativer Baustellenverlauf unterstellt:

Wenn der Baustellenleiter sich entschieden hätte, bei der Position 100 statt des Einzelkostengerätes den kleineren und damit nicht so produktiven Service-Radlader einzusetzen, dann würde auch der Personaleinsatz beim Schottereinbau länger dauern. Nimmt man an, dass somit Dormann nun 102 h und Fuss 30 h länger benötigen, dann ergeben sich bei gleichbelastender und ungleichbelastender Nachkalkulation die unter ⑥ und ⑦ berechneten Resultate mit einer Ergebnisdifferenz von ca. 1.000 €.

Es zeigt sich, dass die Höhe des Baustellenergebnisses bei einer Änderung der Kostenstruktur davon abhängt, ob gleichbelastend oder ungleichbelastend kalkuliert wird; es kann sogar geschehen, dass im einen Fall ein Gewinn, bei Anwendung der anderen Methode ein Verlust ausgewiesen wird.

- Alle in der Vollkostenrechnung ausgewiesenen Ergebnisse sind falsch, wenn die Einzelkostengeräte im Jahresverlauf nicht die kalkulierte Betriebsstundenzahl (hier: 850 h) erreichen. Dann erhöhten sich nämlich die Gerätekosten/min, und das Baustellenergebnis der Nachkalkulation verschlechterte sich.

- Die Deckungsbeitragsrechnung erfasst lediglich die durch die Baustelle verursachten variablen Kosten und verzichtet auf weitergehende Umlagen. Der ausgewiesene Deckungsbeitrag von 17.761 € ist höher als der für diesen Teilmarkt gewünschte Soll-Deckungsbeitrag von 16.934 €. Damit ist diese Baustelle besser abgewickelt worden, als es den Erwartungen des Kalkulators entsprach.

Fazit:

a) Die Höhe des ausgewiesenen Baustellenergebnisses hängt von der Kalkulationsmethode ab. Insbesondere

Nachkalkulation

⑥ Nachkalkulation bei der gleichbelastenden Kalkulation mit vorbestimmten Zuschlagsätzen bei alternativem Geräteeinsatz

Kosten				
Einzelkosten Lohn				
		Übertrag Einzelkosten Lohn		12.706
102 h	Mehraufwand Dormann	12,80 + 70 %	21,76	2.220
30 h	Mehraufwand Fuss	11,00 + 70 %	18,70	561
		Summe Einzelkosten Lohn		15.487
Einzelkosten Geräte				
72 h	Radlader mit Bedienung	entfällt		0
Einzelkosten Material		Übertrag		16.328
		Summe Einzelkosten		31.815
+	Gemeinkosten der Baustelle	29,30 %	auf die Lohnkosten	4.538
			Herstellkosten	36.353
+	Allgemeine Geschäftskosten Wagnis und Gewinn	32,29 %	auf die Herstellkosten	11.738
			Soll-Erlös	48.091
Selbstkosten		$\frac{48.091 \times 100}{100 + 5,86}$		45.429
Umsatzerlöse		Übertrag		48.190
Baustellenergebnis		48.190 – 45.429		2.761
Soll-Gewinn		48.091 – 45.429		2.662

⑦ Nachkalkulation bei der ungleichbelastenden Kalkulation mit vorbestimmten Zuschlagsätzen bei alternativem Geräteeinsatz

Kosten				
Einzelkosten Lohn		s. o.		15.487
Herstellkosten Lohn		+ 29,30 % auf 15.487 für Gemeinkosten der Baustelle		20.025
Einzelkosten Geräte				0
Einzelkosten Material				16.328
Soll-Erlöse				
20.025	+ 49,23 %	9.858		29.883
16.328	+ 20 %	3.266		19.594
		Summe Soll-Erlöse		49.477
Selbstkosten		$\frac{49.477 \times 100}{100 + 5,86}$		46.738
Umsatzerlöse				48.518
Baustellenergebnis		48.518 – 46.738		1.780
Soll-Gewinn		49.477 – 46.738		2.739

bei mangelnder Berücksichtigung der Ist-Gemeinkosten der Baustelle in der Kalkulation mit vorbestimmten Zuschlagsätzen ist das Baustellenergebnis nicht aussagefähig. Hier lohnt sich jedenfalls der zusätzliche Aufwand für die Erfassung dieser Ist-Gemeinkosten der Baustelle in der Nachkalkulation.

b) Bei der ungleichbelastenden Kalkulation hängt das Baustellenergebnis von der Kostenstruktur der Baustelle ab; jede Veränderung des Aufwandes in Richtung auf die mit einem hohen Zuschlagsatz nachkalkulierte Kostenart verschlechtert das Ergebnis. Dies trifft sowohl auf die Kalkulation mit vorbestimmten Zuschlagsätzen als auch auf die Kalkulation über die Endsumme zu.

c) Aus diesen Gründen ist das ausgewiesene Baustellenergebnis in der Vollkostenrechnung nur als grober Anhaltspunkt zu verstehen; für große Zahlengläubigkeit besteht kein Anlass.

d) Diese Methodenabhängigkeit des Baustellenergebnisses legt es nahe, dass dieses Ergebnis nicht Grundlage für die Beurteilung des Baustellenpersonals sein kann. Dies gilt insbesondere, wenn das Ergebnis auch noch durch Preisnachlässe des Unternehmers in der Auftragsverhandlung negativ beeinflusst wird. Aus diesem Grund wird im Bauwesen die Arbeitskalkulation zur Grundlage der Nachkalkulation gemacht.

e) Die Deckungsbeitragsrechnung zeigt in der Nachkalkulation, welchen Beitrag diese Baustelle zur Deckung der Fixkosten und zum Gewinn des Unternehmens leistet und verzichtet dabei auf die problematischen Zuschläge für Gemeinkosten; als Kontrollmaßstab für den Baustellenerfolg kann der geplante Soll-Deckungsbeitrag herangezogen werden.

4.1.2 Positionsergebnis

Wenn das Baustellenergebnis feststeht, kann sich der Unternehmer dafür interessieren, ob und in welcher Höhe einzelne Positionen zu diesem Ergebnis beigetragen haben. Wenn die Tagesberichte eine Aufteilung der Einzelkosten auf die verschiedenen Positionen vorsehen, ist das rechnerisch kein Problem und wird von vielen EDV-Programmen unter dem Stichwort „Positionsauswertung" oder „Positionsergebnis" auch ausgeworfen.

Für die Baustelle Schulhof ergibt sich bei der gleichbelastenden Kalkulation mit vorbestimmten Zuschlagsätzen die unter ⑧ berechnete Auswertung. Danach hat der Umsatz der Position 100 den Soll-Erlös knapp verfehlt, während die Position 200 einen über dem Soll-Erlös liegenden Umsatz erzielt und damit überdurchschnittlich zum erwirtschafteten Gewinn beigetragen hat.

Die Aussagekraft dieser Zahlen ist jedoch unter folgenden Aspekten zweifelhaft:

▶ Die Berechnung setzt voraus, dass die Einzelkosten tatsächlich exakt auf die Positionen verteilt wurden. Je größer die Baustelle und je umfangreicher das eingesetzte Personal und die Maschinen, desto schwieriger wird es für den Baustellenleiter, diese Zuordnung im Tagesbericht genau vorzunehmen; meistens bleiben am Ende noch einige Stunden übrig, die dann willkürlich verteilt werden.

▶ Die Kostenverteilung auf die Positionen bezieht sich nur auf die Einzelkosten; die Gemeinkosten der Baustelle bleiben unberücksichtigt und werden bei der Positionsauswertung lediglich wie bei der Angebotskalkulation durch einen Zuschlag umgelegt. Wie bereits beim Baustellenergebnis gezeigt wurde, hat dieser Zuschlag jedoch nichts mit den Ist-Gemeinkosten der Baustelle gemeinsam; das gilt dann umso mehr für zahlenmäßige Verteilung von Gemeinkosten der Baustelle auf die Positionen.

▶ Die beim Baustellenergebnis bereits geschilderten Probleme bei ungleichbelastender Kalkulation gelten für das Positionsergebnis gleichermaßen und können zu Ergebnisverfälschungen führen.

▶ Versucht man, als Ausweg eine Kennzahl zu verwenden, die ohne Zuschläge auskommt, hilft das auch nicht weiter. Berechnet beispielsweise der Kalkulator die Wertschöpfung je geleisteter Baustellenstunde

⑧ Positionsauswertung mit der gleichbelastenden Kalkulation mit vorbestimmten Zuschlagsätzen

Kosten				Position 100
Einzelkosten Lohn				
40 h	Adelmann	14,50 + 70 %	24,65	986
32 h	Bremer	12,50 + 70 %	21,25	680
18 h	Fuss	11,00 + 70 %	18,70	337
		Summe Einzelkosten Lohn		2.003
Einzelkosten Geräte				
72 h	Radlader mit Bedienung	49,11		3.536
		Summe Einzelkosten Geräte		3.536
Einzelkosten Material				
340 m³	Schotter 0/45	20,–		6.800
		Summe Einzelkosten Material		6.800
		Summe Einzelkosten		**12.339**
+	Gemeinkosten der Baustelle	29,30 %	auf die Lohnkosten	587
		Herstellkosten		12.926
+	Allgemeine Geschäftskosten Wagnis und Gewinn	32,29 %	auf die Herstellkosten	4.174
			Soll-Erlös	17.100
Selbstkosten		$\dfrac{17.100 \times 100}{100 + 5{,}86}$		16.153
Umsatzerlöse				
1.256,54 m²	Schottertragschicht	13,55		17.026
Positionsergebnis		17.026 − 16.153		**873**
Soll-Gewinn		17.100 − 16.153		**947**

Kosten				Position 200	
Einzelkosten Lohn					
88 h	Adelmann	14,50 + 70 %		24,65	2.169
88 h	Bremer	12,50 + 70 %		21,25	1.870
88 h	Callus	11,50 + 70 %		19,55	1.720
88 h	Dormann	12,80 + 70 %		21,76	1.915
88 h	Effels	11,50 + 70 %		19,55	1.720
70 h	Fuss	11,00 + 70 %		18,70	1.309
			Summe Einzelkosten Lohn		10.703
Einzelkosten Material					
1.110 m²	Betonpflaster	7,50			8.325
80,2 m³	Sand	15,–			1.203
			Summe Einzelkosten Material		9.528
			Summe Einzelkosten		**20.231**
+	Gemeinkosten der Baustelle	29,30 %	auf die Lohnkosten		3.136
			Herstellkosten		23.367
+	Allgemeine Geschäftskosten Wagnis und Gewinn	32,29 %	auf die Herstellkosten		7.545
			Soll-Erlös		30.912
Selbstkosten		$\frac{30.912 \times 100}{100 + 5,86}$			29.201
Umsatzerlöse					
1.075,72 m²	Betonpflaster	28,97			31.164
Positionsergebnis		31.164 – 29.201			**1.963**
Soll-Gewinn		30.912 – 29.201			**1.711**

(s. ⑨), steht auf einmal die Position 100 viel positiver da als die Position 200; dies sagt jedoch wiederum wenig aus, weil die für die beiden Positionen benötigten, unterschiedlich hohen Gemeinkosten der Baustelle ja nicht erfasst wurden und nach ihrem Charakter als Gemeinkosten auch gar nicht sinnvoll verteilt werden können.

⑨ Wertschöpfung der Positionen

Position 100	Erlös		17.026
	–	Gerätekosten	3.536
	–	Materialkosten	6.800
	=	Wertschöpfung	6.690
		Baustellenstunden	90
		Wertschöpfung/h	74
Position 200	Erlös		31.164
	–	Gerätekosten	0
	–	Materialkosten (8.325 + 1.203)	9.528
	=	Wertschöpfung	21.636
		Baustellenstunden	510
		Wertschöpfung/h	42

▶ Das Ergebnis wird nicht nur durch die Kosten-, sondern auch durch die Erlösseite bestimmt. Die Einheitspreise des Angebotes sind jedoch häufig nicht mit den Kalkulationspreisen identisch. Wenn beispielsweise der Unternehmer bei einzelnen Positionen in der Auftragsverhandlung Preisnachlässe gewährte oder bereits im Angebot einzelne Preise in Richtung auf gängige Marktpreise verändert hat, oder wenn weitere preistaktische Manipulationen am Angebot vorgenommen wurden, dann wirkt sich dies selbstverständlich verfälschend auf die Positionsergebnisse aus.

Nach diesen Einschränkungen ist eine positionsbezogene Ergebnisbetrachtung wenig sinnvoll. Mögen die Zahlen auch noch so exakt berechnet werden, aufgrund der vorgenannten kalkulationssystematischen Defizite müssen sie als wenig aussagefähig eingestuft werden.

4.1.3 Betriebsergebnis

Die Unternehmensführung ist nicht nur an dem rechnerischen Ergebnis der einzelnen Baustelle interessiert, sondern benötigt auch zeitbezogene (z. B. monatliche) Informationen über das gesamte Ergebnis der betrieblichen Tätigkeit, um steuernd in das Betriebsgeschehen eingreifen zu können. In der Regel wird als Basis die monatliche „Betriebswirtschaftliche Auswertung" (BWA) der DATEV herangezogen, die nicht nur das monatliche Betriebsergebnis, sondern auch die kumulierten Jahreswerte ausweist. In diesem Zusammenhang sind nach KLUTH 1998, S. 141 folgende Hinweise beachtenswert:

„Allerdings ist die BWA in ihrer Standardversion nur wenig aussagefähig, wenn nicht in Absprache mit dem Steuerberater folgende Problembereiche geklärt und notwendige Änderungen herbeigeführt werden:

- Abschreibungen werden in der Regel erst zum Jahresende kostenwirksam; hier ist ein monatlicher Anteil einzustellen.
- Das Gleiche gilt für Kalkulatorische Kosten.
- Jahresbeiträge für Versicherungen, Berufsgenossenschaften und Steuern werden erst in dem Monat gebucht, in dem sie (zufällig) gezahlt werden. Auch hier ist eine Verstetigung notwendig.
- Forderungen aus Lieferungen und Leistungen müssen bei Betrieben, die der Ist-Besteuerung unterliegen, zusätzlich zu den Umsatzerlösen ausgewiesen werden.
- Es muss eine Kosten- und Leistungsabgrenzung zum Ende des abgerechneten Monats durchgeführt werden. Bezüglich der Kosten bedeutet dies, dass Kosten zu erfassen sind, die noch nicht zu Auszahlungen führten (Materiallieferscheine, Materialrechnungen, monatlich korrekte Zuordnung der Personalkosten). Schwieriger zu handhaben ist die Forderung, zu jedem Monatsende den Stand jeder Baustelle zu bewerten, soweit er nicht bereits durch Forderungen (z. B. Abschlagsrechnungen) berücksichtigt wurde.

Diese Punkte zeigen, dass es einiger Vorarbeiten bedarf, um die BWA als Mittel zur Beobachtung des Betriebsergebnisses nutzen zu können.

Im Hinblick auf eine marktorientierte Betriebsführung ist jedoch die bei der DATEV angebotene Möglichkeit erwähnenswert, für verschiedene Zwecke bis zu 10 unterschiedliche BWA für einen Betrieb nebeneinander erstellen zu lassen. So ist es möglich, für jeden Teilmarkt, auf dem das Unternehmen tätig ist, eine separate BWA auswerfen zu lassen. Das setzt jedoch eine entsprechende Strukturierung des Kontenplanes voraus (unterschiedliche Konten für die Teilmärkte; Überlegungen, ob und wie Gemeinkosten den Teilmärkten zugeordnet werden sollen), damit das Programm die Kosten und Erlöse sachgerecht zuordnen kann.

Für dieses differenzierte Vorgehen gibt es keine Patentrezepte; vielmehr müssen die jeweiligen betrieblichen Erfordernisse und Wünsche mit den Möglichkeiten des DATEV-Programmes und dem innerbetrieblichen Informationsfluss (z. B. unter Einbeziehung der innerbetrieblichen Leistungsverrechnung) abgestimmt werden."

In den Kalkulationsprogrammen wird das Betriebsergebnis als Saldo der auf den einzelnen Baustellen nachkalkulierten Gewinne und Verluste fortgeschrieben. Angesichts der oben geschilderten Probleme beim Zustandekommen dieser Ergebnisse kann das derart ermittelte Betriebsergebnis allenfalls als grober Anhaltspunkt dienen.

Das gesamt Jahresergebnis wird in der letzten BWA oder in der Gewinn- und Verlustrechnung als Teil des Jahresabschlusses (mit einiger zeitlicher Verzögerung) festgestellt.

4.2 Technische Nachkalkulation

Die technische, d. h. mengenmäßige Nachkalkulation, folgt bei jeder Kostenart dem gleichen Grundprinzip: Stets werden die vorkalkulierten Soll-Verbräuche mit den auf der Baustelle realisierten Ist-Verbräuchen verglichen.

Auf diese Weise erhält das Unternehmen Hinweise auf Fehlentwicklungen, denen es nachgehen kann. Außerdem werden durch die Feststellung der Ist-Verbräuche betriebsindividuelle Daten für die Angebotskalkulation gesammelt, auf deren besondere Bedeutung bereits bei der Erläuterung der Einzelkosten (s. Punkt 2.2.1) eingegangen wurde.

4.2.1 Zeitwerte

Die Nachkalkulation der Zeitwerte bezieht sich auf die für die Erstellung der Leistung aufgewendeten Lohnstunden und auf die Stunden der eingesetzten Einzelkostengeräte. Dazu wird die Ausführungszeit durch die ausgeführte Menge dividiert, und man erhält den Ist-Zeitwert pro Leistungseinheit. Dieser kann dann mit dem Zeitwert der Angebotskalkulation verglichen werden.

Position 100	Personal	
Ist-Zeitaufwand	40 h + 32 h + 18 h = 90 h	= 5.400 min
ausgeführte Menge	1.256,54 m²	
Ist-Zeitwert	5.400 min/1.256,54 m² =	4,3 min/m²
Soll-Zeitwert (vorkalkuliert)		4,0 min/m²
Differenz	(Mehrverbrauch)	0,3 min/m²
Position 200	Personal	
Ist-Zeitaufwand	5 x 88 h + 70 h = 510 h	= 30.600 min
ausgeführte Menge		1.075,72 m²
Ist-Zeitwert	30.600 min/1.075,72 m² =	28,45 min/m²
Soll-Zeitwert (vorkalkuliert)		30,00 min/m²
Differenz	(Minderverbrauch)	-1,55 min/m²

Für das Bauvorhaben Schulhof ergeben sich bei den Lohnminuten der einzelnen Positionen folgende Resultate:

Es zeigt sich, dass bei der Position 100 langsamer gearbeitet wurde als in der Vorkalkulation abgeschätzt, während die Position 200 geringfügig schneller erledigt wurde.

Die Gründe für die festgestellten Abweichungen können vielfältig sein und sollten überprüft werden. Ist beispielsweise ein Ist-Zeitwert deutlich höher als der vom Kalkulator auf der Basis bisheriger Baustellen-Zeitwerte vorab geschätzte Zeitansatz, kann das folgende Ursachen haben:

- Aufmaßfehler (die erbrachte Leistung ist tatsächlich größer)
- Organisationsmängel (schlechte Arbeitsvorbereitung, Personal konnte nur mit Unterbrechungen arbeiten, falsche Kolonnengröße usw.)
- falsche Qualifikation des eingesetzten Personal (überfordert; es wird mehr geübt als geschafft)
- Motivationsmängel
- besonders widrige Baustellenverhältnisse (Witterung, Flächenzuschnitt, Zufahrts- und Lagermöglichkeiten usw.)

Bei den Gerätekosten ist das Vorgehen in der Nachkalkulation vergleichbar und zeigt für den Schulhof folgendes Ergebnis:

Position 100	Einzelkostengerät Radlader 1,2 m³	
Ist-Zeitaufwand	72 h	= 4.320 min
ausgeführte Menge	1.256,54 m²	
Ist-Zeitwert	4.320 min/1.256,54 m² =	3,44 min/m²
Soll-Zeitwert (vorkalkuliert)		4,00 min/m²
Differenz	(Minderaufwand)	0,56 min/m²

Das Gerät hat somit produktiver gearbeitet als es der Kalkulator geschätzt hatte.

Um die Ist-Verbräuche an Personal und Geräten bei den einzelnen Positionen korrekt zu erfassen, wird häufig gefordert, in den Tagesberichten alle Einzelkosten auf alle Positionen zu verteilen, weil nur so ein Summenabgleich zur Kontrolle möglich ist. Eine solche Verteilung und die weitere Bearbeitung erfordert einen erheblichen Aufwand, der - wie unter Punkt 4.1.2 gezeigt wurde - für das kaufmännische Positionsergebnis jedenfalls nicht notwendig ist. Deshalb bietet sich als praktikabler Mittelweg an, auf jeder Baustelle nur die Zeitaufwendungen für die wenigen Positionen notieren zu lassen, die für die eigene Zeitwertsammlung oder für den Erfolg der Baustelle besonders interessant sind. Das Bauleitungspersonal wird diese Zahlen nicht manipulieren, wenn ihm vorher erläutert wurde, dass zu niedrig angegebene Stunden über den Weg der Angebotskalkulation zum Maßstab für künftige Baustellen werden bzw. bei zu hoch angegebenen Stundenzahlen Erklärungsbedarf besteht.

Die Ist-Zeitwerte für Personal- und Geräteleistungen sind in Karteien oder Dateien zu sammeln. Dabei sind die Bedingungen, unter denen diese Leistungen erbracht wurden (Jahreszeit, Flächenzuschnitt, Zufahrts- und Lagermöglichkeiten, usw.) kurz zu notieren. Auf diese Weise baut das Unternehmen einen Fundus auf, der nicht nur für die Angebote, sondern auch bei der Bauzeitenplanung bedeutsam ist.

4.2.2 Materialverbrauch

Die mengenbezogene Nachkalkulation des Materialverbrauchs hat hauptsächlich den Zweck, Informationen über die bei der Materialkostenkalkulation anzusetzenden Verlust- und Verdichtungsfaktoren zu gewinnen.

Bei dem Bauvorhaben Schulhof zeigt sich, dass der Verlustfaktor beim Schotter zu gering angesetzt war, während er beim Pflaster und beim Sand korrekt abgeschätzt wurde.

Wird eine deutliche Abweichung des Ist-Materialverbrauchs vom kalkulierten Wert festgestellt, kommen folgende Ursachen in Betracht:

- Aufmaßfehler
- Diebstahl
- Leistung wurde nicht entsprechend dem LV erbracht (z. B. Schichtdicken des eingebauten Materials nicht eingehalten)
- Umrechnungsfehler (z. B. von Volumen auf Gewicht in der Angebotskalkulation)
- unzutreffende Verlust- und Verdichtungsfaktoren

Position 100	Material
Ist-Materialverbrauch Schotter	340 m³
ausgeführte Menge	1.256,54 m²
Ist-Materialverbrauch/m²	340/1.256,54 m² = 0,27 m³/m²
Verlustfaktor	$\dfrac{(0,27 - 0,20) \times 100}{0,20} = 35\%$
Verlustfaktor (vorkalkuliert)	30 %
Position 200	**Material**
Ist-Materialverbrauch Betonpflaster	1.110 m²
ausgeführte Menge	1.075,72 m²
Ist-Materialverbrauch/m²	1.110/1.075,72 m² = 1,03 m²/m²
Verlustfaktor	$\dfrac{(1,03 - 1,00) \times 100}{1,00} = 3\%$
Verlustfaktor (vorkalkuliert)	3 %
Ist-Materialverbrauch Pflastersand	80,20 m³
ausgeführte Menge	1.075,72 m²
Ist-Materialverbrauch/m²	80,20/1.075,72 m² = 0,07 m³/m²
Verlustfaktor	$\dfrac{(0,07 - 0,05) \times 100}{0,05} = 40\%$
Verlustfaktor (vorkalkuliert)	40 %

Allgemein ist jedoch festzustellen, dass die technische Nachkalkulation beim Materialverbrauch nicht so große Abweichungen zeigt wie bei den Zeitwerten.

4.3 Verständnisfragen und Aufgaben zur Nachkalkulation

1. Warum wurden bei dem Bauvorhaben Schulhof die notierten Wegezeiten bei der Berechnung der Selbstkosten nicht berücksichtigt?
2. Wie groß wären die Selbstkosten der Baustelle Schulhof, wenn mit DATAFlor BusinessV6 gleichbelastend nachkalkuliert würde und der Zuschlagsatz für die Gemeinkosten der Baustelle sich auf alle Kostenarten bezöge?
3. Warum wird der Baustellenleiter bei der Auflistung der Gemeinkosten der Baustelle in der Nachkalkulation mit der Deckungsbeitragsrechnung nicht berücksichtigt?
4. Wie veränderten sich die Selbstkosten bei der gleichbelastenden Kalkulation mit vorbestimmten Zuschlagsätzen (s. ①), wenn statt des Mitarbeiters Effels ein billigerer Mitarbeiter, der nur 9,50 €/h verdient, eingesetzt worden wäre?
5. Wie hätte es sich bei der gleichbelastenden Kalkulation über die Endsumme auf die Selbstkosten ausgewirkt, wenn der Baustellenleiter nur 35 h (statt 51 h) für diese Baustelle im Einsatz gewesen wäre?
6. Welche Ursachen können dafür verantwortlich sein, dass die Nachkalkulation der Zeitwerte für ein Einzelkostengerät weniger Ist-Zeitaufwand ergibt als vorkalkuliert?

5 Vor- und Nachteile der Kalkulationsverfahren

Nachdem in den vorangegangenen Kapiteln die Durchführung der Kalkulation erläutert wurde, sollen nun die Kalkulationsverfahren nach verschiedenen Kriterien bewertet werden, um ihre jeweiligen Vor- und Nachteile herauszuarbeiten. Dabei wird inhaltlich auf die vorherigen Ausführungen zurückgegriffen, und die Eigenschaften der Kalkulationsverfahren werden gegeneinander abgewogen. Dadurch ist noch einmal zusammenfassend die Gelegenheit gegeben, die Besonderheiten der Verfahren vor Augen zu führen.

Die Kriterien, nach denen die Verfahren beurteilt werden, beziehen sich auf allgemeine verfahrenstechnische Aspekte, auf die leichte Handhabbarkeit in der Angebotskalkulation, auf die Aussagefähigkeit im Hinblick auf zu führende Auftragsverhandlungen, auf ihre Eignung als Basis für nach Auftragseingang durchzuführende Berechnungen, auf die Verwendbarkeit in der Nachkalkulation und auf die Frage, inwieweit das Kalkulationsverfahren eine Informationsgrundlage für marktorientierte Entscheidungen des Unternehmers bieten kann.

Die Bewertung erfolgt mit folgenden Symbolen:

- **+** = Das Verfahren ist im Hinblick auf das Kriterium positiv zu bewerten, weil es gut geeignet bzw. zumindest besser als die anderen Verfahren ist.
- **0** = Die Bewertung ist indifferent, weil das Verfahren weder besondere Vor- noch Nachteile zeigt bzw. gegenüber den anderen Verfahren weder besonders positiv noch negativ auffällt.
- **–** = Hinsichtlich des betrachteten Kriteriums ist das Verfahren eher als ungünstig oder wenig geeignet zu bewerten.

Die bei den Kriterien vorgenommenen Bewertungen werden in einer Übersicht unter Punkt 5.7 zusammengefasst. Soweit im Folgenden zur Begründung Zahlenbeispiele herangezogen werden, beziehen sie sich auf die Kalkulationen mit Kalkulex.

5.1 Allgemeine verfahrenstechnische Kriterien

1. **Bildung eines Kalkulationspreises mit allen Kosten und Gewinn**

   Alle Kalkulationsverfahren erfüllen dieses Kriterium, andernfalls wären sie als solche auch ungeeignet. Bei der Deckungsbeitragsrechnung besteht lediglich die Besonderheit, dass der Gewinn nicht explizit ausgewiesen wird, sondern Teil des Deckungsbeitrages ist.

Kalkulation mit vorbestimmten Zuschlagssätzen	+
Kalkulation über die Endsumme	+
Deckungsbeitragsrechnung	+

2. **Sinnvolle Verteilung der Gemeinkosten der Baustelle**

   Aufgabe von Kalkulationsverfahren ist es, die Gemeinkosten und den Gewinn auf die Einzelkosten bzw. die notwendigen Deckungsbeiträge auf die variablen Kosten umzulegen. Zu fragen ist, ob das bei allen Verfahren auch in sinnvoller Weise geschieht. Die ersten umzulegenden Gemeinkosten sind die Gemeinkosten der Baustelle. Bei der Kalkulation mit vorbestimmten Zuschlagssätzen werden die Gemeinkosten der Baustelle als betrieblicher Durchschnittssatz im Kalkulationspreis verrechnet, während sie bei der Kalkulation über die Endsumme und der Deckungsbeitragsrechnung für jede Baustelle in der konkret erwarteten Höhe erfasst werden. Letztere Vorgehensweise ist sicherlich sinnvoller, wie das Bauvorhaben Schulhof zeigt:

   - Bei der Kalkulation mit vorbestimmten Zuschlagssätzen eingerechnete Gemeinkosten der Baustelle (29,3 % auf Kalkulationslohn):

     29,3 % auf 0,34 €/min = 0,10 €/min, d. h., für jede kalkulierte Lohnminute werden 0,10 € an Gemeinkosten der Baustelle berechnet.

     Summe der Lohnminuten:
1.300 m² x 4 min/m² =	5.200 min
1.000 m² x 30 min/m² =	30.000 min
	35.200 min

     Eingerechnete Gemeinkosten der Baustelle:
     35.200 min x 0,10 €/min = 3.520 €

   - Mit der Kalkulation über die Endsumme für diese Baustelle abgeschätzte Gemeinkosten der Baustelle: 5.084 €

   Damit sind die für diese Baustelle mittels der Kalkulation mit vorbestimmten Zuschlagssätzen berechneten Kalkulationspreise zu niedrig – oder anders ausgedrückt: Der Kalkulator glaubt, einen auskömmlichen Preis berechnet zu haben, hat aber zu wenig Gemeinkosten der Baustelle eingerechnet. Ein Ausgleich hat dann auf anderen Baustellen zu erfolgen. Die Kalkulation über die Endsumme und die Deckungsbeitragsrechnung kommen hier zu einem sinnvolleren Ergebnis.

Kalkulation mit vorbestimmten Zuschlagssätzen	–
Kalkulation über die Endsumme	+
Deckungsbeitragsrechnung	+

3. **Sinnvolle Verteilung der Allgemeinen Geschäftskosten, Wagnis und Gewinn**

   Die Kalkulation mit vorbestimmten Zuschlagssätzen und die Kalkulation über die Endsumme unterscheiden sich verfahrenstechnisch zunächst bei der Verrechnung von Allgemeinen Geschäftskosten sowie

Wagnis und Gewinn nicht. Unterschiede ergeben sich eher bei der Frage, ob die Umlage gleich- oder ungleichbelastend erfolgt.

Wie die folgende Tabelle zeigt, sind die Kalkulationspreise der Positionen 100 und 200 im Vergleich zwischen gleichbelastender und ungleichbelastender Kalkulation einmal niedriger und einmal höher (bei jeweils identischen Herstellkosten):

	Position 100	Position 200
gleichbelastende Kalkulation mit vorbestimmten Zuschlagsätzen	13,55	28,97
ungleichbelastende Kalkulation mit vorbestimmten Zuschlagsätzen	12,81	30,14

Die Ursache dafür ist in der Kostenstruktur der einzelnen Positionen, d. h. in den Anteilen der einzelnen Kostenarten an den Herstellkosten, zu suchen.

So wird jede Position einen besonders hohen Preis aufweisen, die einen hohen Anteil derjenigen Kostenart hat, die bei der ungleichbelastenden Kalkulation den höchsten Zuschlagsatz für Allgemeine Geschäftskosten sowie für den Gewinn hat. Das ist in der Regel die Kostenart Lohn.

Die Anteile der Lohnherstellkosten an den Herstellkosten betragen (s. Kalkulationsblatt 1):

bei der Position 100: $\dfrac{2.288 \times 100}{2.288 + 4.264 + 1.050} = 17,19\ \%$

bei der Position 200: $\dfrac{13.200 \times 100}{13.200 + 7.650 + 1.050} = 60,27\ \%$

Im Durchschnitt des Gesamtbetriebes beträgt dieser Anteil (s. Punkt 2.2.2.2, Zahlen in Tsd-€):

$\dfrac{(488 + 143) \times 100}{488 + 143 + 214 + 424 + 165} = 44,00\ \%$

Da die Position 200 somit einen überdurchschnittlichen Anteil an Lohnherstellkosten hat, ist bei ihr der ungleichbelastende Preis höher als der Preis bei gleichbelastender Kalkulation; bei der Position 100 verhält es sich umgekehrt.

Der gleiche Effekt stellt sich beim Vergleich verschiedener Angebote ein: Angebote mit einem hohen Lohnanteil führen bei ungleichbelastender Kalkulation tendenziell zu höheren Preisen, als wenn sie gleichbelastend kalkuliert worden wären.

Damit ist für den Anbieter allerdings die Gefahr verbunden, dass er Aufträge mit hohem Lohnanteil und deshalb einem hohen Anteil an verrechneten Allgemeinen Geschäftskosten sowie Wagnis und Gewinn

wegen des zu hohen Preises nicht erlangt und nur bei material- oder maschinenintensiven Angeboten wettbewerbsfähig ist. Entscheidet sich der Kalkulator deshalb für die gleichbelastende Kalkulation, hat er jedoch zu berücksichtigen, dass die Fremdleistungen damit sehr teuer werden und in Auftragsverhandlungen oft korrigiert werden müssen. Ähnlich ist die Argumentation bei der Deckungsbeitragsrechnung, wenn man den Soll-Deckungsbeitrag auf alle variablen Kosten (= gleichbelastend) oder nur auf den Lohn (= extrem ungleichbelastend) bezieht.

Die Deckungsbeitragsrechnung hat jedoch – wie unter Punkt 2.3. erläutert – Vorteile, weil die Höhe des Zuschlagsatzes für den Soll-Deckungsbeitrag leicht den Marktbedingungen anzupassen ist und damit sinnvollerweise marktrealistische Preise zu kalkulieren sind.

Kalkulation mit vorbestimmten Zuschlagsätzen	0
Kalkulation über die Endsumme	0
Deckungsbeitragsrechnung	+

4. Einfachheit der Zuschlagsatzberechnung

Die Berechnung der Zuschlagsätze ist mit der Kalkulation mit vorbestimmten Zuschlagsätzen am einfachsten, weil sie nur in großen Zeitabständen erfolgt und dann für alle Angebote gilt, während bei der Kalkulation über die Endsumme und der Deckungsbeitragsrechnung bei jedem Angebot neue Zuschlagsätze ermittelt werden müssen. Dieser Nachteil ist jedoch beim Einsatz von EDV zu vernachlässigen.

Kalkulation mit vorbestimmten Zuschlagsätzen	+
Kalkulation über die Endsumme	0
Deckungsbeitragsrechnung	0

5.2 Einfache Handhabung in der Angebotskalkulation

Ein wesentliches Kriterium für die Eignung eines Kalkulationsverfahrens ist sicher, dass es bei der Angebotskalkulation in der betrieblichen Praxis leicht zu handhaben ist. Die einfache Handhabung ist jedoch nicht nur durch das angewandte Verfahren, sondern auch durch die Art und den Umfang des EDV-Einsatzes bedingt; dieser Aspekt ist deshalb bei der Beurteilung einzubeziehen.

1. Kalkulation von Grundpositionen

Die Handhabung der Kalkulation über die Endsumme und der Deckungsbeitragsrechnung in der Angebotskalkulation wird durch die Notwendigkeit erschwert, außer den Einzelkosten auch noch die Gemeinkosten der Baustelle differenziert abschätzen zu müssen. Das erfordert zusätzlichen Zeitaufwand und ist rechentechnisch nur mit einem entsprechenden EDV-Programm angemessen umzusetzen.

Kalkulation mit vorbestimmten Zuschlagsätzen	+
Kalkulation über die Endsumme	−
Deckungsbeitragsrechnung	−

2. Kalkulation von Eventualpositionen

Bedarfspositionen werden bei der Kalkulation mit vorbestimmten Zuschlagsätzen einfach mit den normalen Zuschlagsätzen des Angebots kalkuliert. Bei der Kalkulation über die Endsumme und in der Deckungsbeitragsrechnung sind sie jedoch jeweils isoliert mit den bei ihnen auftretenden Gemeinkosten der Baustelle zu berechnen.

Kalkulation mit vorbestimmten Zuschlagsätzen	+
Kalkulation über die Endsumme	−
Deckungsbeitragsrechnung	−

3. Kalkulation von Alternativpositionen

Diese Positionsart wird bei der Kalkulation mit vorbestimmten Zuschlagsätzen wiederum einfach mit den normalen Zuschlagsätzen kalkuliert, während bei der Kalkulation über die Endsumme und bei der Deckungsbeitragsrechnung komplizierte Ausgleichsberechnungen notwendig sind, die verhindern sollen, dass bei der Beauftragung der Alternativpositionen Gemeinkostenanteile ungedeckt bleiben (s. Punkt 3.2.2).

Kalkulation mit vorbestimmten Zuschlagsätzen	+
Kalkulation über die Endsumme	−
Deckungsbeitragsrechnung	−

4. Kalkulation von Zulagepositionen

Bei der Kalkulation mit vorbestimmten Zuschlagsätzen sind Zulagepositionen mit den normalen Zuschlagsätzen zu kalkulieren. Die bei der Ausführung der Zulagepositionen entstehenden zusätzlichen Gemeinkosten der Baustelle müssen bei der Kalkulation über die Endsumme und der Deckungsbeitragsrechnung zusätzlich berücksichtigt werden.

Kalkulation mit vorbestimmten Zuschlagsätzen	+
Kalkulation über die Endsumme	−
Deckungsbeitragsrechnung	−

5. Gemeinkosten der Baustelle als Leistungsposition

Dieses Problem entsteht, wenn Teile der Gemeinkosten der Baustelle in einem LV als Grundposition (meist als Pauschale) ausgeschrieben werden. Lautet eine solche Position etwa *„Vorhalten der Gemeinkostengeräte während der Bauzeit ..."*, so ergeben sich – wie unter Punkt 3.2.4 geschildert – bei der Kalkulation mit vorbestimmten Zuschlagsätzen aufwändige und im Ergebnis wenig sinnvolle Berechnungen zur Änderung des Zuschlagsatzes für Gemeinkosten der Baustelle. Die Kalkulation über die Endsumme und die Deckungsbeitragsrechnung sind in der Handhabung einfacher und im Ergebnis korrekter.

Kalkulation mit vorbestimmten Zuschlagsätzen	−
Kalkulation über die Endsumme	+
Deckungsbeitragsrechnung	+

6. Berechnung von Tagelohnsätzen

Tagelohnsätze werden in größeren Zeitabständen – in der Regel zusammen mit der Zuschlagsatzberechnung oder nach Tariflohnerhöhungen – im Betrieb festgesetzt. Das ist mit allen Kalkulationsverfahren ohne Probleme leicht möglich. Bei den mit der Deckungsbeitragsrechnung ermittelten Tagelohnsätzen für Geräte sind jedoch noch Preismodifikationen sinnvoll.

Kalkulation mit vorbestimmten Zuschlagsätzen	+
Kalkulation über die Endsumme	+
Deckungsbeitragsrechnung	0

7. Kalkulation bei bauseitiger Materiallieferung

Der in diesem Fall vorzunehmende Abzug der Materialkosten vom zuvor fiktiv (einschließlich des Materials) berechneten Einheitspreis (s. Punkt 3.2.6) ist bei allen Verfahren leicht möglich.

Kalkulation mit vorbestimmten Zuschlagsätzen	+
Kalkulation über die Endsumme	+
Deckungsbeitragsrechnung	+

8. Kalkulation von Subunternehmerleistungen

Erbringt der Subunternehmer nur die Lohnarbeit oder aber auf der anderen Seite die ganze Leistung komplett, so bestehen bei allen Verfahren keine Probleme. Erst wenn der Subunternehmer Teile der Gemeinkosten der Baustelle bei seiner Leistung beansprucht oder selbst einbringen wird, ist die rechnerische Zuordnung bei der Kalkulation mit vorbestimmten Zuschlagsätzen schwierig; die Kalkulation über die Endsumme und die Deckungsbeitragsrechnung haben hier wegen der differenzierten Betrachtung der aufgelisteten Gemeinkosten der Baustelle Vorteile.

Kalkulation mit vorbestimmten Zuschlagsätzen	0
Kalkulation über die Endsumme	+
Deckungsbeitragsrechnung	+

5.3 Aussagefähigkeit als Basis für Auftragsverhandlungen

Die Unterlagen der Angebotskalkulation sollten möglichst viele Informationen bereithalten, die der Unternehmer verwenden kann, wenn er im Zuge von Auftragsverhandlungen seinen Preis begründen muss. Bei geforderten Preisnachlässen muss er wissen, wo seine

Schmerzgrenze liegt. Durch das Vorliegen einer kompletten Angebotskalkulation ist - im Gegensatz zum einfachen Einsetzen vermuteter Marktpreise in das Angebot - die Begründung für das Zustandekommen der Preise bei allen Verfahren kein Problem.

Unterschiede ergeben sich hinsichtlich der Aussagefähigkeit über die Kostenstufen und Preisuntergrenzen.

1. Aussagefähigkeit der Kostenstufen

Betrachten wir zunächst die Kostenstufen, die sich beim BV Schulhof bei den einzelnen Verfahren ergeben:

a) Kalkulation mit vorbestimmten Zuschlagsätzen

berechnete Einzelkosten	31.692 €
eingerechnete Gemeinkosten der Baustelle	3.520 €
Herstellkosten:	**35.212 €**
Allgemeine Geschäftskosten (24,97 %)	8.792 €
Selbstkosten:	**44.004 €**
Wagnis und Gewinn (5,86 %)	2.579 €
Kalkulationspreis	**46.583 €**
($\cong$ 46.585 €, Rundungsdifferenz)	

Die einzelnen Kostenstufen sind nicht viel wert, weil bereits die in den Herstellkosten eingerechneten Gemeinkosten der Baustelle unrealistisch sind, denn diese werden sich - wie bei der Kalkulation über die Endsumme ermittelt - auf ca. 5.084 € belaufen. Im Übrigen ist wiederum darauf hinzuweisen, dass die Höhe der Allgemeinen Geschäftskosten bei ungleichbelastender Kalkulation nur von der zufälligen Kostenstruktur der Baustelle abhängt.

b) Kalkulation über die Endsumme

berechnete Einzelkosten	31.692 €
eingerechnete Gemeinkosten der Baustelle	5.084 €
Herstellkosten:	**36.776 €**
Allgemeine Geschäftskosten (24,97 %)	9.183 €
Selbstkosten:	**45.959 €**
Wagnis und Gewinn (5,86 %)	2.693 €
Kalkulationspreis	**48.652 €**
($\cong$ 48.653 €, Rundungsdifferenz)	

Hier sind die Kostenstufen etwas aufschlussreicher, weil zumindest die Gemeinkosten der Baustelle differenzierter und damit realistischer berechnet wurden.

c) Deckungsbeitragsrechnung

berechnete variable Einzelkosten	30.288 €
berechnete var. Gemeinkosten der Baustelle	2.772 €
variable Kosten:	**33.060 €**
Deckungsbeitrag (50,32 %)	16.636 €
Kalkulationspreis	**49.696 €**
($\cong$ 46.691 €, Rundungsdifferenz)	

Diese Kostengliederung ist noch etwas aussagefähiger, weil

- die variablen Einzelkosten und die variablen Gemeinkosten der Baustelle differenziert kalkuliert wurden

- sich der Zuschlagsatz für den Deckungsbeitrag an den Marktbedingungen orientiert hat

- diese Gliederung sofort Hinweise auf die mit diesem BV verbundenen Liquiditätserfordernisse gibt, denn alle variablen Kosten führen zu Auszahlungen.

Kalkulation mit vorbestimmten Zuschlagsätzen	−
Kalkulation über die Endsumme	0
Deckungsbeitragsrechnung	+

2. Liquiditätsneutrale Preisuntergrenze

Der letztgenannte Aspekt führt zu Überlegungen, wie weit der Unternehmer den Preis senken kann, ohne sich nennenswert zu schaden. In diesen Zusammenhang gehört zum einen die *erfolgsneutrale Preisuntergrenze* (KLUTH 1998, S. 119 ff), die systematisch an bestimmte, schwierig nachzuvollziehende Annahmen gebunden ist und deshalb kaum Eingang in die Unternehmenspraxis gefunden hat. Wichtiger ist jedoch die *liquiditätsneutrale Preisuntergrenze* (KLUTH 1998, S. 118 f). Sie gibt an, bei welchem Preis das Unternehmen alle seine Zahlungsverpflichtungen erfüllen kann. Damit bleiben bei der Kalkulation alle Kosten, die nicht zu Auszahlungen führen, unberücksichtigt.

Die liquiditätsneutrale Preisuntergrenze kann über folgende Rechenschritte ermittelt werden (KLUTH 1998, S. 118):

Kalkulationspreis	
− Gewinn	führt nicht zu Auszahlungen
− Wagnisse	soweit sie nicht wirklich zu Auszahlungen führen
− Zinsen auf Eigenkapital	keine Auszahlungen
− Abschreibungen auf Anlagevermögen	keine Auszahlungen
+ notwendige Investitionen	die durch diesen Auftrag verursacht würden
+ notwendige Zahlungen für die Lebenshaltung des Unternehmers	nur bei Personengesellschaften
= liquiditätsneutrale Preisuntergrenze	

Beim Einsatz von EDV ist zur Bestimmung der liquiditätsneutralen Preisuntergrenze ein zweiter Rechengang durchzuführen mit:

■ Zugriff auf Gerätestammdaten ohne Abschreibung und Kalkulatorische Verzinsung

■ Eingabe eines Zuschlagsatzes für Allgemeine Geschäftskosten ohne Kalkulatorische Kosten

- Setzen des Zuschlagsatzes für Wagnis und Gewinn auf 0 %
- Addition der für dieses Bauvorhaben notwendigen Investitionen
- Addition der Auszahlungen an den Unternehmer

Die liquiditätsneutrale Preisuntergrenze des BV Schulhof wird am Beispiel der Kalkulation über die Endsumme erläutert:

Einzelkosten Lohn	11.968 €
Einzelkosten Material	15.460 €
Einzelkosten Maschinen (s. Nebenrechnung 1)	3.068 €
liquiditätswirksame Einzelkosten	**30.496 €**
liquiditätswirksame Gemeinkosten der Baustelle (s. Nebenrechnung 2)	**4.251 €**
liquiditätswirksame Herstellkosten:	**34.747 €**
Allgemeine Geschäftskosten (23,36 %, s. Nebenr. 3)	8.117 €
liquiditätswirksame Selbstkosten:	**42.864 €**
+ Investitionen für die Baustelle, nicht erforderlich	0 €
+ Auszahlungen für Lebensunterhalt nicht anzusetzen, da GmbH mit Geschäftsführergehalt	0 €
liquiditätsneutrale Preisuntergrenze	**42.864 €**

▶ Nebenrechnung 1: Berechnung der liquiditätswirksamen Gerätekosten

(Daten s. Punkt 2.2.1.2)

Versicherung	2.000 €/Jahr
Reparatur	2.850 €/Jahr
Betriebskosten: 29,76 €/h x 850 h =	25.296 €/Jahr
liquiditätswirksame Kosten/Jahr	30.146 €/Jahr
liquiditätswirksame Kosten/h (850 h/Jahr)	35,47 €/h
liquiditätswirksame Kosten/min	0,59 €/min

→ liquiditätswirksame Kosten der Position 100:
1.300 m² x 4 min/m² x 0,59 €/min = 3.068 €

▶ Nebenrechnung 2: Berechnung der liquiditätswirksamen Gemeinkosten der Baustelle

Gemeinkosten der Baustelle pro Tag:	
Service-Radlader (nur liquiditätswirksame Kosten)	42 €
Rüttelplatte (nur liquiditätswirksame Kosten)	11 €
Bauwagen, Container	0 €
Tagespauschale für Wasser/Energie/Telefon	5 €
Tagespauschale für Kleingeräte/Werkzeug	10 €
Baustellenleiter (3 h täglich) 3 x 25 € =	75 €
Transporte	60 €
	203 €
Gemeinkosten der Baustelle für 17 Tage:	
203 €/d x 17 d =	3.451 €
Pauschale für Baustelleneinrichtung	300 €
Pauschale für Vermessungsarbeiten	400 €
Pauschale für Entsorgung	100 €
liquiditätswirksame Gemeinkosten der Baustelle:	**4.251 €**

▶ Nebenrechnung 3: Zuschlagsatz für liquiditätswirksame Allgemeine Geschäftskosten

Dieser Zuschlagsatz bezieht die Allgemeinen Geschäftskosten auf die Herstellkosten ohne Berücksichtigung Kalkulatorischer Zinsen, Kalkulatorischer Pacht, Kalkulatorischer Abschreibung für Gebäude und Grundstücke. Von diesen Kalkulatorischen Kosten waren bei der Immergrün GmbH nur Kalkulatorische Zinsen in Höhe von 23.000 € im Zuschlag für Allgemeine Geschäftskosten enthalten (s. Punkt 3.1.6). Dieser Betrag ist nun als nicht liquiditätswirksam aus den Allgemeinen Geschäftskosten herauszurechnen und dann der neue Zuschlagsatz zu ermitteln:

$$\frac{(358 - 23)}{1.434} = 23,36\,\%$$

Die liquiditätsneutrale Preisuntergrenze zu beachten ist wichtig, weil ein Unternehmen zwar zeitweise ohne Gewinn, jedoch nur ganz kurzfristig ohne eigene liquide Mittel arbeiten kann.

Die Kalkulation mit vorbestimmten Zuschlagsätzen wäre wegen der nicht korrekt ermittelten Gemeinkosten der Baustelle in ihrer Aussagekraft bezüglich der liquiditätsneutralen Preisuntergrenze eingeschränkt. In der Deckungsbeitragsrechnung lassen sich die liquiditätswirksamen Herstellkosten sofort ablesen, denn alle variablen Kosten sind ausgabewirksam. Allerdings sind die liquiditätswirksamen Anteile am Deckungsbeitrag schlecht auszumachen – besonders wenn für einzelne Teilmärkte mit unterschiedlichen Zuschlagsätzen kalkuliert wird. Außerdem ist ein ausgewiesener Gewinnsatz in der Deckungsbeitragsrechnung nicht vorgesehen. Wenn man diese Aspekte nachträglich wieder einführt, rechnet man genau wie in der Vollkostenrechnung.

Kalkulation mit vorbestimmten Zuschlagsätzen	0
Kalkulation über die Endsumme	+
Deckungsbeitragsrechnung	−

5.4 Basis für Berechnungen nach Auftragserhalt

Nach Erhalt des Auftrages ergeben sich baustellenbezogen noch weitere Anlässe für Berechnungen (s. Punkt 3.2.8 bis 3.2.12), bei denen die Kalkulationsverfahren unterschiedliche Qualitäten zeigen.

1. Grundlage für die Arbeitsvorbereitung

Nach Auftragserhalt beginnt die Arbeitsvorbereitung: Material ist ggfs. vorzubestellen oder anfertigen zu lassen, der Einsatz der Maschinen, des eigenen Personals und der Subunternehmer ist kapazitativ, qualitativ und quantitativ zu disponieren. Grundsätzlich halten alle Kalkulationsverfahren die notwendigen Daten über Art und Menge des benötigten Materials, Art und Einsatzzeit der benötigten Einzelkostengeräte, den Gesamtaufwand im Personalbereich usw. bereit. Die Kalkulation über die Endsumme und die Deckungsbeitragsrechnung haben hier jedoch wieder Vorteile, weil sie nicht nur eine Aufstellung der Einzelkosten, sondern auch eine differenzierte Liste der benötigten Gemeinkosten der Baustelle liefern.

Kalkulation mit vorbestimmten Zuschlagsätzen	0
Kalkulation über die Endsumme	+
Deckungsbeitragsrechnung	+

2. Preisberechnung bei neuen Preisermittlungsgrundlagen

Bei einer Änderung der Preisermittlungsgrundlagen sind die angebotenen Preise auf Basis der Urkalkulation den veränderten Bedingungen angepasst fortzuschreiben (s. Punkt 3.2.8). Je detaillierter die Urkalkulation, desto schlüssiger ist der Nachweis der Kostenänderungen zu führen. Da die Kalkulation über die Endsumme und die Deckungsbeitragsrechnung in der Urkalkulation bereits Aussagen auch zu den Gemeinkosten der Baustelle treffen, haben diese Verfahren hier wieder Vorteile gegenüber der Kalkulation mit vorbestimmten Zuschlagsätzen.

Kalkulation mit vorbestimmten Zuschlagsätzen	0
Kalkulation über die Endsumme	+
Deckungsbeitragsrechnung	+

3. Preisberechnung für zusätzliche Leistungen

Da die Kalkulationsmethodik für zusätzliche Leistungen derjenigen für die Preisberechnung bei Änderung der Preisermittlungsgrundlagen entspricht, ist hier dieselbe Wertung vorzunehmen.

Kalkulation mit vorbestimmten Zuschlagsätzen	0
Kalkulation über die Endsumme	+
Deckungsbeitragsrechnung	+

4. Preisanpassung bei Mengenabweichungen

Wenn Mengenabweichungen zwischen der ausgeführten und der ausgeschriebenen Leistung vorliegen und die Voraussetzungen der VOB/B gegeben sind (s. Punkt 3.2.10), kann auf Verlangen eine Anpassung der Preise vorgenommen werden. Diese dient im Wesentlichen dazu, die Gemeinkostendeckung des Auftrages sicherzustellen. Basis ist dabei immer die Angebotskalkulation. Da diese bei der Kalkulation über die Endsumme und der Deckungsbeitragsrechnung auch die Gemeinkosten der Baustelle differenziert aufweist, haben diese Verfahren auch hier Vorteile bei der Argumentation gegenüber dem Auftraggeber. Allerdings zeigt die Deckungsbeitragsrechnung keinen Gewinnanteil am Soll-Deckungsbeitrag. Sollte also nur über die Gemeinkostendeckung ohne Gewinn verhandelt werden, ist der Nachweis gegenüber dem Auftraggeber erschwert – das gilt insbesondere bei öffentlichen Bauvorhaben, wo es keine EFB für die Deckungsbeitragsrechnung gibt.

Kalkulation mit vorbestimmten Zuschlagsätzen	0
Kalkulation über die Endsumme	+
Deckungsbeitragsrechnung	0

5. Schadensersatzberechnung bei Behinderungen

Wie unter Punkt 3.2.11 erläutert, bemisst sich der Schadensersatzanspruch bei Behinderungen und Unterbrechungen aus der Differenz zwischen dem tatsächlichen Baustellenverlauf und einem fiktiv störungsfreien Ablauf. Der Nachweis des zweiten Zustandes gelingt umso schlüssiger, je aussagefähiger die Angebotskalkulation ist. Wegen der differenzierten Betrachtung der Gemeinkosten der Baustelle sind die Kalkulation über die Endsumme und die Deckungsbeitragsrechnung gegenüber der Kalkulation mit vorbestimmten Zuschlagsätzen im Vorteil – dies gilt besonders im Hinblick auf die zeitabhängigen Gemeinkosten der Baustelle, wenn es um Stillstandskosten geht. Die Deckungsbeitragsrechnung hat allerdings wieder den Nachteil, dass sie in der Angebotskalkulation keinen Gewinnanteil ausweist. Daher ist ihre Anwendung problematisch, wenn die Behinderung nicht vorsätzlich oder grob fahrlässig vom Auftraggeber verursacht wurde, weil in diesem Fall bei der Schadensersatzberechnung kein Gewinn zu berücksichtigen ist.

Kalkulation mit vorbestimmten Zuschlagsätzen	0
Kalkulation über die Endsumme	+
Deckungsbeitragsrechnung	0

6. Vergütungsberechnung bei freier Kündigung

Bei einer freien Kündigung des Auftraggebers hat der Auftragnehmer einen Vergütungsanspruch in Höhe des Vertragspreises abzüglich des in Folge der Nichtausführung der Leistung Ersparten. Dieses Ersparte ist auf Basis der Urkalkulation festzustellen und bei den Einzelkosten bzw. variablen Kosten bei allen Verfahren leicht möglich. Bezüglich der Gemeinkosten der Baustelle finden sich bei der Kalkulation mit vorbestimmten Zuschlagsätzen in der Angebotskalkulation keine Angaben. Dies kann für den Auftragnehmer positiv sein, wenn in den Preisen nur wenig Gemeinkosten der Baustelle verrechnet sind, weil dann die abzuziehende Ersparnis gering ist; bei zu hohen verrechneten Gemeinkosten der Baustelle verhält es sich umgekehrt. Allgemeine Geschäftskosten, Wagnis und Gewinn bzw. Deckungsbeiträge werden in der Regel nicht eingespart; deshalb machen diese Preisbestandteile hinsichtlich der Verfahren keinen Unterschied aus.

Kalkulation mit vorbestimmten Zuschlagsätzen	0
Kalkulation über die Endsumme	+
Deckungsbeitragsrechnung	+

7. Weitervergabepreise für Subunternehmer

Nach dem Grundsatz, dass an Subunternehmer nur bezahlt werden kann, was der Betrieb durch die Leistung des Subunternehmers gegenüber der Angebotskalkulation an Kosten selbst spart, ergibt sich bei reinen Fremdarbeitskosten kein Problem, weil alle Kalkulationsverfahren die Lohnkosten - die ja eingespart werden - ausweisen. Unterschiede zwischen den Kalkulationsverfahren ergeben sich erst, wenn Gemeinkosten der Baustelle im Zusammenhang mit der Subunternehmerleistung zu betrachten sind (s. Punkt 3.2.13), was in der Praxis sehr häufig der Fall ist. Eine korrekte Ermittlung der Weitervergabepreise ist in diesem Fall nur auf Basis der Kalkulation über die Endsumme und der Deckungsbeitragsrechnung möglich.

Kalkulation mit vorbestimmten Zuschlagssätzen	0
Kalkulation über die Endsumme	+
Deckungsbeitragsrechnung	+

5.5 Aussagefähigkeit in der Nachkalkulation

Von der Nachkalkulation erwartet der Unternehmer Informationen über den Erfolg der Baustelle und technische Auswertungen für künftige Angebotskalkulationen. Voraussetzung dafür ist ein gut strukturiertes Tagesberichtswesen. Diese Anforderung ist letztlich bedeutsamer als die Frage, mit welchem Verfahren nachkalkuliert wird.

1. Kaufmännische Nachkalkulation

Wie unter Punkt 4.1 dargestellt und an Beispielrechnungen erläutert wurde, hängt das ausgewiesene Baustellen- oder Positionsergebnis stark vom verwendeten Verfahren und davon ab, ob gleich- oder ungleichbelastend nachkalkuliert wird. Ursache dafür ist die unterschiedliche Behandlung der Gemeinkosten der Baustelle (nur als Zuschlag aufgeschlagen oder mit Ist-Kosten erfasst) und - bei der ungleichbelastenden Kalkulation - der von der Kostenstruktur der Baustelle abhängige Zuschlag für Allgemeine Geschäftskosten und Wagnis und Gewinn. In der Vollkostenrechnung lässt sich ein „richtiges" Ergebnis nicht ermitteln. Hier ist die Deckungsbeitragsrechnung systembedingt vorteilhafter, weil sie in der Nachkalkulation auf Zuschläge für Gemeinkosten verzichtet: Sie stellt lediglich fest, welcher Betrag von den Umsatzerlösen nach Abzug der durch die Baumaßnahme verursachten (= variablen) Kosten dem Unternehmen zur Deckung der Fixkosten und als Gewinnbeitrag zur Verfügung gestellt wird.

Kalkulation mit vorbestimmten Zuschlagssätzen	−
Kalkulation über die Endsumme	0
Deckungsbeitragsrechnung	+

2. Technische Nachkalkulation

Die mengenmäßige Nachkalkulation bezieht sich originär auf die Einzelkostenarten. Insofern ist ein Soll-Ist-Vergleich bei allen Kalkulationsverfahren problemlos möglich. Sollen auch die Kostenarten der Gemeinkosten der Baustelle nachkalkuliert werden, so ergeben sich wieder Vorteile für die Kalkulation über die Endsumme und die Deckungsbeitragsrechnung, weil nur dort Soll-Werte für Gemeinkosten der Baustelle aus der Angebotskalkulation vorliegen.

Kalkulation mit vorbestimmten Zuschlagssätzen	0
Kalkulation über die Endsumme	+
Deckungsbeitragsrechnung	+

5.6 Grundlage für Marketingentscheidungen

Unternehmer müssen laufend Entscheidungen darüber treffen, welche Leistungen sie künftig auf dem Markt anbieten wollen. Neben anderen Gesichtspunkten ist dabei sicherlich zu beobachten, mit welchen Leistungen auf welchen Teilmärkten bisher die besten Ergebnisse erzielt wurden. Da ist es sicherlich wünschenswert, wenn entsprechend aussagefähige Informationen vom Kalkulationsverfahren bereitgestellt werden.

1. Entscheidung bei einzelnen Leistungsalternativen

Steht der Unternehmer vor der Frage, welche von zwei zur Wahl stehenden Positionen für ihn wirtschaftlich vorteilhafter ist, wird er einen Kosten- und Gewinnvergleich mit Hilfe der Daten aus der Angebotskalkulation durchführen. Hätte er z. B. beim BV Schulhof die Wahl, ob er besser die Position 200 (Betonpflaster) oder die Position 210 (Klinkerpflaster, s. Punkt 3.2.2) ausführen sollte, so ergäben sich folgende Überlegungen, wenn der Auftraggeber geäußert hat, welche Preise er zu zahlen bereit ist („Marktpreise"):

Position	200	210
Herstellkosten	21,89 €/m²	37,25 €/m²
Kalkulationspreis	28,96 €/m²	49,28 €/m²
Marktpreis	29,50 €/m²	48,00 €/m²
Entscheidung bei Vollkostenrechnung	Marktpreis ist höher als Kalkulationspreis → vorteilhafter	Marktpreis ist nicht auskömmlich

Die Betrachtung mit Deckungsbeiträgen ergäbe - wenn man der Einfachheit halber unterstellt, alle Herstellkosten seien variabel - folgende Entscheidung:

Position	200	210
erzielbarer Deckungsbeitrag	29,50 − 21,89 = 7,61 €/m²	48,00 − 37,25 = 10,75 €/m²

Diese beiden Deckungsbeiträge können nicht direkt miteinander verglichen werden, denn die Klinkerpflasterarbeit dauert länger (32 min/m²) als die Betonpflasterarbeit (30 min/m²). So könnte die Kolonne nach der Betonpflasterarbeit in der Differenzzeit noch weitere Deckungsbeiträge erwirtschaften. Deshalb ist als Vergleichsmaßstab nur der Deckungsbeitrag je Zeiteinheit heranzuziehen.

Position	200	210
erzielbarer Deckungsbeitrag/min	7,61 €/m² : 30 min/m² = 0,25 €/min	10,75 €/m² : 32 min/m² = 0,34 €/min
Entscheidung nach Deckungsbeitragsrechnung	geringerer Deckungsbeitrag/min	Deckungsbeitrag/min ist um 36 % höher als bei Position 200 → vorteilhafter

Die Entscheidung auf Basis der erzielbaren Deckungsbeiträge ist sicherlich zutreffender als die durch Vollkostenrechnung vorbereitete Wahl, denn bedeutsam ist, was von der Leistung nach Abzug der variablen Kosten für das Unternehmen übrig bleibt. Die Kalkulationspreise der Angebotskalkulation aus der Vollkostenrechnung sind – wie im Hinblick auf die Feststellung des Baustellenergebnisses bereits unter Punkt 4.1.1 erläutert wurde – als Maßstab für den Erfolg der Leistung ungeeignet.

Kalkulation mit vorbestimmten Zuschlagsätzen	–
Kalkulation über die Endsumme	–
Deckungsbeitragsrechnung	0

2. Entscheidungen über Geschäftsfelder

Wenn der Unternehmer wissen möchte, welche Geschäftsfelder (= Teilmärkte des Garten- und Landschaftsbaues) er künftig verstärkt bedienen oder eher aufgeben sollte, wird er sich daran orientieren, welche Erfolge er bisher auf diesen Teilmärkten erzielt hat. Die Ergebnisse nach der Vollkostenrechnung sind dafür aus verschiedenen Gründen wenig geeignet (s. Punkt 4.1.1):

- Das Ergebnis ist methodenabhängig (gleich- oder ungleichbelastend).

- Das Ergebnis ist von der Kostenstruktur der Baustelle und deren Veränderungen abhängig.

- Die Kostensätze der Maschinen enthalten Fixkostenanteile, die aufgrund der im abgelaufenen Jahr erreichten Betriebsstundenzahl umgelegt werden. Das Baustellenergebnis hängt deshalb davon ab, ob die Geräte die erwartete Betriebsstundenzahl erreichen oder übertreffen werden.

Somit können die Daten der Vollkostenrechnung allenfalls grobe Anhaltspunkte für marktorientierte Entscheidungen bieten.

Die Deckungsbeitragsrechnung verzichtet auf Schlüsselungen und stellt nur auf den einzelnen Teilmärkten fest, wie groß die Differenz zwischen den Erlösen und den dort verursachten variablen Kosten ist. Das Verhältnis des Deckungsbeitrages zu den variablen Kosten dient zur Berechnung marktorientierter Zuschlagsätze (s. Punkt 2.3.2); wird der Deckungsbeitrag ins Verhältnis zu den variablen Lohnkosten gesetzt, so kann die Vorteilhaftigkeit einzelner Geschäftsfelder sofort abgelesen werden (s. u.).

Die Mitarbeiter des Geschäftsfeldes „Sonstige Dienstleistungen" erwirtschaften die höchsten Deckungsbeiträge.

Kalkulation mit vorbestimmten Zuschlagsätzen	0
Kalkulation über die Endsumme	0
Deckungsbeitragsrechnung	+

	Neubau	Pflege	sonstige Dienstleistungen	aktivierte Eigenleistungen	Summe
Umsatz	1.541	205	72	(26)	1.844
variable Kosten	1.106	100	30	26	1.262
davon variable Lohnkosten (angenommene Werte)	433	88	25	7	553
Deckungsbeitrag	435	105	42	–	582
prozentualer Deckungsbeitrag zum Lohn	100 %	119 %	168 %		

5.7 Zusammenfassende Bewertung

Die folgende Übersicht (Tab. 5.1) zeigt die bei den einzelnen Kriterien vorgenommenen Bewertungen der Kalkulationsverfahren.

Tab. 5.1: Übersicht zur Bewertung der Kalkulationsverfahren

	Kriterium	KvZ	KüE	DbR
5.1	**Allgemeine verfahrenstechnische Kriterien**			
1)	Preisbildung mit allen Kosten und Gewinn	+	+	+
2)	Sinnvolle Verteilung der Gemeinkosten der Baustelle	-	+	+
3)	Sinnvolle Verteilung der Allgemeinen Geschäftskosten	0	0	+
4)	Einfachheit der Zuschlagsatzberechnung	+	0	0
5.2	**Einfache Handhabung in der Angebotskalkulation**			
1)	Kalkulation von Grundpositionen	+	-	-
2)	Kalkulation von Eventualpositionen	+	-	-
3)	Kalkulation von Alternativpositionen	+	-	-
4)	Kalkulation von Zulagepositionen	+	-	-
5)	Gemeinkosten der Baustelle als Leistungsposition	-	+	+
6)	Berechnung von Tagelohnsätzen	+	+	0
7)	Kalkulation bei bauseitiger Materiallieferung	+	+	+
8)	Kalkulation von Subunternehmerleistungen	0	+	+
5.3	**Aussagefähigkeit als Basis für Auftragsverhandlungen**			
1)	Aussagefähigkeit der Kostenstufen	-	0	+
2)	Liquiditätsneutrale Preisuntergrenze	0	+	-
5.4	**Basis für Berechnungen nach Auftragserhalt**			
1)	Grundlage für die Arbeitsvorbereitung	0	+	+
2)	Preisberechnung bei neuen Preisermittlungsgrundlagen	0	+	+
3)	Preisberechnung für zusätzliche Leistungen	0	+	+
4)	Preisanpassung bei Mengenabweichungen	0	+	0
5)	Schadenersatzberechnung bei Behinderungen	0	+	0
6)	Vergütungsberechnung bei freier Kündigung	0	+	+
7)	Weitervergabepreise für Subunternehmer	0	+	+
5.5	**Aussagefähigkeit in der Nachkalkulation**			
1)	Kaufmännische Nachkalkulation	-	0	+
2)	Technische Nachkalkulation	0	+	+
5.6	**Grundlage für Marketingentscheidungen**			
1)	Entscheidung bei einzelnen Leistungsalternativen	-	-	+
2)	Entscheidungen über Geschäftsfelder	0	0	+

KvZ = Kalkulation mit vorbestimmten Zuschlagsätzen
KüE = Kalkulation über die Endsumme
DbR = Deckungsbeitragsrechnung

Als Ergebnis lässt sich zusammenfassen:

▶ Die Kalkulation mit vorbestimmten Zuschlagsätzen bietet Vorteile in der einfachen Handhabung bei Standardsituationen in der Angebotskalkulation.

▶ Die Kalkulation über die Endsumme ist – wie die Deckungsbeitragsrechnung – in allen Kalkulationsfällen sinnvoll, bei denen die Gemeinkosten der Baustelle zur Ermittlung des Kalkulationspreises differenziert erfasst werden sollen oder wenn es zweckmäßig ist, auch die Höhe der geschätzten Gemeinkosten der Baustelle nachweisen zu können.

▶ Die Deckungsbeitragsrechnung ist immer dann vorteilhaft, wenn es um teilmarktorientierte Informationen zu realistischen Zuschlagsätzen oder erzielten Ergebnissen (Nachkalkulation) geht.

Damit kalkulieren Betriebe,

- bei denen die baustellenspezifische Berechnung der Gemeinkosten der Baustelle keine Bedeutung hat, am besten mit der Kalkulation mit vorbestimmten Zuschlagsätzen

- die üblicherweise Bauvorhaben mit stark unterschiedlichen Gemeinkosten der Baustelle abwickeln und die ein intensives Nachtragsmanagement betreiben, am zweckmäßigsten mit der Kalkulation über die Endsumme

- die darüber hinaus auf unterschiedlichen Teilmärkten unter großem Preisdruck agieren, am sinnvollsten mit der Deckungsbeitragsrechnung.

6 Antworten und Lösungen zu den Verständnisfragen

6.1 Antworten und Lösungen zum Grundwissen

Einzelkosten Lohn:

1. Es muss zunächst ausgerechnet werden, wie viel m³ ein m² der anzubietenden Mauer beinhaltet. Bei einer Mauerdicke von 0,24 m sind das 1,0 m x 1,0 m x 0,24 m = 0,24 m³. Wenn für einen m³ Mauerwerk 400 min benötigt werden, sind für 0,24 m³ Mauerwerk entsprechend 0,24 m³/m² x 400 min/m³ = 96 min/m² anzusetzen.

2.

Anzahl	Lohn-Gruppe	Bezeichnung	Baustellenlohn = Tariflohn + Zulage	Gesamt €/h
1	2	Vorarbeiter	14,50 €/h	14,50
1	4.5	Gärtner nach 3 Jahren	11,50 €/h	11,50
4	7.1	Arbeitnehmer, älter als 18 J.	11,00 €/h	44,00
6				70,00

Damit ergäbe sich ein Mittellohn von 70,00 / 6 = 11,67 €/h.

Die Kolonne ist damit billiger, aber auch weniger qualifiziert.

3. Der gesamte Zeitbedarf beträgt 3.000 m² x 21 min/m² = 63.000 min. Das entspricht 63.000/60 = 1.050 Mannstunden oder 1.050/6 = 175 Kolonnenstunden.

Bei einer produktiven Arbeitszeit von 8 h/Tag ergibt sich eine Baustellendauer von 22 Tagen.

Einzelkosten Geräte:

4. Kalkulatorische Abschreibung:

$$\frac{\text{Wiederbeschaffungskosten} - \text{Restwert}}{\text{betriebsübliche Nutzungsdauer}} = \frac{80.000 \text{ €} - 6.000 \text{ €}}{6 \text{ Jahre}} = 12.333 \text{ €/Jahr}$$

Kalkulatorische Verzinsung:

$$\frac{\text{Anschaffungskosten}}{2} \times \text{Zinssatz} = \frac{70.00 \text{ €}}{2} \times 0,06 = 2.1000 \text{ €/Jahr}$$

Versicherung:	angenommen	2.000 €/Jahr
Steuern und Gebühren:	bei Baumaschinen: keine	0
Reparaturkosten:	30 % der jährlichen Abschreibung =	3.700 €/Jahr
Unterbringungskosten:	in den Allgemeinen Geschäftskosten verrechnet	0
	Fixkosten/Jahr:	20.133 €/Jahr
	Fixkosten/h bei 700 h:	28,76 €/h
	Betriebskosten/h (unverändert)	29,76 €/h
	Gerätekosten/h	58,52 €/h

5. Die Fixkosten betragen unverändert 16.450 €/Jahr. Die Fixkosten/h werden unter 17 € gedrückt, wenn eine Betriebsstundenzahl von mindestens 16.450 / 17 = 968 h erreicht wird.

Einzelkosten Material:

6.

Betonstelen:	Kosten der Liefereinheit:	25 €/Stück
	Mengenfaktor:	5 Stück/m (bei einer Mauerdicke von 15 cm passen 100/20 = 5 Stelen auf einen Meter)
	Verlustfaktor:	1 % geschätzt
	Liefereinheiten/Leistungseinheit:	5 Stück/m x 1,01 = 5,05 Stück/m
	Einzelkosten/Leistungseinheit:	25 €/Stück x 5,05 Stück/m = 126,25 €/m
Beton B 15:	Kosten der Liefereinheit:	80 €/m^3
	Mengenfaktor:	0,21 m^3/m (Querschnitt des Fundamentes: 0,5 x 0,5 abzüglich eingebundener Stele 0,3 x 0,15 = 0,21 m^3. Das ergibt pro m ein Volumen von 0,21 x 1,0 = 0,21 m^3)
	Verlustfaktor:	3 % geschätzt (Eine Verdichtung ist nicht zu berücksichtigen, da die Betonrezeptur des Lieferanten auf verdichteten Beton ausgestellt ist; entsprechend ist die Liefermenge.)
	Liefereinheiten/Leistungseinheit:	0,21 m^3/m x 1,03 = 0,22 m^3/m
	Einzelkosten/Leistungseinheit:	80 €/m^3 x 0,22 m^3/m = 17,60 €/m
Gesamt-Materialeinzelkosten/Leistungseinheit:		126,25 €/m + 17,60 €/m = 143,85 €/m

7.

Oberboden:	Kosten der Liefereinheit:	15 €/m^3
	Mengenfaktor:	0,6 m^3/m^3 (bei dem geforderten Mischungsverhältnis beträgt der Oberbodenanteil 3/5 = 0,6 m^3)
	Verlustfaktor:	2 % geschätzt
	Liefereinheiten/Leistungseinheit:	0,6 m^3/m^3 x 1,02 = 0,61 m^3/m^3
	Einzelkosten/Leistungseinheit:	15 €/m^3 x 0,61 m^3/m^3 = 9,15 €/m^3
Sand:	Kosten der Liefereinheit:	8 €/t
	Mengenfaktor:	0,3 t/m^3 (bei dem geforderten Mischungsverhältnis beträgt der Sandanteil 1/5 = 0,2 m^3. Bei einem Umrechnungsfaktor von 1,5 entspricht das einem Gewicht von 0,2 m^3 x 1,5 = 0,3 t)
	Verlustfaktor:	2 % geschätzt
	Liefereinheiten/Leistungseinheit:	0,3 t/m^3 x 1,02 = 0,31 t/m^3
	Einzelkosten/Leistungseinheit:	8 €/t x 0,31 t/m^3 = 2,48 €/m^3
Hygromull:	Kosten der Liefereinheit:	15 €/Sack
	Mengenfaktor:	1 Sack/m^3 (bei dem geforderten Mischungsverhältnis beträgt der Hygromullanteil 1/5 = 0,2 m^3. Das entspricht dem Inhalt eines 200 l-Sackes)
	Verlustfaktor:	2 % geschätzt
	Liefereinheiten/Leistungseinheit:	1 Sack/m^3 x 1,02 = 1,02 Sack/m^3
	Einzelkosten/Leistungseinheit:	15 €/Sack x 1,02 Sack/m^3 = 15,30 €/m^3
Die Gesamt-Materialeinzelkosten betragen:		9,15 €/m^3 + 2,48 €/m^3 + 15,30 €/m^3 = 26,93 €/m^3.

8. In diesem Fall gibt es auf der Baustelle nur zwei extreme Fallgestaltungen: Entweder der Baum wird unbeschädigt abgenommen (Verlustfaktor: 0 %) oder er wird bei der Pflanzung beschädigt und muss neu geliefert werden (Verlustfaktor: 100 %). Die zweite Möglichkeit würde bei der Kalkulation zu einem weit überhöhten Preis führen, aber die erste Möglichkeit würde das tatsächliche Risiko einer Beschädigung außer Acht lassen. Hier sollte es deshalb auch bei dem betriebsüblichen Durchschnitt bleiben, der sich ergäbe, wenn 100 Bäume zu pflanzen wären.

Fremdleistungen

9. Als Gründe für das kostengünstige Angebot der Subunternehmer kommen beispielsweise in Betracht:

    - Die Spezialisierung auf wenige Leistungen bewirkt durch Lern- und Übungseffekte eine hohe Produktivität des Personals.
    - Der Einsatz nicht tarifgebundenen oder nicht langfristig verpflichteten Personals vermindert die Mittellöhne.
    - Subunternehmer können in Spezialgeräte investieren, die nicht nur produktiver, sondern durch ihre hohe Auslastung (hohe Betriebsstundenzahl) auch kostengünstiger sind.
    - Durch die Spezialisierung ergibt sich eine „schlankere Betriebsorganisation", wodurch weniger Allgemeine Geschäftskosten entstehen.

Gemeinkosten der Baustelle

10. Vorfinanzierungsbetrag:
    1.300.000 € x 0,6 (Abminderungsfaktor) = 780.000 €

    Vorfinanzierungszeitraum: 1,5 Monate

    Jahreszinssatz: 9 %

    Zinsbelastung im Vorfinanzierungszeitraum:
    $$Z = \frac{1,5 \text{ Monate} \times 9\%}{12 \text{ Monate}} = 1,13\%$$

    Bauzinsen = 780.000 x 0,0113 = 8.814 €

Kalkulatorische Kosten

11.
Grundstücke und Bauten 200.000 + 300.000 =	500.000
+ abnutzbares Anlagevermögen	
Einzelkostengeräte (Verzinsung im Verrechnungssatz enthalten)	0
Fahrzeuge der Verwaltung	30.000
= betriebsnotwendiges Anlagevermögen	530.000
+ betriebsnotwendiges Umlaufvermögen	
Forderungen:	(50.000 + 30.000)/2 = 40.000
Bankguthaben	(15.000 + 25.000)/2 = 20.000
Vorräte	(4.000 + 6.000)/2 = 5.000
= betriebsnotwendiges Vermögen	595.000
- zinsfreies Abzugskapital (nicht vorhanden)	0
= betriebsnotwendiges Kapital	595.000

Damit errechnet sich eine Kalkulatorische Verzinsung von 595.000 x 0,06 = 35.700 €.

Kalkulation mit vorbestimmten Zuschlagsätzen

12. Der Zuschlagsatz auf den Lohn ergibt sich nach folgender Berechnung:

abzudeckende Allgemeine Geschäftskosten, Wagnis und Gewinn (358 + 105):		463,00
von Gerätekosten gedeckt:	15 % von 214	32,10
von Materialkosten gedeckt:	15 % von 424	63,60
von Fremdleistungen gedeckt:	15 % von 165	24,75
von Sonstigen Kosten gedeckt:	15 % von 0	0,00
von den Lohnherstellkosten zu tragende Restkosten:		342,55

$$Z = \frac{342,55 \times 100}{488 + 143} = 54,29\%$$

13. Dieser Fall kann eintreten, wenn die vorgegebenen Zuschlagsätze auf die anderen Kostenarten sehr hoch angesetzt werden. Abwandlung zur Frage 12:

abzudeckende Allgemeine Geschäftskosten, Wagnis und Gewinn (358 + 105):		463,00
von Gerätekosten gedeckt:	40 % von 214	85,60
von Materialkosten gedeckt:	40 % von 424	169,60
von Fremdleistungen gedeckt:	20 % von 165	33,00
von Sonstigen Kosten gedeckt:	10 % von 0	0,00
von den Lohnherstellkosten zu tragende Restkosten:		174,80

$$Z = \frac{174,80 \times 100}{488 + 143} = 27,70\%$$

Kalkulation über die Endsumme

14. Die Verlängerung der Baustellendauer bewirkt eine Erhöhung der Gemeinkosten der Baustelle um 2 d x 252 €/d = 504 € auf 5.084 € + 504 € = 5.588 €. Damit können die weiteren Rechenschritte durchgeführt werden:

I.1	Summe der Einzelkosten	31.692
I.2	Summe der Gemeinkosten der Baustelle	5.588
I.3	Herstellkosten der Baustelle	37.280
I.4 + I.5	Anteil für Allgemeine Geschäftskosten, Wagnis und Gewinn an den Herstellkosten (32,29 %)	12.037,71
I.6	Angebotsumme	49.317,71
II	Berechnung des Zuschlagsatzes für die Schlüsselkosten	

Schlüsselkosten:
5.588 + 12.037,71 = 17.625,71

Zuschlagsatz für die Schlüsselkosten auf die Einzelkosten:

$$Z = \frac{17.625,71 \times 100}{31.692} = 55,62\,\%$$

Deckungsbeitragsrechnung

15. Die Einzelkosten der Geräte umfassen alle Kosten, die das Gerät verursacht – umgelegt auf die Anzahl der Betriebsstunden. Variable Kosten sind jedoch nur jene Kosten, die bei der Leistungserbringung tatsächlich entstehen. Hier zeigt sich noch einmal der Unterschied zwischen Vollkostenrechnung und Deckungsbeitragsrechnung: Die Verrechnungssätze für die Geräte nach der Vollkostenrechnung enthalten auch Fixkostenanteile, während die Verrechnungssätze nach der Deckungsbeitragsrechnung (z. B. als Stammdaten angelegt) ausschließlich die beim Betrieb des Gerätes entstehenden Kosten (Betriebsstoffe usw.) beinhalten; die Umlage von Fixkosten (Abschreibungen usw.) entfällt.

16. a) variabel, aber keine Einzelkosten:
    alle variablen Gemeinkosten der Baustelle

    b) Fixkosten, aber keine Gemeinkosten:
    Abschreibung der Einzelkostengeräte

17. Deckungsbeitrag = Umsatzerlöse – variable Kosten = 200.000 € – 80.000 € – 70.000 € = 50.000 € (Die Bauleiterkosten sind Fixkosten und damit Teil des Deckungsbeitrages.)

6.2 Antworten und Lösungen zum Expertenwissen

1. Beim Auszubildenden sollte zunächst berechnet werden, welche Kostenbelastung er pro produktive Arbeitsstunde in die Baustelle einbringt. Erhält er beispielsweise eine Ausbildungsvergütung von 520 €/Monat und steht durchschnittlich 80 h auf der Baustelle zur Verfügung, dann beträgt dieser Stundensatz 6,50 €/h. Dieser Satz wird dann normal in die Berechnung des Baustellenmittellohnes einbezogen:

Anzahl	Lohn-Gruppe	Bezeichnung	Baustellenlohn = Tariflohn + Zulage	Gesamt €/h
1	2	Vorarbeiter	14,50 €/h	14,50
2	4.1	La-Gärtner nach 3 Jahren	12,50 €/h	25,00
1	4.5	Gärtner nach 3 Jahren	11,50 €/h	11,50
2	7.1	Arbeitnehmer, älter als 18 J.	11,00 €/h	22,00
1		Auszubildender	6,50 €/h	6,50
7				79,50

Der Baustellenmittellohn bei 7 Arbeitskräften beträgt dann:

79,50 €/h : 7 AK = 11,36 €/h   bzw. 0,19 €/min

Der Baustellenmittellohn sinkt natürlich durch die Einbeziehung billiger Arbeitskräfte; allerdings muss der Kalkulator nun die höheren Zeitwerte wegen der geringeren Leistungsfähigkeit berücksichtigen.

2. Basis für die Zuschlagsberechnung sind die Lohnkosten für die Zeit, in der abrechenbare Leistungen erbracht wurden, hier: 287.000 €. Auf diesen Betrag sind die Kosten für Urlaub, Feiertage, Krankheit usw. (67.000 € + 20.000 €) und die gesetzlichen und tariflichen Sozialaufwendungen (114.000 €) zu beziehen; die anderen Lohnaufwendungen wurden ja bereits bei den Kalkulatorischen Kosten oder den Gemeinkosten der Baustelle verrechnet. Damit ergibt sich ein Zuschlagsatz von

$$\frac{(67.000 + 20.000 + 114.000) \times 100}{287.000} = 70\,\%$$

Dasselbe Ergebnis wird festgestellt, wenn man den Berechnungsweg über die Stunden wählt:

Kosten je produktive Arbeitsstunde:

$$\frac{287.000\,€}{26.500} = 10,83\,€/h$$

lohngebundene Kosten je produktive Arbeitsstunde:

$$\frac{67.000\,€ + 20.000\,€ + 114.000\,€}{26.500\,h} = 7,58\,€/h$$

Damit ergibt sich der gleiche Zuschlagsatz von:

$$\frac{7,58 \times 100}{10,83} = 70\,\%$$

3. In dem Fall dürfen die Kalkulatorischen Zinsen bei den Geräten nicht noch einmal berücksichtigt werden; sie fallen also in dieser Berechnung weg. Im Umkehr-

schluss bedeutet dies aber, dass – falls der Kalkulator bei der Stammdatenberechnung der Geräte dennoch einen Ansatz für Kalkulatorische Zinsen vornimmt – dann die Rechenbasis für die Kalkulatorischen Zinsen des eingesetzten Kapitals (bei den Allgemeinen Geschäftskosten) um das Anlagevermögen der Einzelkostengeräte gekürzt werden muss.

4. Wenn man die Wertgrenze sehr niedrig ansetzt, verringert man den Kostenblock der Gemeinkosten der Baustelle, der ja – wie erläutert – bei der Kalkulation mit vorbestimmten Zuschlagsätzen nur sehr unzuverlässig einkalkuliert wird. Man muss dann allerdings für jede Baustelle auch häufiger kleinere Geräte wie Einzelkostengeräte in die Positionen einrechnen – wenn man so will, ist dieses Vorgehen ein Schritt in Richtung auf die Kalkulation über die Endsumme. Betriebe, die dieses Verfahren wählen, sind in der Regel sehr gut kostenrechnerisch strukturiert, erfassen eben auch die kleinen Geräte auf Hilfskostenstellen und haben somit auch einen guten Überblick über die Kostenentwicklung und Auslastung dieser Geräte. Allerdings ist natürlich der Bearbeitungsaufwand hoch.

5. Neben den die Nutzleistung ausmachenden, für alle Geräte geltenden Einflussfaktoren wird die Leistung der Verdichtungsgeräte durch folgende Parameter bestimmt:

   Arbeitsgeschwindigkeit, Art der Verdichtung (statisch oder dynamisch), Bandagenbreite, Linienlast des Walzenkörpers, Überlappung der Walzengänge, Lage und Zuschnitt der zu verdichtenden Fläche (Notwendigkeit des Wendens, Großflächigkeit, Steigungen, vorhandene Bordanlagen), Bodenart, Dicke der zu verdichtenden Schicht, Zahl der notwendigen Übergänge.

6. Fallgestaltung A: Abrechnung der Position nach Volumen (Auftragsprofil)

	Lieferant liefert nach Gewicht (nach Wiegekarten)	Lieferant liefert nach Volumen (nach Kastenaufmaß LKW)
Material nass	Ungünstig (Ein m³ abzurechnendes Material ist schwer und damit teuer)	Indifferent (Lieferant wird nach Volumen bezahlt; mit AG wird nach Volumen abgerechnet; Nässe und damit Gewicht spielen keine Rolle)
Material trocken	Günstig (Ein m³ abzurechnendes Material ist leicht und damit billig)	Indifferent (s.o.)

Fallgestaltung B: Abrechnung der Position nach Gewicht (Wiegekarten)

	Lieferant liefert nach Gewicht (nach Wiegekarten)	Lieferant liefert nach Volumen (nach Kastenaufmaß LKW)
Material	Günstig (Das Volumen des einzubauenden Materials ist pro t geringer; daher geringerer Arbeitsaufwand/t)	Indifferent (Das abzurechnende Gewicht ergibt sich rein nach dem Umrechnungsfaktor)
Material trocken	Ungünstig (Das Volumen des einzubauenden Materials ist pro gelieferter t größer; daher höherer Arbeitsaufwand)	Indifferent (s.o.)

Fallgestaltung C: Abrechnung der Position nach Ladevolumen (Kastenaufmaß)

	Lieferant liefert nach Gewicht (nach Wiegekarten)	Lieferant liefert nach Volumen (nach Kastenaufmaß LKW)
Material nass	Ungünstig (LKW-Ladung hat hohes Gewicht, das dem Lieferanten zu bezahlen ist)	Indifferent (Es wird dem Lieferanten das gelieferte Volumen bezahlt; dieses wird auch mit dem AG abgerechnet)
Material trocken	Günstig (LKW-Ladung hat geringes Gewicht und verursacht geringe Lieferkosten)	Indifferent (s.o.)

Im Ergebnis zeigt sich, dass bei der Lieferung nach Volumen (rechte Spalten) die Entscheidung bei nassem oder trockenem Material indifferent ist, während sich bei der Lieferung nach Gewicht aus Sicht des Kalkulators Vor- und Nachteile ergeben können, die zu nutzen sind.

7. Der Zuschlagsatz für Allgemeine Geschäftskosten und Wagnis und Gewinn auf die Herstellkosten beträgt mit den verdreifachten Subunternehmerkosten:

$$Z = \frac{(358 + 105) \times 100}{488 + 143 + 214 + 242 + 495} = 26{,}25\,\%$$

Auch bei der ungleichbelastenden Kalkulation ergäbe sich eine Verringerung des Zuschlagsatzes auf die Lohnherstellkosten:

abzudeckende Allgemeine Geschäftskosten, Wagnis und Gewinn (358 + 105):		463,00
von Gerätekosten gedeckt:	z. B. 20 % von 214	42,80
von Materialkosten gedeckt:	z. B. 20 % von 424	84,80
von Fremdleistungen gedeckt:	z. B. 15 % von 495	74,25
von Sonstigen Kosten gedeckt:	z. B. 5 % von 0	0,00
von den Lohnherstellkosten zu tragende Restkosten:		261,15

$$Z = \frac{261{,}15 \times 100}{488 + 143} = 41{,}39\,\% \text{ (vorher: 49,23 \%)}$$

8. Kalkulatorischer Unternehmerlohn bei einem Umsatz von 1.844.000 €:

$$28.000\,€ + 130\,€ \times \frac{1.844.000}{5000\,€} = 75.944\,€$$

9. Bei der Berechnung des Minutenlohnes wurden alle unproduktiven Zeiten als Teil des Zuschlages für lohngebundene Kosten erfasst; sie sind somit im Hinblick auf die weitere Verwendung in der Angebotskalkulation Teil der Einzelkosten Lohn geworden und werden auf diese Weise über die Preise wieder erwirtschaftet.

10. Da der Bediener des Einzelkostengerätes in der Angebotskalkulation nun dem Zuschlagsatz auf Einzelkosten Lohn unterliegt, müssen seine Kosten (30 + 10) aus der Gewinn- und Verlustrechnung auch den Lohnkosten zugeordnet werden. Daher verändert sich die Zusammenstellung der Kostenarten wie folgt:

Lohn 488 + 30 + 10 = 528 ← Gemeinkosten der Baustelle 143
Geräte 214 − 30 − 10 = 174 ← +
Material 424 ← Allgemeine Geschäftskosten 358
Fremdleistungen 165 ← +
Sonstiges 0 ← Wagnis und Gewinn 105

Damit ist nun in bekannter Weise der Zuschlagsatz auf die Lohneinzelkosten zu berechnen:

abzudeckende Gemeinkosten der Bauteile, Allgemeine Geschäftskosten, Wagnis und Gewinn (143 + 358 + 105):		606,00
von Gerätekosten gedeckt:	z. B. 20 % von 174	34,80
von Materialkosten gedeckt:	z. B. 20 % von 424	84,80
von Fremdleistungen gedeckt:	z. B. 15 % von 165	24,75
von Sonstigen Kosten gedeckt:	z. B. 5 % von 0	0,00
vom Lohn zu tragende Restkosten:		461,65

$$Z = \frac{461{,}65 \times 100}{528} = 87{,}43\,\% \text{ (vorher: 92,96 \%)}$$

11. Die Senkung der Lohneinzelkosten von 10 % drückte diese Kostenart auf 488 − 488 × 0,1 = 439,20 Tsd. €.

Der gleichbelastende Zuschlagsatz verändert sich dann auf

$$Z = \frac{(358 + 105) \times 100}{439{,}20 + 143 + 214 + 424 + 165} = 33{,}42\,\%$$

Der Zuschlagsatz erhöht sich geringfügig, aber die Kalkulationspreise sinken, weil die Zeitansätze durch die Produktivitätsverbesserung um 10 % geringer ausfallen können.

12. Der Begriff Gemeinkosten kann hier nur die Summe aus Gemeinkosten der Baustelle und Allgemeinen Geschäftskosten meinen, denn für diese gibt es keine getrennten Eingabefelder; Rechenbasis ist die Summe der Einzelkosten:

$$Z = \frac{(100 + 152) \times 100}{161 + 120 + 190 + 140} = 41{,}24\,\%$$

Der Zuschlagsatz für Wagnis und Gewinn ist auf die Selbstkosten zu beziehen:

$$Z = \frac{80 \times 100}{161 + 120 + 190 + 140 + 100 + 152} = 9{,}27\,\%$$

13. Die Rechenschritte entsprechen dem Grundmuster; allerdings ist noch eine Nebenrechnung zur Ermittlung des betrieblichen Zuschlagsatzes für Allgemeine Geschäftskosten auf die Herstellkosten notwendig.

I.1 Summe der Einzelkosten 68.000

I.2 Summe der Gemeinkosten der Baustelle 8.500

I.3 Herstellkosten der Baustelle 76.500

I.4 Anteil für Allgemeine Geschäftskosten

[Nebenrechnung: Z für Allgemeine Geschäftskosten auf Herstellkosten

$$= \frac{152 \times 100}{161 + 120 + 190 + 140 + 100} = 21{,}38\,\%]$$

21,38 % von 76.500 = 16.355,70

I.5 Anteil für den gewünschten Gewinn

[Nebenrechnung: Z für Wagnis und Gewinn auf die Herstellkosten

$$= \frac{80 \times 100}{161 + 120 + 190 + 140 + 100} = 11{,}25\ \%]$$

11,25 % von 76.500 =   8.606,25

I.6 Angebotsumme   101.461,95

II Berechnung des Zuschlagsatzes für die Schlüsselkosten

Schlüsselkosten:
8.500 + 16.355,70 + 8.606,25 = 33.461,95

Zuschlagsatz für die Schlüsselkosten auf die Einzelkosten:

$$Z = \frac{33{,}461{,}95 \times 100}{68.000} = 49{,}21\ \%$$

14. Es sind wiederum die von den Lohneinzelkosten zu deckenden Restschlüsselkosten zu berechnen:

abzudeckende Schlüsselkosten:		33.461,95
von Gerätekosten gedeckt:	30 % von 12.000	3.600,00
von Materialkosten gedeckt:	30 % von 22.000	6.600,00
von den Lohneinzelkosten zu tragende Restschlüsselkosten:		**23.261,95**

$$Z = \frac{23.261{,}95 \times 100}{34.000} = 68{,}42\ \%$$

15. Durch die neue Position entstehen neue Einzelkosten. Zwar erhöhen sich damit auch die Anteile für Allgemeine Geschäftskosten und Wagnis und Gewinn, aber die Gemeinkosten der Baustelle bleiben gleich. Weil die Rechenbasis des Zuschlagsatzes (Nenner) sich erhöht, wird der Zuschlagsatz verringert mit der Folge, dass alle Preise im Angebot sinken.

Beispiel:
Zunahme der Einzelkosten aus Frage 13 auf 74.000 €.

I.1 Summe der Einzelkosten   74.000

I.2 Summe der Gemeinkosten der Baustelle   8.500

I.3 Herstellkosten der Baustelle   82.500

I.4 Anteil für Allgemeine Geschäftskosten
21,38 % von 82.500 =   17.638,50

I.5 Anteil für den gewünschten Gewinn
11,25 % von 82.500 =   9.281,25

II Berechnung des Zuschlagsatzes für die Schlüsselkosten

$$Z = \frac{(8.500 + 17.638{,}50 + 9.281{,}25) \times 100}{74.000} = 47{,}86\ \%$$

16. Die Antwort ist die gleiche wie bei der vorherigen Frage, wenn durch das hochwertigere Material keine zusätzlichen Gemeinkosten der Baustelle verursacht werden: Alle Preise sinken, weil sich die Gemeinkosten der Baustelle rechnerisch auf mehr Einzelkosten verteilen.

17. Eine Fixierung aller Zuschlagsätze bedeutete, dass der Kalkulator ein starres Verhältnis zwischen Gemeinkosten, Wagnis und Gewinn und den Einzelkosten herstellen würde (wie bei einer Kalkulation mit vorbestimmten Zuschlagsätzen). Damit verhinderte er gerade den Zweck der Kalkulation über die Endsumme, nämlich die Gemeinkosten der Baustelle in ihrer baustellenspezifischen Höhe auf die Einzelkosten umzulegen. Deshalb kann das EDV-Programm die Fixierung aller Zuschlagsätze nicht zulassen; mindestens eine Kostenart muss die veränderlichen Gemeinkosten der Baustelle auffangen können.

18. Setzt man die variablen Kosten beispielsweise = 100, dann ergibt sich ein Umsatz einschließlich des Deckungsbeitrages von 100 x 1,5032 = 150,32. Dieser Umsatz soll 50,32 an Deckungsbeitrag enthalten. Der Prozentanteil für diesen Deckungsbeitrag am Umsatz ist damit:

$$P = \frac{50{,}32 \times 100}{150{,}32} = 33{,}48\ \%$$

19. Die Stückkostenkurve folgt ab einer Leistungsmenge von 30.000 m² folgender Funktion:

$$f(x) = \frac{16x + 150.000}{x}$$ (d. h. die Gesamtkosten werden durch die Stückzahl dividiert.)

Dieser Wert soll kleiner als 19,33 werden:

$$\frac{16x + 150.000}{x} < 19{,}33$$

16x + 150.000   < 19,33x

150.000   < 19,33x − 16x

3,33x   > 150.000

x   > 45.045

Damit sinken die Stückkosten erst ab einer Menge von 45.045 m² wieder unter die Kosten, die bei einer Leistungsmenge von 30.000 m² berechnet wurden.

20. Die Kalkulation über die Endsumme ist so aufgebaut, dass der Kalkulator eine Angebotskalkulation für eine beim Vertragsabschluss definierte Leistung vorlegt. Insbesondere im Hinblick auf die Gemeinkosten der Baustelle spielt dabei die Dauer der Baustelle eine wichtige Rolle. Der Zuschlagsatz für die Schlüsselkosten, der ja auf alle Einzelkosten anzuwenden ist, bildet somit die geschätzte Kostensituation für ein ge-

schlossenes Leistungspaket ab. Berücksichtigte der Kalkulator dabei auch Eventualpositionen, so würde diese Kostenstruktur hinfällig, wenn diese Positionen nicht zur Ausführung und damit auch nicht zur Abrechnung kämen. Insbesondere wenn Bedarfspositionen hohe Einzelkosten beinhalten, würden die darauf aufgeschlagenen Schlüsselkosten dem Auftrag fehlen.

21. ▶ In der Grundposition verrechnete Schlüsselkosten:
    $1.000 \text{ m}^2 \times 10,11 \text{ €/m}^2 = 10.110 \text{ €}$

    ▶ Ein Mehraufwand an Gemeinkosten der Baustelle entsteht durch das billigere Material nicht.

    ▶ Deshalb bei der Alternativposition mindestens zu deckende, notwendige Schlüsselkosten: 10.110 €

    ▶ Bei der Alternativposition mit dem Zuschlagsatz der Angebotskalkulation gedeckte Schlüsselkosten:

Einzelkosten Lohn:	10,20 €/m²
Einzelkosten Pflaster:	6,12 €/m²
Einzelkosten Sand	1,05 €/m²
Summe Einzelkosten:	17,37 €/m²

    damit gedeckte Schlüsselkosten je m²:
    17,37 €/m² × 0,5351 =   9,29 €/m²

    insgesamt gedeckte Schlüsselkosten:
    9,29 €/m² × 1.000 m² =   9.290 €

    9.290 € < 10.110 €, d. h., es reicht nicht, mit dem Zuschlagsatz aus der Angebotskalkulation zu rechnen; vielmehr müssen die notwendigen Schlüsselkosten umgelegt werden.

    ▶ Berechnung des Einheitspreises für die Alternativposition:
    17,37 €/m² + (10.110 € / 1.000 m²) =   **27,48 €/m²**

22. Es werden zunächst die Einzelkosten für den Einbau einer Tragschicht von 20 cm + 5 cm = 25 cm Dicke berechnet und dann davon die Einzelkosten der Grundposition abgezogen. Auf diese Mehreinzelkosten werden die normalen Zuschläge aufgerechnet:

23. Durch die ausgeschriebene Stundenzahl gehen die Stundenlohnarbeiten in die Angebotsumme ein. Sie werden damit - wie die anderen Leistungen auch - dem Wettbewerb unterstellt, und der Bieter wird keine überhöhten Sätze eintragen. Außerdem erhöhen diese Preise dann auch die Auftragssumme, so dass es später bei tatsächlich ausgeführten Stundenlohnarbeiten nicht gleich zu einer Überschreitung dieser Summe kommt.

24. Dieses abweichende Vorgehen ist sinnvoll, wenn der Betrieb (oder Betriebsteile) immer Leistungen mit bauseitiger Materiallieferung ausführt. Dann hat das Material bereits bei der Berechnung der betrieblichen Zuschlagsätze als Rechenbasis gefehlt; somit sind diese Zuschlagsätze entsprechend höher und können auch in der Angebotskalkulation ohne Materialeinzelkosten verwendet werden.

25. Mindermenge: 1.000 m² - 788 m² = 212 m²

    Damit ist die Überschreitung größer als 10 % von 1.000 m² (= 100 m²). Deshalb ist die Vergütungsregelung nach § 2, Nr. 3 VOB/B anwendbar:

nicht gedeckte Gemeinkosten der Baustelle: 212 m² × 2,99 =	633,88 €
nicht gedeckte Allgemeine Geschäftskosten: 212 m² × 5,47 €/m² =	1.159,44 €
umzulegende Gemeinkosten:	**1.793,52 €**

    Das bedeutet eine Preiserhöhung der ausgeführten Menge um

    1.793,52 € / 788 m² = 2,28 €/m²
    auf 28,96 €/m² + 2,28 €/m² = 31,24 €/m².

26. Diese Selbstübernahme nach § 2, Nr. 4 VOB/B entspricht in ihrer rechtlichen Wirkung einer Teilkündigung nach § 8, Nr. 1 (2) VOB/B. Dem Auftragnehmer steht daher die vereinbarte Vergütung abzüglich des durch die Nichtlieferung des Pflasters Ersparten zu.

		Position 110 200 m²
Einzelkosten Lohn	4,5 min/m² × 0,34 €/min =	1,53 €/m²
+ Einzelkosten Material	26 €/m³ × 0,25 m³/m² =	6,50 €/m²
+ Einzelkosten Geräte	0,82 €/min × 4,25 min/m² =	3,49 €/m²
= Summe Einzelkosten		11,52 €/m²
	abzüglich Einzelkosten der Position 100:	-9,84 €/m²
	Mehr-Einzelkosten:	1,68 €/m²
+ Gemeinkosten der Baustelle (29,3 % auf Lohndifferenz: 1,53 - 1,36)		0,05 €/m²
= Herstellkosten		1,73 €/m²
+ Allgemeine Geschäftskosten (24,97 % auf Herstellkosten)		0,43 €/m²
= Selbstkosten		2,16 €/m²
+ Wagnis und Gewinn (5,86 % auf Selbstkosten)		0,13 €/m²
Einheitspreis der Zulageposition:		**2,29 €/m²**

Vertragspreis: 28,96 €/m²
− ersparte Materialeinzelkosten Pflaster: −7,65 €/m²
21,31 €/m²

Der Berechnungsweg stimmt so mit dem unter Punkt 3.2.6 geschilderten Vorgehen für den Fall bauseitiger Materiallieferung in der Angebotskalkulation überein.

27. Ersparnis aller Einzelkosten: 9,84 €/m²
Ersparnis an Gemeinkosten der Baustelle: 0,40 €/m²
Ersparnis Allgemeine Geschäftskosten:
24,97 % − 10 % = 14,97 %
Damit berechnete Ersparnis auf die Herstellkosten: 10,24 €/m² x 0,1497 = 1,53 €/m²
Ersparnis Wagnis und Gewinn: 0
Weitervergabepreis **11,77 €/m²**

28. Die Baustelle als Hauptkostenstelle wird mit folgenden Kosten belastet:
- Direkt verbuchbare Kosten: Material, Subunternehmer, Sonstiges
- Über Verrechnungssätze verbuchbare Kosten: Löhne, Maschinen, Werkstatt, eventuell weitere Hilfskostenstellen, Gemeinkosten der Baustelle bei der Kalkulation über die Endsumme
- Über Zuschlagsätze verbuchte Kosten: Gemeinkostenstelle „Verwaltung", Gemeinkosten der Baustelle bei der Kalkulation mit vorbestimmten Zuschlagsätzen.

Auf der Habenseite stehen die erzielten Umsatzerlöse; bei zwischenzeitlichen Ergebnisberechnungen (etwa zum Quartals- oder Monatsende) ist im Rahmen der stichtagsbezogenen Leistungsabgrenzung der Wert der noch nicht fakturierten, aber fertiggestellten Baustellenleistung zu addieren.

Der Saldo aus Kosten und Erlösen ergibt das Baustellenergebnis. Dabei ist jedoch darauf zu achten, ob der Zuschlagsatz für die Gemeinkostenstelle „Verwaltung" bereits einen Anteil für Gewinn enthält. In diesem Fall hätte die Baustelle bei einem ausgeglichenen Saldo schon den gewünschten (kalkulatorischen) Gewinn erwirtschaftet.

29. Entsprechend der Systematik der Deckungsbeitragsrechnung werden auf den Baustellen von den Ist-Umsatzerlösen die variablen Ist-Kosten subtrahiert. Die Differenz ergibt den auf einer Baustelle erzielten Deckungsbeitrag, der als Gutschrift auf dem Verrechnungskonto für den Deckungsbeitrag des Betriebes zu verbuchen ist.

6.3 Antworten und Lösungen zur Nachkalkulation

1. Die Immergrün GmbH hatte sich dafür entschieden, die Wegezeiten als Teil des Zuschlages für unproduktive Zeiten zu behandeln, d. h., sie sind als Durchschnittswert in dem 70 %igen Zuschlag auf die Lohnkosten enthalten.

2. Die Zuschlagsätze bei der gleichbelastenden Kalkulation mit vorbestimmten Zuschlagsätzen mit BusinessV6 haben folgende Höhe (s. Punkt 2.2.2.2., Beispiel I)
   - Zuschlag für Gemeinkosten der Baustelle auf alle Einzelkosten: 11,08 %
   - Zuschlag für Allgemeine Geschäftskosten auf die Herstellkosten: 24,97 %

Damit berechnen sich die Selbstkosten für den Schulhof:

Einzelkosten Lohn		12.706
Einzelkosten Geräte		3.536
Einzelkosten Material		16.328
	Summe Einzelkosten	32.570
+ Gemeinkosten der Baustelle	11,08 % auf die Einzelkosten	3.609
	Herstellkosten	36.179
+ Allgemeine Geschäftskosten	24,97 % auf die Herstellkosten	9.034
	Selbstkosten	45.213

3. Die Kosten des Baustellenleiters gehören zu den Fixkosten und sind deshalb in der Auflistung der variablen Gemeinkosten der Baustelle nicht enthalten.

4. Durch den billigeren Mitarbeiter ergibt sich eine Ersparnis bei den Lohneinzelkosten in Höhe von 88 h x (11,50 €/h − 9,50 €/h) x 1,7 = 300 €.

Damit ergeben sich folgende Selbstkosten:

Einzelkosten Lohn	12.706 − 300 =	12.406
Einzelkosten Geräte		3.536
Einzelkosten Material		16.328
	Summe Einzelkosten	32.270
+ Gemeinkosten der Baustelle	29,30 % auf die Lohnkosten	3.635
	Herstellkosten	35.905
+ Allgemeine Geschäftskosten, Wagnis und Gewinn	32,29 % auf die Herstellkosten	11.594
	Sollerlös	47.499
Selbstkosten	$\dfrac{47.499 \times 100}{105,86}$ = 44.870	

Die Selbstkosten verringerten sich um 45.354 - 44.870 = 484 €; um diesen Betrag erhöht sich somit der Gewinn.

5. Die Ersparnis durch den geringeren Einsatz des Baustellenleiters wirkt sich bei den Gemeinkosten der Baustelle in folgender Höhe aus:

(51 h - 35 h) x 25 €/h = 400 €

Damit ergibt sich diese Berechnung der Selbstkosten im Rahmen der gleichbelastenden Kalkulation über die Endsumme:

Summe Einzelkosten		32.570
+ Gemeinkosten der Baustelle	5.369 - 400 =	4.969
	Summe Herstellkosten	37.539
+ 32,29 % Allgemeine Geschäftskosten, Wagnis und Gewinn		12.121
	Sollerlös	49.660
Selbstkosten	$\dfrac{49.660 \times 100}{105,86} = 46.911$	

Die Selbstkosten wären um 47.412 - 46.911 = 501 € geringer ausgefallen.

6. Als Ursachen für geringere Zeitwerte kommen beispielsweise in Frage:

- Aufmaßfehler (Die erbrachte Leistungsmenge ist tatsächlich geringer.)
- überdurchschnittlich gute Baustellenorganisation (Arbeitsvorbereitung, gut abgestimmte Maschinenketten usw.)
- günstige Baustellenverhältnisse (Witterung, Flächenzuschnitt, Zufahrt usw.)
- hoch motivierter Maschinenbediener
- qualifizierter Maschinenbediener
- besonders leistungsfähiges und bedarfsangepasstes Gerät (Größe, Zustand usw.).

Anhang

Abkürzungen 135

Abbildungen 137

Tabellen 137

Ergänzendes Stichwortverzeichnis 139

Literaturverzeichnis 141

Herstellernachweis der EDV-Programme 141

Zur Verwendung von Kalkulex 143

Abkürzungen

AfA	Absetzung für Abnutzung, steuerrechtlicher Begriff für Abschreibung
AGB	Allgemeine Geschäftsbedingungen
AGBG	Gesetz zur Regelung des Rechts der Allgemeinen Geschäftsbedingungen; neuerdings in das BGB integriert (§§ 305-310)
AGK	Allgemeine Geschäftskosten
AN	Arbeitnehmer
ATV	Allgemeine Technische Vertragsbedingungen für Bauleistungen (VOB/C)
BauR	Baurecht, Zeitschrift für das gesamte öffentliche und zivile Baurecht
BGB	Bürgerliches Gesetzbuch
BGH	Bundesgerichtshof
BGL	Bundesverband Garten-, Landschafts- und Sportplatzbau e.V.
BV	Bauvorhaben
BWA	Betriebswirtschaftliche Auswertung der DATEV
D	Deckungsbeitrag
d	Tag
DATEV	Abkürzung für die Buchführungsgenossenschaft der Steuerberatenden Berufe
DbR	Deckungsbeitragsrechnung
DIN	Deutsches Institut für Normung
EDV	Elektronische Datenverarbeitung
EF	Einzelkosten Fremdleistungen
EFB	Einheitliche Formblätter des VHB 2001
EG	Einzelkosten Geräte/Maschinen
EK	Einzelkosten
EL	Einzelkosten Lohn
EM	Einzelkosten Material
ES	Einzelkosten Sonstiges
FLL	Forschungsgesellschaft Landschaftsentwicklung Landschaftsbau e.V.
GaLaBau	Garten-, Landschafts- und Sportplatzbau
GB	Gemeinkosten der Baustelle
GK	Gemeinkosten
GuV	Gewinn- und Verlustrechnung als Teil des Jahresabschlusses
h	Stunde
Kf	Fixkosten
KK	Kalkulatorische Kosten
KüE	Kalkulation über die Endsumme
Kv	variable Kosten
KvZ	Kalkulation mit vorbestimmten Zuschlagsätzen
LG	Landgericht
LV	Leistungsverzeichnis
Rdn	Randnummer
U	Umsatz
VGLR	Verband Garten-, Landschafts- und Sportplatzbau Rheinland e.V.
VHB	Vergabehandbuch für die Durchführung von Bauaufgaben des Bundes im Zuständigkeitsbereich der Finanzbauverwaltungen
VOB	Verdingungsordnung für Bauleistungen
	Teil A Allgemeine Bestimmungen für die Vergabe von Bauleistungen
	Teil B Allgemeine Vertragsbedingungen für die Ausführung von Bauleistungen
	Teil C Allgemeine Technische Vertragsbedingungen für Bauleistungen
WuG	Wagnis und Gewinn
Z	Zuschlag
Zs	Zuschlagsatz

Abbildungen und Tabellen

Abbildungen

1.1	Gliederung des betrieblichen Rechnungswesens	7
2.1	Grundschema der Vollkostenrechnung	10
2.2	Eingabemaske DATAFlor BusinessV6 – Zuschlagskalkulation	25
2.3	Eingabemaske DATAFlor BusinessV6 – Deckungsbeitragsrechnung	27
2.4	Eingabefenster GREENGala 98	29
2.5	Kalkulationsübersicht GREENGala 98 – Kalkulation mit vorbestimmten Zuschlagsätzen	29
2.6	Eingabefenster Kalkulex – Kalkulation mit vorbestimmten Zuschlagsätzen, gleichbelastend	30
2.7	Eingabefenster Kalkulex – Kalkulation mit vorbestimmten Zuschlagsätzen, ungleichbelastend	30
2.8	Eingabefenster Kalkulex – Kalkulation über die Endsumme, gleichbelastend	33
2.9	Kalkulex-Taschenrechner für Gemeinkosten der Baustelle	34
2.10	Eingabefenster Kalkulex – Kalkulation über die Endsumme, ungleichbelastend	35
2.11	Kalkulationsübersicht GREENGala 98 – Kalkulation über die Endsumme	36
2.12	Eingabefenster Kalkulex – Deckungsbeiträge auf variable Kosten	40
2.13	Kalkulex-Taschenrechner für variable Gemeinkosten der Baustelle	40
3.1	Kalkulex bei Deckungsbeitrag auf variable Lohnkosten	56
3.2	Gesamtkostenkurve	58
3.3	Stückkostenkurve	58
3.4	Kostenverlauf mit sprungfixen Kosten	59
3.5	Stückkostenverlauf bei sprungfixen Kosten	59
3.6	Innerbetriebliche Leistungsverrechnung in der Vollkostenrechnung	95
3.7	Innerbetriebliche Leistungsverrechnung in der Deckungsbeitragsrechnung	97

Tabellen

2.1	Raumgewichte von Baustoffen	16
2.2	Ergiebigkeit von Natursteinpflaster	17
2.3	Kostenzuordnung in der Deckungsbeitragsrechnung	39
3.1	Volumenänderung durch Auflockerung (nach FROHMANN 1968, S. 91)	48
3.2	Betriebliche Kostenzuordnung bei der Vollkostenrechnung	50
3.3	Betriebliche Kostenzuordnung in der Deckungsbeitragsrechnung	54
4.1	Tagesberichtsformular	102
5.1	Übersicht zur Bewertung von Kalkulationsverfahren	121

Ergänzendes Stichwortregister

A
Abschlagsrechnungen 81
Angebotskalkulation 7
Angebotspreis 8
angehängte Stundenlohnarbeiten 69
Arbeitskalkulation 7, 43
ARGE-Kosten 20
Auftragskalkulation 7, 43

B
Baubetriebsrechnung 7
Bauleistungsrechnung 7
baustellenbezogener Zuschlagsatz 11
Bereitschaftskosten 38
betriebsindividueller Zuschlagsatz 11
Betriebskosten 13
Bewertungen der Kalkulationsverfahren 121

C
corporate identity 61

D
Deckungsbeiträge 38
Deckungsbeitrags-Verrechnungskonto 96
Deckungsbeitragsrechnung 9, 37
Differenztheorie 84
direct costing 37

E
Einkreissystem 93
Einzelkostengeräte 15
Endsummenkalkulation 62
erfolgsneutrale Preisuntergrenze 116
Ergebnisrechnung 7
Erlös- und Kostenrechnung 7

F
Fixkosten 13, 38
Fremdarbeitskosten 18, 72
Fremdleistungskosten 18

G
Gemeinkostengeräte 15
Gewinn 22
gleichbelastende Kalkulation mit vorbestimmten Zuschlagsätzen 27
gleichbelastende Kalkulation über die Endsumme 33

I
innerbetriebliche Leistungsverrechnung 93

J
Jahresliefervertrāge 15

K
Kalkulation über die Endsumme 32 ff
Kalkulation mit vorbestimmten Zuschlagsätzen 27
Kalkulationspreis 8
Kalkulationsverfahren, Bewertung 121
Kalkulatorische Kosten 23
Kalkulatorischer Unternehmerlohn 45
Kennzahlenrechnung 7
Kosten
- sprungfixe 59
- variable 38
Kosten- und Erlösrechnung 7
Kostenartenrechnung 7
Kostenstellenrechnung 7
Kostenträgerrechnung 7

L
Leistungsverrechnung, innerbetriebliche 93
liquiditätsneutrale Preisuntergrenze 116

M
Marktpreis 8
Materialpreisgleitklausel 48
Mengenfaktor 17

N
Nachkalkulation 7
Nachunternehmerleistungen 72

P
Pflanzen als Baustoff 15
Planungsrechnung 8
Preisuntergrenze
- innerbetriebliche 93
- preisneutrale 116

S
Schlüsselkosten 32
selbstständige Stundenlohnarbeiten 69
sprungfixe Kosten 59
Statistik 7
Stundenlohnarbeiten, angehängte 69

T
Teilkostenrechnung 37

U
Umlagekalkulation 32
ungleichbelastende Kalkulation mit vorbestimmten Zuschlagsätzen 27
ungleichbelastende Kalkulation über die Endsumme 35
Unternehmensrechnung 7
Unternehmerlohn, kalkulatorischer 45

V
variable Kosten 38
Verdingungsunterlagen 9
Vereinfachte Zuschlagskalkulation 28
Verfahrensvergleiche 7
Vollkostenrechnung 94

W
Wagnis und Gewinn 22
Wegezeiten 11

Z
Zeitvergleiche 7
Zielkostenrechnung 62
Zuschlagsatz 11
- baustellenbezogener 11
- betriebsindividueller 11
- vorbestimmter 25 ff
Zuschlagskalkulation, vereinfachte 28
Zweikreissystem 93

Literaturverzeichnis

BAUER, H.: Baubetrieb 1 - Berlin, Springer 1994

Baugeräteliste 1991 - Wiesbaden, Bauverlag 1991

BGL 1993 (Hrsg.): Handbuch Betriebsführung für Landschaftsgärtner - Kostenrechnung für Landschaftsgärtner - Bad Honnef 1993

DÄHNE, W.: Gerätevorhaltung und Schadenersatz nach § 6 Nr. 6 VOB/B - ein Vorschlag zur Berechnung - in: Baurecht, Zeitschrift für das gesamte öffentliche und private Baurecht 1978, S. 429 ff

DREES, G./PAUL, W.: Kalkulation von Baupreisen - Wiesbaden, Bauverlag 1998

EISELE, W.: Technik des betrieblichen Rechnungswesens - 6. Aufl. München, Vahlen 1999

EYMER, W.: Grundlagen der Erdbewegung - Bonn, Kirschbaum 1995

FLL (Hrsg.): Musterzeitwerte MZW zum Musterleistungsverzeichnis Freianlagen - Bonn 1990

FROHMANN, M.: Bautechnik 1 - Stuttgart, Ulmer 1986

GLATZEL, L., HOFMANN, O., FRIKELL, E.: Unwirksame Bauvertragsklauseln nach dem AGB-Gesetz - 7. Auflage, Stamsried, Vögel 1995

HEIERMANN, W., RIEDL, R., RUSAM, M.: Handkommentar zur VOB Teile A und B - 9. Auflage, Wiesbaden, Bauverlag 2000

INGENSTAU, H., KORBION, H.: VOB Teile A und B Kommentar - 14. Auflage, hrsg. von LOCHER, H. und VYGEN, K., Düsseldorf, Werner Verlag 2001

JEBE, H.: Preisermittlung für Bauleistungen - Düsseldorf, Werner 1974

Jahrbuch Garten- und Landschaftsbau 2002 - Berlin, Patzer 2002

Erdbaumaschinen, ZTV-Verlag, Frankfurt 1983

KAPELLMANN, K., SCHIFFERS, K.-H.: Vergütung, Nachträge und Behinderungsfolgen beim Bauvertrag, Band 1: Einheitspreisvertrag - 4. Auflage, Düsseldorf, Werner 2000a

KAPELLMANN, K., SCHIFFERS, K.-H.: Vergütung, Nachträge und Behinderungsfolgen beim Bauvertrag, Band 2: Pauschalvertrag einschließlich Schlüsselfertigbau - 3. Auflage, Düsseldorf, Werner 2000b

KEIL, W., MARTINSEN, U.: Einführung in die Kostenrechnung für Bauingenieure - 8. Auflage, Düsseldorf, Werner 1994

KLUTH, W.-R.: Marktorientierte Betriebsführung im Garten- und Landschaftsbau - Wiesbaden, Bauverlag 1998

LEHR, R.: Taschenbuch für den Garten-, Landschafts- und Sportplatzbau - Berlin, Parey 1997

MITTAG, M.: Mittag-Baudatei: Arbeitszeiten, Baupreise, Leistungsbeschreibungen - Augsburg, WEKA 1994

MÜLLER, F.: Baumaschinen im GaLaBau: Technik, Leistung, Kosten - Berlin, Patzer 2000

NIESEL, A.: Bauen mit Grün - Berlin, Parey 1989

NIESEL, A.: Der Baubetrieb in Landschaftsarchitektur und Landschaftsbau - 6. Auflage, Berlin, Parey 2000

PLÜMECKE, K., PLÜMECKE, H.-J.: Preisermittlung für Bauarbeiten - Köln, Müller 1989

Tarif für den Güternahverkehr mit Kraftfahrzeugen (GNT) - Veröffentlicht im Bundesanzeiger Nr. 176 von 1981 (außer Kraft)

Verband Garten-, Landschafts- und Sportplatzbau Rheinland e.V.: Betriebsvergleich 1999 - Essen 1999

SACHSE, H., SENF, R.: Handbuch Baupreisrecht - Köln, Müller 1974

VHB - Vergabehandbuch für die Durchführung von Bauaufgaben des Bundes im Zuständigkeitsbereich der Finanzbauverwaltungen, Ausgabe 2001 - Hrsg.: Bundesministerium für Verkehr, Bau- und Wohnungswesen, als Download unter www.bmvbw.de

VYGEN, K., SCHUBERT, E., LANG, A.: Bauverzögerung und Leistungsänderung - Wiesbaden, Bauverlag 1988

Herstellernachweis der EDV-Programme

DATAFlor BusinessV6	DATAFlor GmbH August-Spindler-Straße 20 37079 Göttingen Tel.: 0551/5066550 www.dataflor.de
DBD - Dynamische Baudaten	Dr. Schiller & Partner Franz-Mehring-Straße 18 99610 Sömmerda Tel.: 03634/32160 www.DynamischeBaudaten.de
GREENGala 98	Greenware ID GmbH Fritz-Reuter-Straße 11 44651 Herne Tel: 02325/92900 www.greenware.de
Microsoft - Excel 97 bzw. 2000	Microsoft GmbH Konrad-Zuse-Straße 1 85716 Unterschleißheim Tel. 089/31760 www.eu.microsoft.com/germany

Zur Verwendung von Kalkulex

Download

Eine Kalkulationsdatei (im Microsoft-Excel-Format) können Sie kostenfrei bei www.thalackermedien.de unter der Rubrik „Download" erhalten.

Allgemeines

Die Datei „Kalkulex" wurde als Demonstrationsprogramm vom Autor dieses Buches inhaltlich konzipiert und von Dipl.-Ing. Andreas Siebeck, Dortmund, für den Lehrbetrieb an der Hochschule realisiert. Die Datei kann und will ein professionelles EDV-Programm zur Kalkulation nicht ersetzen.

Kalkulex ermöglicht es dem Anwender, die verschiedenen in diesem Buch vorgestellten Kalkulationsverfahren systematisch näher kennen zu lernen und mit eigenen Beispielen auszuprobieren, ohne mit der reinen Rechenarbeit belastet zu sein.

Handhabung

Das Programm Kalkulex ist eine Microsoft - Excel - Datei mit einem Speicherbedarf von ca. 0,5 mB. Es ist lauffähig auf Microsoft Excel 97 und Excel 2000.

Kalkulex unterliegt damit bei der allgemeinen Handhabung allen Regelungen der jeweils genutzten Excel-Version (s. entsprechendes Handbuch; dies gilt auch für Bildschirmansicht- und Druckeinstellungen).

Im Hinblick auf die Arbeit mit den Kalkulex-Arbeitsblättern sollen jedoch noch einige Hinweise gegeben werden:

- Stellen Sie eine Sicherungskopie des Originals von Kalkulex her.
- Wenn Sie mit der Arbeit an einem Beispiel begonnen haben, speichern Sie es sofort unter einem neuen Dateinamen.
- Aktivieren Sie die Makros.
- Wählen Sie das gewünschte Kalkulationsverfahren aus.
- Nachdem Sie die notwendigen Daten zur Kalkulation eingegeben haben (Projektname, Zuschlagsätze usw.), erscheint das Kalkulationsblatt. Alle Zellen, in denen eine Eingabe möglich ist, sind dunkel hinterlegt. Man gelangt in die Zellen durch die Pfeil-Tasten, mit der Maus und mit der Tab-Taste.

Einige Erläuterungen zu den notwendigen Eingaben:

Spalte A Leistungsmenge der Position (nur Ziffern, nicht die Abrechnungseinheit)

Spalte B Oben die Positionsnummer, unter Text dann die Abrechnungseinheit und ein Stichwort zum Leistungstext

Spalte C Eingabe der Kostenarten für diese Position (Für Lohn sind bereits 2 Zeilen vorgegeben): 2 Zeilen für Einzelkostengeräte, 4 Zeilen für Material, je 1 Zeile für Sonstiges und Fremdleistungen

Spalte D Preis frei Baustelle des benötigten Materials

Spalte E Alle unter Punkt 2.2.1.3 erläuterten Material-Verluste sind zusammengefasst als Dezimalzahl einzugeben: z. B. Streu- und Verdichtungsverlust 40 % = Verlustfaktor 1,4

Spalte F Kostensatz der Einzelkostengeräte je Minute. Bei Sonstiges die Kosten einer Einheit (z. B. Kippgebühr je Tonne)

Spalte G Menge des Materials pro Leistungseinheit als Dezimalzahl. Wurde z. B. bei Spalte D der Preis für 1 m^3 Schotter eingegeben und Leistungseinheit im LV ist m^2, so beträgt bei einer Schichtdicke von 25 cm der Mengenfaktor: $1 \times 1 \times 0,25 = 0,25$; Materialverluste sind hier nicht mehr zu berücksichtigen

Spalte I Zeitwerte für den Personal- und Maschineneinsatz

Spalte J Kosten der Fremdleistungen für eine Leistungseinheit, z. B. 10 € für 1 m^2 Pflasterverlegung (Fremdarbeitskosten)

- Zum Wechsel des Kalkulationsverfahrens ist auf die Register des Arbeitsblattes (unterer Rand) zu klicken
- Bei der Kalkulation über die Endsumme und bei der Deckungsbeitragsrechnung ist der Taschenrechner für die Gemeinkosten der Baustelle zu benutzen
- Bei „Deckungsbeiträge auf Lohn" ist der unter Punkt 3.1.7 erläuterte Hinweis zu beachten. Dann wird im Taschenrechner für die Gemeinkosten der Baustelle unterschieden nach: bauzeitunabhängige Pauschalen, bauzeitabhängige Gemeinkosten der Baustelle mit Lohnanteil und bauzeitabhängige Gemeinkosten der Baustelle ohne Lohnanteil. Gespeicherte Werte der letzten Berechnung können aufgerufen werden
- Im Kopf des Kalkulationsblattes sind wichtige Informationen und Berechnungen zu den Kostenarten und ggf. Zuschlagsätzen des Gesamtprojektes abzulesen
- Vergessen Sie nicht, beim Schließen der Datei die Änderungen zu speichern

Haftungsausschluss

Kalkulex als Demonstrationsdatei ist im Lehrbetrieb erprobt und läuft auf den angegebenen Excel-Versionen stabil. Für Fehler und Schäden, die bei privater oder gewerblicher Nutzung entstehen, kann jedoch keinerlei Haftung übernommen werden. Eine Hotline zur Fehlerbehebung wird nicht bereitgestellt.